뉴스를 읽어드립니다

당신이 뉴스를 접하기 전 반드시 알아야 할 뉴스의 겉과 속

뉴스를 읽어드립니다

ⓒ 민동기·김용민 2015

1판 1쇄 2015년 6월 19일
1판 4쇄 2022년 11월 4일

지은이 민동기 김용민
펴낸이 황상욱

기획 황상욱 윤해승 편집 윤해승 이은현
디자인 최윤미 마케팅 윤해승 장동철 윤두열 양준철
경영지원 황지욱 제작처 영신사

펴낸곳 (주)휴먼큐브
출판등록 2015년 7월 24일 제406-2015-000096호
주소 03997 서울시 마포구 월드컵로14길 61 2층

문의전화 02-2039-9462(편집) 02-2039-9463(마케팅) 02-2039-9460(팩스)
전자우편 yun@humanube.kr
ISBN 978-89-546-3642-1 03300

트위터 @humancube44 페이스북 fb.com/humancube44

내 손으로
그리는
언론 지도

뉴스를
읽어드립니다

당신이 뉴스를 접하기 전 반드시 알아야 할 뉴스의 겉과 속

민동기 · 김용민 지음

일러두기

이 책은 '고발뉴스' 민동기 보도국장(전 〈미디어오늘〉 편집국장)과 시사평론가 김용민(전 '미디어협동조합 국민TV' PD)이 지난 2014년 연말부터 가진 5자례의 내담(1차 2014년 12월 14일 151분, 2차 12월 21일 124분, 3차 2015년 1월 4일 131분, 4차 2015년 1월 10일 110분, 5차 2015년 1월 22일 49분) 내용을 글로 푼 뒤, 저자 두 명이 원고를 수정·보완하여 만들어졌습니다.

'진실 보도'로 연결되지 않는 자기반성,
자위행위일 뿐!

1 ───────

이 책은 '실용적인 목적' 때문에 기획됐다. 김장겸 MBC 보도본부장이 국민TV 〈미디어토크〉를 진행하고 있는 필자와 김용민 PD를 상대로 명예 훼손 소송을 제기했다. 민사 1심 재판부는 김장겸 보도본부장(소송 당시 보도국장)의 손을 들어줬다. 〈미디어토크〉 방송 내용 가운데 일부가 김장겸 보도본부장의 명예를 훼손한 점이 인정된다며 원고 일부 승소 판결을 내린 것이다. 김용민 PD와 필자는 항소했고, 이 책이 나오는 5월 중에 민사 2심 결과가 나올 가능성이 크다.

김장겸 보도본부장은 필자에게는 형사소송까지 제기했다. 형사소송 1심 결과도 이 책이 독자들을 찾아가는 5월 중에 나온다. 최근 MBC는 〈미디어토크〉의 다른 방송 내용을 가지고 필자와 김용민 PD를 명예훼손으로 서울 서부지검에 형사 고소했다. 기소 여부는 이 책이 출판된 뒤에 나올 것으로 보인다.

짐작했겠지만 필자와 김용민 PD는 MBC와 김장겸 보도본부장으로부터 연이어 고소를 당했다. 영향력이 막강한 공영방송 MBC와 고위 간부가 일개(!) 팟캐스트 방송을 '동등하게' 대해주는 건 정말 고마운 일이다. 하지만 연이은 소송으로 필자와 김용민 PD는 소송비용이라는 현실적인 문제에 부딪혔다. 국민TV 측에 모든 비용을 부담해달라는 것도 미안했다. 그래서 김용민 PD와 필자는 소송비용 마련을 위해 책을 쓰기로 했다.

2 ———

　　　　　　　소송비용 마련이라는 현실적인 이유 때문에 이 프로젝트가 가동됐지만, 꼭 그 때문에 이 책을 쓰게 된 건 아니다. 팟캐스트 최초의 미디어비평 프로그램인 〈미디어토크〉를 김용민 PD와 공동으로 진행하면서 한국 언론의 문제점에 대해 기록하고 평가해야 한다는 문제의식이 싹트기 시작했다. 물론 한국 언론의 문제점을 기록하고 고발한 책들은 많다.

　　하지만 세월호 참사 이전과 이후 한국 언론에 대한 평가는 달라야 한다는 게 필자의 생각이다. 세월호 참사는 한국 언론의 민낯을 온 세상에 고스란히 드러내는 사건이었고, 왜 한국 언론의 신뢰도가 바닥까지 추락할 수밖에 없는지를 보여줬다. 필자와 김용민 PD는 세월호 참사 과정에서 발생한 언론의 오보와 기자들의 이중성을 직접 목격했다. 이 책에서는 오보와 이중성 이면에 드리워진 언론계 내면의 문제를 짚었다.

　　이 책은 기본적으로 한국 언론의 문제점을 고발하는 내용을 담고 있다. 하지만 이슈를 쫓기보다는 이슈 이면에 드리워진 '구조적인' 문제점을 주목하고자 했다. 굴절된 언론의 풍경과 왜곡보도를 단순히 비판하는 데 그치지 않고, 왜 그런 보도가 나올 수밖에 없는지 언론계 내부 풍경을 들여다보고자 했다. 구조적인 문제에서 자유로울 수 있는 언론은 그렇게 많지 않다. 보수·진보 언론은 물론 심지어 대안 언론도 여기서 자유롭지 않다. 이 책의 비판 대상에 이들 언론이 모두 포함된 이유다.

　　세월호 참사 이후 한국 언론의 신뢰도는 계속 추락하고 있다. 이런 추락에서 보수·진보 언론의 구별은 큰 의미가 없다. 문제는 독자 입장에서 점점 제대로 된 뉴스를 접하기 어려워지고 있다는 점이다. 독자들은 수많은 뉴스와 정보를 하루에도 수천 개씩 접하지만 어떤 것이 의미 있는 정보와 뉴스인지 구분하기가 쉽지 않다. 김용민 PD와 필자는 뉴스를 소화하기 어려운 시기에 제대로 된 뉴스 해설서를 만들어야겠다고 생각했다. 이 책이 세상에 나온 가장 큰 이유다.

이 책은 모두 8장으로 구성돼 있다. 2015년 한국 언론의 현주소를 일반인들이 알기 쉽게 이해하도록 하는 데 중점을 뒀다. 이 책을 구성하는 핵심은 크게 두 가지다. '이명박근혜' 정권에 종속적인 한국 언론의 행태를 '고발'하는 것이 한 축이라면, 다른 한 축은 그 행태의 이면에 드리워진 뉴스 제작 메커니즘과 인적 구성의 편파성을 해부하는 것이다.

1장은 신문과 방송 제작의 일반적인 메커니즘을 다뤘다. 고전적인 마감 시스템이 디지털 시대에 어떻게 변화하고 있는지, 왜 민감한 대형 이슈는 대부분 금요일 저녁에 터지는지 등에 대해 짚었다. 많은 언론이 비난을 받으면서도 '어뷰징'(동일 기사 반복 전송)에 종속적일 수밖에 없는 이유와 '디지털 퍼스트' 구호의 허구성에 대해 독자들이 알기 쉽게 설명했다.

2장부터 5장까지는 KBS, MBC, SBS를 비롯한 지상파 방송사와 종편, 경제 신문의 문제점을 짚었다. '이명박근혜' 정부 이후 MBC가 시청자들로부터 외면받을 수밖에 없는 이유를 언급했다. 한때 '개념 방송'이라 평가받았던 SBS 보도의 한계점에 대해서도 지적했다. SBS의 아킬레스건인 세습 경영의 문제점을 수면 위로 끄집어낸 이유다.

사실 종편의 경우 이미 보도 및 프로그램과 관련해 숱한 문제점이 지적됐다. 때문에 이를 다시 언급하는 건 의미가 없다고 봤다. 그래서 출범 당시 종편의 특혜와 편성의 문제점을 집중 제기했다. JTBC와 손석희 보도 부문 사장과 관련한 내용도 많은 비중을 차지했다. 필자와 김용민 PD는 '손석희 체제의 JTBC'가 가지는 긍정적인 측면은 충분히 인정하면서도 한계 또한 분명하다는 것에 공감했다. 특히 이 책의 초고가 나온 뒤 발생한 '성완종 리스트' 파문과 관련해 필자와 김용민 PD 간 '뜨거운 논쟁'도 독자들에게 새로운 재미를 줄 것이다.

6장과 7장에서는 〈경향신문〉과 〈한겨레〉 그리고 대안 언론의 현황과 한계 등에 대해 짚었다. 김용민 PD와 필자 모두 이 부분은 조심스럽게 다뤘다. 오해의 여지가 있어 한마디 덧붙이면, 〈경향신문〉과 〈한겨레〉가 '진보 언론'이기 때문에 조심스럽게 다룬 게 아니다. 두 매체가 '기울어진 언론 지형'에서 지금까지 해온 나름의 역할이 있기 때문에

'비판의 균형점'을 맞추는 데 노력했다는 의미다. 절대적인 기준에서 보면 〈경향신문〉과 〈한겨레〉도 비판받을 점이 많다. 이건 대안 언론 역시 마찬가지다. 하지만 역사와 맥락을 무시한 교과서적인 기준을 자칫 과도하게 적용하면 '수구 및 기득권 언론'만 득을 보게 된다. 그런 균형감각을 최대한 발휘하면서, 그럼에도 불구하고 이 것만큼은 반드시 짚어야겠다는 문제점 위주로 이야기를 풀어나갔다.

8장은 언론사 취업을 꿈꾸는 후배들에게 들려주고 싶은 얘기를 간단히 정리했다. 사실 이 부분은 미흡한 점이 많다. 개인적으로도 가장 아쉬운 부분이다. 고백 하나 하자면, 김용민 PD와 필자 모두 언론사 취업을 꿈꾸는 후배들의 상황과 속내를 정확히 알지 못한다. 필자의 경우 신입 및 경력기자를 뽑는 면접에 여러 번 참여도 해보고 면접 과정에서 무수히 많은 지원자들을 대면해봤지만, 사람 마음과 생각을 '읽는 것'은 정말이지 어려운 일이다. 사람을 뽑는 것처럼 중요한 일도 없지만 꼭 그만큼 어려운 일도 없다. 그래서일까. 이 책의 많은 챕터 가운데 이 부분이 가장 미흡한 것 같다. 기존 제도 언론만 보지 말고 어렵지만 앞으로의 전망을 내다보고 대안 언론 등에 관심을 가질 필요가 있다고 강조했으나, 글을 마무리하면서도 무언가 부족하다는 생각이 뇌리를 떠나지 않았다. 요즘 언론인을 꿈꾸는 '젊은 후배들'은 어떤 욕망을 가지고 있는 걸까.

이 책이 한국 언론의 문제점을 고발하는 내용을 담고 있지만 궁극적인 목적은 신뢰 향상에 있다. 필자와 김용민 PD는 누구보다 한국 언론에 대해 비판적이나 두 사람도 한국 언론계에 몸담고 있는 종사자 가운데 두 명이다. 언론 신뢰도가 추락하는 것이 그렇게 달가운 일은 아니다. 하지만 신뢰도 향상을 위해 가장 먼저 선행되어야 할 것은 자기반성이다. 자기반성 없는 다짐과 선언은 진정성도 없고 공허할 뿐이다.

4 ———

그런 점에서 세월호 참사 1주기가 지난 뒤 바라보는 한국 언론의 풍경은 참담하고 부끄럽다. 1년 전에 비해 나아진 것도 없고 바뀐 것도 없기 때문이다. 자기반성? 물론 일부 기자들을 중심으로 자성의 움직임이 일기는 했다. 하지만 대다수 언론은 1년 전 세월호 참사가 발생할 당시와 별반 다르지 않았다. 아니 오히려 한국 언론은 세월호 참사 당시보다 더 악화됐다.

'세월호 1주기'… "언론 바뀐 것 없어 부끄럽다." 〈기자협회보〉 2015년 4월 8일자 1면 기사 제목이다. 진도 팽목항과 안산 단원고, 서울 광화문에서 세월호 문제를 취재하고 있는 기자들의 목소리를 담았다. 그들은 이구동성으로 말했다. "세월호 참사가 발생한 지 1년이 지났지만 언론은 변한 게 없다."

1년 전 대다수 언론은 '기레기 언론'이라는 오명을 뒤집어썼다. 세월호 참사가 발생한 이후 언론은 사실 관계 등을 제대로 확인하지 않고 정부 발표를 받아쓰기 바빴다. 그 결과 '단원고 학생 전원 구조', '육해공 구조작업 총출동'과 같은 오보 퍼레이드를 이어 갔다. 국민들의 언론 신뢰도는 바닥까지 추락했다.

1년 전, 언론은 세월호 참사에 대해 사과했다. 〈기자협회보〉 2014년 4월 30일자 1면에는 당시 기자들이 실명으로 사과문을 게재한 기사가 나온다. '부끄럽고 죄송합니다…'라는 제목의 사과문 쓰기에 진보와 보수, 공영방송과 종편 기자들까지 모두 동참했다. 그들은 세월호 유가족들에게 사과했다. 무책임한 오보와 제대로 된 언론 역할을 하지 못한 것에 대한 자성이었다. 당시 한 종편사 간부는 "우리는 2014년 4월 16일의 메시지를 두고두고 기억해야 합니다. 대한민국이 '안전 후진국'에서 벗어나라는 지상 명령을, 그것이 우리 모두 눈 벌겋게 뜨고 바다 속에 수장시킨 단원고 꽃다운 청춘에 대한 최소한의 예의라고 생각합니다"라고 썼다.

하지만 지난 1년 동안 해당 종편사가 세월호 유가족에 대해 보인 자세는 비난을 뛰어넘는 것이었다. 해당 종편사와 특별한 관계의 '자매지'인 자칭 '1등 신문'도 비슷한 보도 태도를 보였다. 때로는 적대적이라고 느껴질 정도였다. "4월 16일의 메시지를 두고두고 기억해야 한다"고 자성했던 언론사 간부가 속한 매체라면 이해가 가지 않는 처사였다. "바다 속에 수장시킨 단원고 꽃다운 청춘에 대한 최소한의 예의"를 운운했던 언론사 간부가 속한 매체에서는 절대 나올 수 없는 보도가 여러 번 나왔다.

언론은 바뀌지 않았다. 아니 세월호 참사가 발생한 1년 전보다 뻔뻔함과 오만함이 극에 달하고 있다. 기자들에게 미안하지만 나는 세월호 참사 1주기를 맞아 '바뀐 게 없어 부끄럽다'는 언론의 자성을 냉소적으로 본다. 그들은 1년 전에도 사과했지만 바뀌지 않았다. 물론 개인적으로 각성하고 성찰한 기자들도 있을 것이고, 미약하지만 내부적으로 세월호 진상규명을 위해 노력을 기울인 일부 언론인도 있을 것이다. 하지만 '개인적 성찰과 반성'이 제대로 된 언론 보도로 이어지지 않는다면 그 성찰과 반성에서 진정성을 발견하기 어렵다. 자기반성의 관성화와 그에 따른 도덕적 우월의식의 발로는 때론 오만함보다 더 무서운 중병이다.

다시 1년 전 모습으로 돌아가보자. 앞서 언급한 〈기자협회보〉 2014년 4월 23일자를 보면 현장을 취재하는 기자들의 눈물과 성찰이 곳곳에 보인다. "그곳에서 우리는 기자라고 말할 수 없었다"(1면), "실종자 가족 절규에 무너지는 가슴… 수습도 고참도 눈물"(2면) 등에서 그들은 "언론을 못 믿겠다"는 가족들 절규에 부끄러워했고, "가족들 취재할 때는 거의 울면서 한다"며 가슴 아파했다.

'그랬던' 언론과 '그랬던' 언론인들, 그들은 대체 어디로 간 걸까. 1년 전 유가족들 앞에서 머리를 숙이며 자신들의 과오를 반성했던 많은 언론인들은 지금 대부분 자신들의 일상에 갇혔다. 급변하는 미디어 환경, 내부 메커니즘, 악화되는 언론 내부 의사소통 구조, 언론 노동운동의 약화 등 내세울 핑계거리는 많다. 하지만 그런 핑계와 자기합리화가 정당화된다면 이 세상에 정당화되지 않는 건 없다. 그런 식이면 박근혜 정부의 실정도 정당화될 수 있다. 언론인이여, 우리 비판을 달게 받을지언정 비겁해지지는 말자.

나는 요즘 '자기반성의 관성화'라는 화두를 자주 떠올린다. 특히 세월호 참사와 관련한 언론보도와 언론인의 태도를 볼 때마다 그런 생각을 많이 한다. '반성'이라는 단어가 '관성'이라는 단어와 연결될 경우 얼마나 자기합리화의 정점을 찍을 수 있는지도 절실히 느낀다. 그래서일까, 진실성이 느껴지지 않는 '자기반성'보다는 자신의 속내를 솔직히 '커밍아웃'하는 언론인에 더 눈길이 간다. 그들의 주장은 때로는 너무나 직설적이고 선전선동을 대놓고 주장하는 탓에 눈살이 찌푸려지기도 하지만, 적어도 독자와 시청자를 기만하지 않고 논점을 흐리지 않는다는 점에서 솔직하다. 내 말을 곡해하지 말라. '직설적인 언론인'이 많아져야 한다는 뜻이 아니라 '일상적인 보도 투쟁'은 등한시하고, 특정 시기기 올 때마다 '반성하는 목소리'만 내는 언론인이 문제라는 것이다.

'세월호 1주기'… "언론, 바뀐 것 없어 부끄럽다"는 자기반성은 더 이상 사람들에게 감동을 주지 않는다. "바뀐 게 없어 부끄럽다"고 할 게 아니라 "미미하지만 이렇게 바꾸었고, 앞으로 이런 부분을 좀 더 바꾸겠다"라는 선언을 해야 한다. 특정 사건이나 대형 오보가 발생할 때마다 머리를 조아리고 반성만 하는 언론은 이제 필요 없다. 아니 시민들은 더 이상 그런 언론에 신뢰를 보내지 않는다. '진실 보도'로 연결되지 않는 자기반성은 자위행위일 뿐이다.

5 ————

이 책이 나오는 데에는 김용민 PD와 황상욱 휴먼큐브 대표의 역할이 컸다. 한국 언론에 대한 두 사람의 문제의식과 추진력이 없었다면 이 책은 세상에 나오지 못했을 것이다. 구어체 문장을 매끄럽게 다듬어준 휴먼큐브 편집부에게도 고맙다는 말 전하고 싶다. 〈미디어오늘〉 기자들과 국민TV 조합원들에게도 감사한 마음을 전한다. 〈미디어오늘〉 후배들이 현장에서 발로 뛰는 노력이 없었다면 이 책의 생생함은 빛을 잃었을 것이다.

국민TV 조합원들에게도 감사하다는 말씀을 드리고 싶다. 국민TV 조합원들은 〈미디어토크〉를 지지해준 가장 강력한 응원자였고 동시에 비판자였다. 〈미디어토크〉가 지금까지 방송될 수 있었던 것도 바로 조합원 덕분이다. 그리고 지금 옆에서 묵묵히 응원해주고 있는 이상호 고발뉴스 대표기자와 고발뉴스 가족들에게도 감사의 말을 전한다. 무엇보다 아들에 대한 무한한 신뢰를 보내고 있는 부모님과 원고를 정리하는 내내 곁에서 여러 아이디어와 제언을 해준 아내 정은경에게 고맙다는 말을 전하고 싶다.

아쉬움도 많다. 애초 기획한 만큼 결과물이 100% 만족스러운 건 아니기 때문이다. 하지만 세월호 참사 이후 드러난 한국 언론의 문제점을 현상이 아니라 이면을 통해 드러내려 노력한 점은 독자들이 알아줬으면 좋겠다. 마지막으로 이 책이 아무쪼록 많이 팔려 김용민 PD와 필자가 진행하고 있는 소송비용 마련에 도움이 됐으면 좋겠다.

2015년 5월

민동기

6장

〈한겨레〉, 〈경향신문〉을 읽어드립니다

7장

대안 언론을 읽어드립니다

뉴스타파, 국민TV, 고발뉴스 등

8장

언론사 취업을 꿈꾸는 사람들에게

1장

신문을
읽어드립니다

———

신문 판갈이에 속지 마라

김용민(이하 김)   미디어 평론계에는 4대 신문이 있습니다. 〈미디어오늘〉, 〈미디어스〉, 〈기자협회보〉, 〈PD저널〉이죠. 이 중 〈기자협회보〉를 제외하고 트리플크라운을 달성한 인물이 있습니다. 바로 전 〈미디어오늘〉 편집국장, 전 〈미디어스〉 편집장, 전 〈PD저널〉 편집국장을 지냈던 민동기 기자입니다. 신문·방송 산업 전반을 포커싱하는 데 십수 년간 공력을 쏟은 민동기 기자와 함께 '우리가 뉴스를 접하기 전에 반드시 알아야 할 것들, 뉴스 속의 숨은 본질'을 파악하고자 합니다. 이 언론들이 만드는 의제로 대한민국이 돌아가는 셈인데요, 제4권부權府로 불리는 언론의 근본을 알아야 정치·경제·사회 전반의 작동 원리를 이해할 수 있습니다. 우선 첫 번째 시간으로 신문·방송 뉴스 제작의 메커니즘부터 이해해보려고 합니다. 일종의 개론이죠. SBS FM에서 10여 년간 조간신문 브리핑을 해온 저로서는 신문 제작에 관심이 많은데 한 번도 실무를 경험해본 적이 없습니다. 신문 제작 프로세스는 어떻게 이루어집니까?

민동기(이하 민)   신문 제작이 디지털화되면서 제작 환경도 많이 변했습니다. 그런데 마감시간은 변하지 않았습니다. 데드라인Dead line, 즉 마감시간은 기자들에게 여전히 철칙입니다. 마감시간 넘기면 신문 제작을 못하니까요. 각 사마다 마감시간이 조금씩 다르지만 대략 오후 4~5시에 기사를 마감합니다. 일간지 기준입니다. 기자들은 자신이 취재하고 있는 아이템이 기사가 되는지 여부를 데스크에게 보고해야 합니다.

김   일간지를 기준으로 했을 때를 말하는 것이죠?

민   그렇습니다. 일간지를 기준으로 했을 때 마감시간이 그렇게 돼 있어요. 그러니까 기자들은 오전에 팀장이나 데스크에게 아이템을 보고한 후, 일단 오후 4시~5시 안에 자신이 취재한 아이템을 기사로 정리해서 팀장이나 부장에게 보내야 합니다. 기자들이 취재해서 작성한 '1차 기사'는 팀장과 부장을 거쳐 최종적으로 기사화될지 여부가 판가름 납니다. '1차 기사'에서 '최종 기사'로 나가기 전에 수정이나 보완 지시가 내려지기도 하고, 때론 기사가 나가지 못하는 경우도 발생합니다. 이른바 '킬kill된다'고 하죠.

김   그런데 대한민국의 모든 뉴스가 오후 4~5시에 생산을 종료한다면 모를까, 그 이후에 벌어진 큰일들, 예컨대 총선, 대선 같은 중요 선거 결과, 시차가 있는 지역에서의 거대 스포츠 이벤트, 대형 사건·사고 등이 발생하면 어떻게 합니까?

민   그런 상황이 발생하면 보통 '판갈이'라고 부르는 작업이 이루어집니다. 신문사들이 가장 먼저 신문을 찍어내는 판수를 초판(1판)이라고 하는데, 초판 발행 이후 나온 새로운 소식을 업데이트하면서 새 지면으로 교체를 합니다. 이걸 '판갈이'라고 합니다. 판을 새롭게 바꾸면서 새 소식을 1면에 배치하기도 하고, 대형 사건이 터지면 초판과 전혀 다른 뉴스로 지면 배치가 이뤄지기도 해요. 이럴 경우 지면 편집이 초판과는 전혀 다르게 되죠. 기존에 나간 지면을 조금 바꾸는 게 아니라 완전히 새로 판을 다시 짜야 하니까요. 판갈이와 관련해서 간단한 팁을 하나 말씀드리면, 〈한겨레〉가 가장 정확하게 판갈이를 공개하고 있습니다.

가장 먼저 인쇄한 면이 1판이잖아요. 한겨레는 1판, 2판, 3판, 4판, 이렇게 '정직하게' 찍어냅니다. 많이 나가면 5, 6, 7판까지 발행되죠.

김 그런데 조중동 같은 큰 신문을 보면 40판, 50판 이러던데요. 진짜 40~50번씩 판갈이를 합니까? 다시 말해 하루 사이에 40~50개 버전의 신문이 제작되는 겁니까?

민 좋게 말하면 일종의 관행이고 나쁘게 말하면 대중에게 판수를 속이는 겁니다. 과거 신문사끼리의 경쟁이 치열했던 적이 있었습니다. 특히 1988년 서울올림픽을 전후해서는 '올림픽 특수'를 겨냥한 증면 경쟁이 대단했습니다. 그런데 증면 경쟁의 이면에는 증면을 겨냥한 광고 특수가 있었어요. 지면을 늘리는 만큼 광고가 뒷받침돼야 하니까요. 신문사 입장에서는 광고주들에게 '우리 신문은 많이 발행한다'는 걸 보여줘야 하니까 발생 부수를 뻥튀기하는 경우가 많았습니다. 광고주 입장에서는 돈을 내고 신문을 보는 독자들이 많아야 광고 효과가 나는 거잖아요. 그런데 유료 독자 확보가 생각보다 쉽지 않으니 신문사들이 일종의 편법을 씁니다. 신문을 대량으로 찍어내는 거죠. 그러고는 우리 신문은 100만 부, 200만 부 발행한다고 이야기하는 거예요. 신문 발행 부수가 '뻥튀기'되기 시작하는 겁니다. 이 이야기는 '판갈이'에도 허수가 나타난다는 겁니다. 초판의 경우 〈한겨레〉처럼 '정직하게' 1판이라고 표기해야 하는데, 보통 신문사들이 초판을 발행하면서 40판, 이렇게 표기합니다. 그래서 저는 신문사의 판수를 100% 믿지 말라고 말씀드리고 싶어요.

김 아, 그러니까 상대 신문사가 40판이면 우리는 41판, 이런 식이라는 말씀이시죠?

민 그렇죠. 보통 초판을 40판 정도로 생각하시면 될 것 같아요.

김 그러면 그네들에게 1은 40이었군요. 피타고라스를 울릴 수학의 신기원이네요.

민 판갈이는 대형 사고나 큰 이슈가 발생하지 않아도 하루에 기본적으로 여러 번 합니다. 뉴스가 계속 업데이트되고 사건도 계속 발생하니까요. 지방에 계신 독자들은 보통 초판을 받아본다고 생각하면 됩니다. 서울에서 발행하는 신문들을 지방 독자들에게 배달하려면 먼저 찍은 신문을 내려 보내야 하는 현실적인 이유 때문입니다.

민감한 대형 이슈는 금요일 오후에 터뜨려라

김 그렇다면 언론 보도에 나오기를 바라는 기업이나 공공기관 같은 주체들은 신문 기자들이 기사 쓰기 좋게 오후 3시 이전에는 보도자료를 내놓아야 하겠네요.

민 그렇죠. 그런데 일반적으로 적용하기는 어렵지만 최근 들어 증가하고 있는 현상이 있습니다. 정부 부처나 기관들이 자신들에게 불리한 사안에 대한 입장을 밝힐 때면 그 발표를 금요일 오후에 한다는 겁니다. 특정 사안을 자신들에게 유리하게 만들 필요가 있을 때도 금요일 오후에 발표를 해요. 왜냐하면 금요일 오후, 특히 오후 2~3시 정도의 시간대가 기자들 입장에서는 대단히 애매한 시간이기 때문이죠. 마감이 보통 오후 4시에서 5시 사이니까, 2~3시쯤 발표를 하면 뭔가 미심쩍은 부분이 있더라도 기자들이 확인할 시간이 부족합니다. 그래서 일단 정부 기관 입장 위주로만 기사가 작성되는 경우가 많아요. 금요일 오후라는 시간대가 문제가 있는 게 토요일은 대부분 기자들이 쉽니다. 그러다 보니 의심 가는 부분이 있더라도 추가 확인 취재가 쉽지 않아요. 정부 주요 부처 등도 대부분 주말에 쉬죠. 기사 업데이트가 안 되니까 금요일 오후에 발표한 내용이 주말까지 유지되는 경우가 많습니다. 일요일에는 월요일자 신문을 제작하기 때문에 기자들이 출근을 하지만 토요일은 쉬는 기자들이 많아요.

관련해서 조금 더 말씀드리면, 요즘 신문사들은 토요일자의 경우 평일과는 다르게 '주말판' 형식으로 제작해요. 속보나 시의성 위주의 아이템이 아니라 미리 기획 취재를 해서 마감을 해놓는 경우가 많습니다. 물론 '주말판'이라도 종합면이 있기 때문에 기자들이 금요일 오후에 마감을 하죠. 하지만 지면 배치나 비중이 평일에 비해서는 적습니다. 금요일 오후에 대형 사건이 터지면 기자들이 현장 취재를 합니다. 특수한 상황이니까요. 하지만 민감한 사안에 대해 정부나 기관에서 금요일 오후에 입장 발표를 해버리면 정부 입장이 거의 그대로 나갈 확률이 높습니다. 이런 현상이 최근 들어 증가하고 있습니다.

김   그러니까 감추고 싶거나 알리고 싶지 않은, 그런데 발표는 안 할 수 없는 그런 것들을 금요일 오후에 몰아서 하는 거군요.

민   금요일 오후쯤에 발표를 하면 주말 사이에 인터넷 매체라든가 포털 사이트에서는 굉장히 이슈가 되겠죠. 문제는 주요 신문이나 방송에서 정부 발표의 허점이나 문제점 등에 대해 집중적으로 후속 보도를 내보내지 않으면 정부 발표 위주로 기사가 나갈 가능성이 많다는 겁니다. SNS 등에서 의혹을 제기한다고 해도 기존 언론들이 제대로 문제 제기를 하지 않으면 이슈화되기에는 일정한 한계가 있습니다. 정부가 금요일 오후에 민감한 사안을 발표하는 것도 다분히 이를 겨냥한 성격이 짙습니다.

김   "잊어주세요" 하는 것들은 금요일 오후에 몰아서 발표를 한다는……

민   그렇죠. 여기서 잠깐 언론계 팁 하나 말씀드릴까요? 기자들은 경찰서라든가 정부 부처, 출입처를 아침부터 열심히 돌면서 현안 등이 무엇인지 체크합니다. 여기서 들은 모든 정보를 팀장과 부장, 데스크에게 보고를 하죠. 이때 선배들이 우스갯소리로 하는 이야기가 있습니다. "유능한 기자란 무엇일 것 같냐?" 유능한 기자란 무엇일 것 같습니까?

김   꼼수에 말리지 않는 기자? 사안의 본질을 놓치지 않는 기자?

민   보통 그렇게 이야기하는데 언론계 현실은 조금 다릅니다. 취재 잘하는 기자가 아니고 아부 잘하는 기자도 절대 아닙니다. '정보 보고를 잘하는 기자'를 유능한 기자라고 합니다.

김   기사에 많이 실리건 안 실리건 간에 보고를 열심히 잘하는 기자가 유능하다는 말인가요?

민   그렇죠. 기자 준비를 하는 분들이 잘못 생각하고 있는 게 있어요. 기사가 된다, 안 된다를 판단하는 게 기자들인 줄 알아요. 본인이 보고를 하면 본인이 다 기사를 작성하는 줄 압니다. 그런데 수습기자라든가 연차가 낮은 기자들은 그럴 권한이 없습니다. 보고를 하면 그게 이야기가 되는지 안 되는지, 그걸 기사화를 할 건지 말 건지는 데스크 선에서 결정을 합니다. 기자는 열심히 정보 보고를 하는 거죠. 정보 보고 잘하는 기자를 왜 유능하다고 보느냐면, 언론사들이 모든 정보 보고 내용을 기사화하지는 않지만 기사화되지 않는다고 해서 보고 내용이 사장되지는 않습니다. 그건 언론사 간부들이 핵심 취재원들을 만날 때 '교환'이 되는 경우가 종종 있죠. 그러니까 정보 보고는 해당 언론사의 '파워'라고 봐도 됩니다. 최근에는 언론사 정보 보고 내용이 그대로 '찌라시'에 유출돼 색출 작업이 벌어지기도 했죠.

김   그렇군요. 아무튼 다시 돌아가서, 뉴스거리를 금요일 오후에 투척해서 나오지 않게 하거나, 나오더라도 아주 작게 처리되도록 하는 사례가 꽤 있었어요. 관련 기사를 들춰볼까요?

〈한겨레〉 2013년 12월 28일자 14면 기사 中

"자~자, 민망한 중대 발표는 금요일에 합시다."

올 한 해 유독 금요일에 발표된 중요한 일들이 많았습니다. 검찰의 발표가 주로 금요일에 잡히면서, 법조기자들 사이에선 "신은 검찰을 위해 금요일을 창조했다"는 말이 회자될 정도였죠. 우연히 역사가 금요일에 이뤄진 걸까요. 다른 이유가 있는 걸까요. 2013년 금요일의 한국 사회를 되짚어봤습니다.

지난 9월 13일 금요일. 불길하다는 13일의 금요일이었지만 〈한겨레〉 편집국은 조용했다. 지난해 1월 토요판 형식의 지면 제작이 시작된 이래 여느 금요일 풍경과 다르지 않았다. 최소한 오전까지는 그랬다.

　기획기사 중심의 토요판이 발행되면서 〈한겨레〉 편집국의 금요일은 이전과 달라졌다. 당일자 사건 기사 지면이 대여섯 면으로 줄면서 금요일 근무.인력은 이전보다 줄었다. 하지만 오후가 되자 평온한 분위기가 돌 맞은 유리창처럼 깨졌다. 오후 1시 17분께 법무부가 출입기자들에게 "채동욱 검찰총장에 대한 감찰을 실시하겠다"는 문자메시지를 보냈다. 오후 2시 법무부 대변인은 공식 브리핑을 통해 "채동욱 총장의 혼외자식 의혹에 대해 진상규명을 하겠다"고 발표했다. 30분 뒤에는 채동욱 당시 총장이 검찰 대변인을 통해 사퇴 의사를 밝혔다. 신문 지면을 뒤흔드는 사건이 발생한 것이다. 다음날 신문의 1면을 장식한 기사는 '채동욱 찍어내기, 청와대 직접 압박'이었다. 전날 오전까지만 해도 계획에 없던 기사였다. (중략)

비판이 예상되면 금요일에 발표

금요일 발표는 검찰·법무부의 전유물이 아니었다. 경찰은 국정원 사건의 주요 피의자, 참고인을 소환하는 날짜로 금요일을 골랐다. 대선 직전 누리집 '오늘의 유머(오유)'에서 여론 조작에 나섰던 국정원 직원 김아무개(29) 씨는 올해 두 차례의 소환조사를 모두 금요일에 받았다. 취재를 담당한 〈한겨레〉 정환봉 기자는 1월 4일 금요일 밤 12시를 넘어 새벽까지 수서경찰서 앞에서 김씨를 기다렸다. 정 기자는 "김씨에게 한마디라도 듣기 위해 10시간 가까이 기다렸지만 결국 아무런 보람 없이 새벽이슬을 맞으며 귀가해야 했다"고 말했다. 경찰이 국정원 직원의 인터넷 활동을 도운 민간인 이아무개(42) 씨와 또 다른 국정원 직원 이아무개(39) 씨를 소환 조사한 것도 2월 22일, 4월 5일로 모두 금요일이었다. (하략)

이런 여러 사례들을 봤을 때 금요일에 발표하는 건 신문 제작 프로세스를 이용한 지능적 꼼수다, 이런 얘기가 되는 겁니다.

수도권과 지방 뉴스는 내용이 다르다

김　마감의 숨은 메커니즘, 또 있지요?

민　있습니다. 일단 기본적으로 마감시간을 전후해서는 기자들을 '건드리지' 않는 게 좋습니다. 기자들을 취재하는 〈미디어오늘〉 기자들도 보통 오후 4~5시 사이에는 취재를 자제합니다. 마감시간이 다가오면 기자들이 매우 예민해지기 때문입니다. 가끔 급할 경우 취재를 할 때가 있는데 반응이 매우 안 좋습니다. (웃음) 신문기자들을 취재하거나 연락할 일이 있을 때 그 시간대는 가급적 피하는 게 좋습니다.

김　1차 마감이 지나면 2차, 3차 마감시간도 있나요?

민　일단 마감하고 나서 속보라든가 대형 이슈, 후속 보도를 하게 되면 그때는 판갈이를 해야 하니까 후속 마감을 해야죠.

김　그러면 바뀔 게 없어서 1판에서 시작해 마지막 서울 시내 배달판까지 하나도 안 변하고 그대로 갔던 경우도 있나요? 원판 불변 상황이 있었느냐는 말입니다.

민　그대로 가는 경우가 아주 가끔 있기는 한데, '원판 불변' 상황은 없다고 보면 됩니다. 뉴스가 계속 발생하니까 조금씩 다를 수밖에 없죠. 서울과 수도권에 배달되는 신문이 가장 마지막 판이라고 보면 되고, 흔히 말하는 초판의 경우 지방으로 보냅니다.

김　그러니까 1판 신문이 가장 멀리 간다 함은 그 지역에 배달될 때까지 신문

배송 시간을 번다는 의미죠?

민　지방 독자분들은 좀 섭섭하게 생각하실 수도 있는데, 서울과 수도권에서 좀 먼 거리에 있으신 분들은 그만큼 업데이트된 소식을 제대로 받아보지 못할 가능성이 많습니다.

김　그런데 90년대 초반부터는 지역 인쇄가 가능해지지 않았습니까? 서울의 신문사가 광주나 대구, 부산, 경남 창원 등에 지역 인쇄 공장을 만들어서 서울 시내 배달판과 동일한 신문이 배달되도록 한 것이지요.

민　그때는 종이 신문 산업이 번창할 것이라고 생각해서 신문사 경영진들이 확장 정책을 펼친 겁니다. 하지만 오판이었죠. 결국에는 지역에 인쇄 공장을 세웠던 여러 언론사들이 나중에 굉장히 고생을 하게 됩니다.

김　팔자니 사가는 데도 없고 말이죠.

민　윤전기 자체를 대부분 수입해 오는데, 그때 굉장히 많은 돈을 들였습니다. 그만큼 투자를 한 거죠. 문제는 종이 신문 산업이 이렇게 안 될 줄 예상을 못했다는 겁니다.

김　1990년대 초반에 방송 뉴스가 영향력을 확대해가니까 신문 뉴스의 위세가 그에 반비례해서 줄어든 거 아닌가요? 어차피 속도 면에서 경쟁이 안 되는데도, 방송 뉴스와 싸워서 지지 않겠다고 지역마다 인쇄 공장을 만들어서 새벽에 나오는 서울 시내 배달 신문을 받아볼 수 있게 하는 것이었는데 그게 됩니까? 지금은 1판이든 48판이든 신문은 구문舊聞으로 인식되지요. 그래서 〈경향신문〉은 아예 서울 시내에서 찍은 신문을 첫 비행기에 실어서 출근 시간 다 지난 오전에 제주도에 배달한다잖아요. 사실 신문들도 인터넷 인프라가 이렇게 광범하고 신속하게 번질 줄 알았겠습니까? 심지어 이제는 방송 뉴스도 인터넷에 비해 한 발 늦은 편이니, 신문은 어차피 안 될 경쟁에 뛰어든 셈이지요.

민　　그렇습니다. 〈국민일보〉도 2014년 '자립경영' 대책의 하나로 대구 인쇄 공장을 약 50억 원에 매각했어요. 전국언론노조 국민일보지부에 따르면 300억 원을 들여 사들인 윤전기와 잉크탱크 등의 설비도 5억 원에 헐값으로 팔았다고 합니다. 그런 설비가 5억 원에 팔렸다는 건 조금 충격적이에요. 신문 산업의 미래를 보여준다고나 할까. 생각해보세요. 15년 전 들여올 때는 300억 원을 줬잖아요. 그런데 지금 5억 원에 팔렸어요. 국내 종합일간지를 찍던 윤전기가 고철 값에 팔렸다고 봐야죠. 〈국민일보〉 노조가 노보를 통해 부실 매각이라고 공개적으로 비판할 정도였습니다. 그런데 냉정히 말하면, 윤전기가 헐값에 팔린 이유가 무엇이겠습니까? 수요가 없기 때문입니다. 과거의 경우 동남아 등지에서 한국의 윤전기를 중고로 사가기도 했다는데 지금은 그런 수요도 없다고 합니다. 300억 원짜리 윤전기가 그 당시에는 신문을 찍어내는 최첨단 장비였는데, 지금 사갈 사람도 없고 고철 취급을 받고 있잖아요. 시사하는 바가 크다고 봅니다.

김　　공장과 윤전기를 살 재정적 여력이 있는 지역 일간지는 없나요?

민　　없습니다. 사라고 해도 안 사죠. 종이 신문이 처한 상황이 그 정도라는 걸니다. 예전에는 확장 경영의 일환으로 지역 동시 인쇄를 위해 공장을 세우고 이랬는데, 지금은 종이 신문 산업이 사양 산업이 되다시피 했죠. 〈국민일보〉처럼 머지 않아 신문사에 경영 부담으로 돌아올 가능성이 큽니다.

기자도 때로는 소설을 쓴다

김　마감 이야기를 하는 중에 웃지 못할 일 하나를 소개합니다. 2002년 한일월드컵 당시 한국과 이탈리아의 16강전, 후반까지 0:1로 한국의 패색이 짙은 상황에서 심판이 남은 시간을 계산하던 시점이었지요. 설기현이 동점을, 연장에서 안정환이 골든골을 넣어 한국이 기적의 승리를 이루어내지 않았습니까? 그런데 기사 마감시간에는 경기 상황이 0:1이었죠. 그래서 마감을 늦출 수 없어 기사는 출고됐고 인쇄까지 됐습니다.

민　그런 경우가 꽤 되죠.

〈프레시안〉, 2002년 6월 19일 기사 中

"한국이 지자 길거리에 大자로 누워 울었다"?

– 〈스포츠투데이〉 등, "한국 패배" 사상 최악의 작문 오보

〈스포츠투데이〉, 〈스포츠서울〉 등 일부 스포츠 신문들이 19일자 아침 신문에 "한국이 이탈리아에 졌다"는 허황된 작문 기사를 내보내 큰 물의를 빚고 있다.

〈스포츠투데이〉, "한국팀이 지자 대자로 눕기도 했다"

이날 전북 지역에 배포된 〈스포츠투데이〉의 5판 34면 하단에는 다음과 같은 기사가 실렸다.

붉은악마가 도쿄에서 눈물을 뿌렸다. 18일 도쿄 영사관, 식당 등에 모여 TV를 시청하며 단체 응원을 펼치던 도쿄의 붉은악마가 한국의 8강 진출이 끝내 좌절되자, 아쉬움과 안타까움에 뜨거운 눈물을 쏟았다.

지난 14일, 16강 진출로 사기충천한 동포, 학생들은 이날 경기를 앞두고 대대적인 응원을 준비했다. 사상 최초의 16강에 이어 8강 신화를 지켜보기 위해 단체 응원에 적극적으로 동참하는 모습이었다. 한국 응원의 메카로 자리 잡은 식당 '대사관'과 인근 한인 식당에는 8강 진출을 염원하는 교포, 유학생들이 경기 시작 2시간 전부터 들어찼다.

"4강 가자" "우승! 대한민국!"이라는 구호가 빗속을 뚫고 각지에서 메아리쳤다. 도쿄 한국 영사관에도 동포 200여 명이 모여 TV로 경기 장면

을 지켜봤다. 오사카 한인들도 공원으로, 식당으로 한국의 승리를 지켜보기 위해 몰려들었다. 이번 한국팀의 경기를 방영하기 위해 대형 TV가 설치된 한인 타운 내 이오키모리 공원에는 500여 명이 운집해 태극기를 휘두르며 "대한민국"을 연호했다.

그러나 이처럼 열띤 응원을 펼치던 일본의 붉은악마는 경기 종료 휘슬이 울리자 마침내 통한의 눈물을 흘리고 말았다. 안정환의 실축에도 조금도 동요하지 않고 전후반을 응원했지만, 이탈리아의 전반 선제골을 만회하지 못하고 경기가 종료되자 응원단은 끝내 울음바다가 됐다. 무너지는 가슴을 주체하지 못해 바닥에 대자로 눕기도 했다. (하략)

민　기자가 되려거나 혹은 뉴스 메커니즘을 잘 모르는 분들이 마감과 관련해서 하나 알아둬야 할 게 있어요. 기자들은 소설, 시나리오를 좀 써야 합니다. 특히 방금 언급한 스포츠 경기는 물론이고 대선이나 굵직굵직한 선거의 경우 보통 마감시간을 넘기는 게 태반이에요. 그러면 보통 두 가지를 써놓습니다. 이를테면 대선에 김용민 PD와 제가 출마했는데, 결과는 마감시간 이후에 나온다면 언제까지고 기다릴 수는 없는 거죠. 그래서 기자들은 김용민 후보가 이겼을 때와 민동기 후보가 이겼을 때를 미리 써놔요. 구체적인 데이터나 수치만 나중에 최종 결과를 보고 수정하면 되거든요. 나머지 박빙의 경쟁에서 발생한 현장 분위기 등은 그냥 소설이라고 보시면 돼요. 기자 머리에서 나온.

MEDIA MAPPING
뉴스를 읽어드립니다

김　창간 초기 〈국민일보〉는 석간이었어요(나중에 조간으로, 그러다 또 석간으로, 결국 조간으로 환원돼 안착했지요). 석간은 기자들이 죽어납니다. 가정에서는 신문을 받아 읽는 시간이 대체로 저녁인데 석간 마감시간은 오전이란 말이죠. 그나마 예전에는 오전 11시였다고 하는데 지금은 10시, 9시 반으로 점점 앞당겨진다는 거예요. 왜냐? 신문을 찍고

엠바고embargo | 취재한 사안의 보도를 일정 기간 미루기로 약속하는 것을 말한다.

오프 더 레코드off the record | 제보자가 보도 관계자에게 정보를 제공할 때 보도·공표하지 않는다는 약속을 말한다.

배달을 하려면 교통난을 뚫어야 하는데 도로 혼잡은 가중되니, 아침 9시에 나와서 출입처 돌기 전에 마감을 해야겠죠. 그러니까 석간신문은 오전에 무슨 발표를 한다 그러면 죽는 거예요. 그래서 석간 기자들을 위해서 미리 사전에 보도자료를 배포하지요. 엠바고를 걸고.

민　취재원이 기자한테 오프 더 레코드를 요구하는 경우가 있어요. 기자가 그 요구를 안 받으면 상관없는데, 만약 취재원이 오프 더 레코드를 요구했을 때 기자가 수용하면 그때부터 한 발언이라든가 정보는 보도하지 않는 게 원칙이죠.

김　그래서 석간 기자들은 '소설'을 잘 써야 해요. 오후에 벌어질 일을 미리 예측해야 하는데, 틀리면 망신이고 안 틀리면 본전인 거죠.

민　기자들 대부분이 소설을 잘 써야 합니다. 특히 앞서 언급한 스포츠 기자들, 정치부 기자들이 소설을 잘 써야 해요. 그림도 잘 그려야 하고.

김　어디서 무슨 발표를 한다 하면 상대편 이야기를 듣기도 전에 "새정치민주

연합은 오늘 이에 대해서 맹비난을 퍼부었다"고 씁니다. 맹비난을 퍼붓지 않았는데 퍼부을 것이 예상돼서 "퍼부었다" 이렇게 기사를 쓰는 거죠.

민   그런 경우가 종종 있죠.

김   그래서 지금은 석간이 거의 없어요. 〈문화일보〉, 〈내일신문〉 정도 있죠.

민   제가 알기로 석간은 시장성을 놓고 보면 전망이 밝지 않아요. 종이 신문 시장이 다 하향 추세를 보이고 있긴 한데, 그중에서도 석간 쪽이 심해요. 그래서 석간 체제의 신문사들이 조간 쪽으로 전환하는 것을 계속 모색하고 있는 것 같아요. 사실 제작 시스템을 고려하면 비인간적이긴 하죠. 새벽에 나와서 오전 시간대에 한마디로 승부를 봐야 하잖아요. 굉장히 불리한 여건입니다. 석간신문이 그만큼 많으면 상관없는데 지금 〈문화일보〉와 〈내일신문〉 정도밖에 없으니, 정부 브리핑은 물론이고 취재원들 입장에서 굳이 2개밖에 없는 석간신문을 위해 따로 브리핑을 하기가 부담스럽죠. 이런 점들 때문에 석간신문이 조간으로의 전환을 많이 생각하고 있는 것 같습니다.

가판으로 간을 본다

김   서울 시내판 관련해 몇 마디 더 나눠보지요. 전날 1판 신문에 들어가지 않은 기사를 서울 시내 배달판에 넣는 경우가 있습니다. 1판 마감 후에 발생한 사건을 다룬 기사일 수 있겠지만, 1판 마감 이전에 기사가 작성되었다면 그건 타 신문

이 베껴 쓰지 못하게 해 특종의 가치를 지키기 위함이겠지요.

민   그걸 최종판이라고 하죠.

김   다 같이 최종판을 찍어야 할 시간이라면 남의 신문 최종판을 엿볼 여지가 없을 테니까요.

민   지금은 가판을 별도로 발행, 판매하지 않는 신문사들이 많아요. 그런데 과거에는 가판과 배달판이 서로 분리되는 때가 있었습니다. 이때는 초판이 그냥 단순히 먼저 나온 지면 판수가 아니었습니다. 정부 부처나 기업들이 가판을 별도로 구입했고, 비판 기사나 자신들에게 불리한 기사가 나오면 해당 신문사에 연락을 해서 기사를 빼기도 했죠. 이 과정에서 광고 등이 오가는 경우도 많았습니다. 그러니까 여기서 가판은 일종의 리트머스 시험지 같은 것이었습니다. 그때는 오보도 많았어요. 일단 취재가 100% 확실하지 않은 상황에서 일종의 간을 보는 거죠.

김   일단 신문에 실은 후 정치권 또는 재계에게 "이거 사실 아닌데" 하고 펄펄 뛰면 기사를 바꾸곤 했어요.

민   이른바 판수를 갈면서 기사가 수정되거나 삭제되는 경우가 굉장히 많았죠.

김   판갈이를 일종의 필터링 수단으로 삼는다는 말씀이시죠?

민   참여정부 들어와서 가판이 폐지됐잖아요. 그런데 그전까지는 언론사에서 가판을 그런 수단으로 활용했다고 보면 됩니다.

김 저녁 7시쯤이면 서울 광화문 〈동아일보〉 사옥 1층 앞에 상당수 신문의 1판이 집결됩니다. 그러면 기업이나 기관의 홍보 담당자가 옵니다. 그리고 그 신문을 펼쳐 본단 말이지요. 그래서 자기 기관 혹은 기업에 불리하게 쓴 게 없는지 살펴보고 문제가 되겠다 싶으면 그 시간부터 신문사와의 거래가 시작됩니다.

민 과거 저녁 7시 전후한 그 시각에 정말 〈동아일보〉 사옥 앞에서는 진풍경이 벌어졌습니다. 신문을 배달해야 하는 아저씨들과 양복을 차려입은 기업 홍보실, 정부 대변인, 이런 공보 라인에 있는 사람들이 앉아서 일제히 모든 신문을 뒤적여요. 그러다가 본인 회사나 자신들이 속한 부처에 불리한 기사가 나왔다, 이러면 핸드폰 들고 이걸 보면서 열심히 전화를 합니다. 어디에 전화하겠습니까? 회사에 전화하면 거기서 이 기사 빼라, 어째라 난리가 나는 거죠.

김 신문사에서 기사를 뺄 수 없다고 나오면 그걸로 끝이 아니지요? 바로 광고 거래가 들어가지 않습니까?

민 그렇습니다. 그 폐단이 너무 심해서 가판을 폐지시킨 거예요.

김 큰 신문사들부터 가판을 안 낸다고 했지요. 그래서 처음에는 다음 날 아침에 신문을 배달받을 때까지 그 내용을 전혀 몰랐죠. 건강한 흐름이다 싶었는데 어느 순간부터는 슬쩍 '변종 가판'이 고개를 듭니다. 신문사들이 종이로 찍진 않고 pdf, 즉 전자 신문으로 구독 신청을 받아요. 그러면 기업들이 pdf로 구독할 것 아닙니까. 구독료도 비싸요. 200만 원 하는 데도 있죠. 이렇게 해서 광화문이 아니라 사무실에서, 종이가 아니라 모니터로 기사를 확인하며 자기 기업에 관해 불리한 기사가 나온다 하면 신문사에 전화를 하지요. 은밀한 거래는 이렇게 부활한 것입니다.

민　이른바 '디지털 초판 서비스'를 신문사들이 재개하고 있는데 저는 의문이 듭니다. 요즘 어지간한 기사는 온라인에서 다 볼 수 있잖아요. 그런데 그걸 다시 지면으로 제작해서 '디지털 초판'으로 미리 서비스하는 게 어떤 의미가 있을까 싶어요. 디지털 초판 서비스를 개시한 모든 신문사들이 그렇다는 건 아니지만, 예전 가판 신문에서 나타나던 폐단이 다시 나타나지 않을까 걱정입니다. 가능성을 배제할 수 없다는 이야기입니다.

인터넷 신문에 마감이란 없다

민　한마디 덧붙이면, 종이 신문을 읽는 독자들의 수도 급격히 감소하고 있습니다. 신문사들 입장에서도 군이 흔히 말하는 초판에 예전처럼 전력을 쏟지 않아요. 경영적인 측면에서만 봐도 그렇게 할 필요가 없는 것이고요. 요즈음은 인터넷으로 많이 보잖아요. 그런 점에서 보면 저희가 지금까지 언급한 마감 시스템도 사실 아주 옛날이야기인 거죠.

김　이런 마감 시스템이 인터넷과 모바일 기반의 매체가 발호하면서부터 점점 실종되지요?

민　그렇죠. 인터넷 매체에는 마감이 없습니다.

김   이게 한마디로 사람 미치게 하는 거예요.

민   기자들 돌아버리죠.

김   토요일, 일요일, 휴일 없이 계속 뉴스를 생산해내야 하고요.

민   사건 터지면 나가야지 어떡합니까?

김   예를 들어서 주말에 발행되는 주간 신문은 마감일까지 추이를 보다가 그날 기사를 몰아서 썼는데요.

민   예전에는 그랬죠.

김   〈미디어오늘〉처럼 주간지의 경우 인터넷 서비스를 하기 전, 즉 지면 신문만 발행할 때에는 어땠습니까? 그때와 지금의 다른 점은 무엇인가요?

민   그때는 토요일, 일요일까지 포함해서 일주일 중에 3일 정도 바짝 일하면 마감이 가능했습니다. 나머지는 취재원들 만나고 낮술도 한두 잔씩 하고 그랬죠.

김   마감 당일 제작하면 되는 거니까요.

민   그렇죠. 그리고 사람을 만나서 얘기를 하다 보면 정보가 들어와요. 그런데 요즘은 정보를 접하자마자 바로 확인해서 써야 하는 시스템이에요. 그걸 묵혀뒀다가 마감할 때 취재 확실하게 해서 써야지, 하면 어떻게 되는 줄 아세요? 물 먹습니다.

김   물먹죠. 이미 세상 사람들이 다 아는 뉴스, 아니 구뉴스 되는 거니까. 인터넷이 일간과 주간의 벽을 허물어버린 것 같아요. 월간지는 아예 존재감조차 없는 실정이고요.

어뷰징으로 검색을 장악하라

민 전통적인 의미의 마감시간은 무너졌다고 보면
됩니다. 왜냐하면 이른바 주류 언론들도 온라인 쪽
의 비중을 조금씩 높이고 있기 때문이죠. 바로바로
올리는 시스템으로 비중이 이동하고 있다는 겁니다.
최근 뉴스 콘텐츠 접속률도 떨어지는 추세거든요.
사실 뉴스의 경우 큰 사건이 터지지 않으면 접속률은
떨어질 수밖에 없습니다. 큰 사건이 일어나면 뉴스 소

> **어뷰징abusing** | 언론사가 기사 클릭수를 올리기 위해 타 매체 기사를 베끼거나 동일한 기사를 포털에 반복 전송하는 것을 말한다. 언론사의 어뷰징은 포털 사이트 인기 검색어를 의식한 경우가 대부분이며, 타 매체 기사를 제목만 일부 바꿔 전송하는 경우가 많다.

비량이 굉장히 많아지지만, '평화 체제'가 되면 사람들이 뉴스를 별로 안 읽어요.

요즘은 SNS를 통해 뉴스를 많이 소비하잖아요. 그러다 보니 언론사들도 SNS
를 통한 뉴스 콘텐츠 유통 방식을 고민하고 있습니다. 문제는 SNS는 인터넷보다
더 휘발성이 강해서 뉴스를 빨리 올려야 하는 경향이 더 심해지고 있다는 겁니다.
그러다 보니 점점 마감이라는 게 없어지는 거죠. 바로 취재해서 올려야 합니다. 한
국은 아직 네이버를 통해 뉴스 콘텐츠를 소비하는 사람들이 압도적으로 많습니
다. 네이버에서 사람들이 가장 관심 있게 보는 게 실시간 검색어 아닙니까? 실시간
검색어에 뭐가 떴다. 이러면 흔히 말해 '어뷰징'이라고 해서 포털에서 인기 있는 검
색어와 연관된 검색어를 제목에 입력하고 기사를 작성합니다. 문제는 내용이 별로
없다는 것이죠. 거의 비슷한 내용인데 제목만 약간 바꿔서 포털에 기사를 계속 전
송합니다. 그러다 보면 독자들은 "이게 뭐지?" 하면서 클릭을 하지만 결과적으로

언론사들의 '어뷰징'에 속게 되는 셈이죠.

　페이지 뷰를 늘리기 위해 흔히 말하는 검색어 장사, 어뷰징 등을 하면 네이버에서 퇴출하는 게 원칙입니다. 문제는 네이버의 퇴출 기준이 명확하지 않다는 거예요. 기준이 뭔지 아는 사람이 거의 없어요. 유력 언론들도 어뷰징에서 자유롭지 않습니다. 〈동아닷컴〉, 〈조인스닷컴〉과 같은 유력 매체들도 어뷰징에 뛰어들고 있거든요. 제가 닷컴, 닷컴 얘기해서 그렇지 이 매체들이 〈조선일보〉, 〈동아일보〉, 〈중앙일보〉 아닙니까. 그런데 이들이 인터넷에서 쏟아내는 연예 기사를 보면 그렇게 선정적일 수가 없어요. 네이버 뉴스 스탠드에 가서 유력 언론들 편집해놓은 것 한번 보세요. 이미지라든가 이런 걸 보면 장난 아닙니다. 무슨 헐벗은 여인네들 사진을 그렇게도 올려놓는지.

〈미디어오늘〉 2015년 3월 18일자 1면 기사 中

검색 어뷰징 가장 심한 언론사는 매경 동아 조선 순

"〈조선일보〉는 못 건드리면서 잔챙이들만 괴롭힌다." 익명을 요구한 한 종합일간지의 온라인 편집 담당자의 이야기다. "우리가 저렇게 하면 바로 경고 메일이 왔을 거다. 우리는 눈치보면서 하는데 조선·동아는 아예 대놓고 어뷰징을 한다."

일부 언론사들의 검색 어뷰징이 심각한 수준인데 네이버가 이를 방치 또는 묵인하고 있다는 비판이 계속되고 있다. 〈미디어오늘〉이 17일 주요 언론사 사이트의 트래픽을 분석한 결과 이 같은 지적이 사실로 드러났다.

〈미디어오늘〉이 트래픽 분석 서비스 코리안클릭에 의뢰해 지난 1월 기준으로 미디어 카테고리의 트래픽 상위 30개 사이트의 방문자 수와 유입경로 등을 분석한 결과 〈매일경제〉와 〈조선일보〉, 〈동아일보〉의 경우 네이버 검색에서 유입되는 비율이 다른 언론사들과 비교할 때 압도적으로 높게 나타났다. 〈매일경제〉의 경우 월간 기준 전체 순방문자의 59.8%가 네이버 검색을 통해 유입됐다. 〈동아일보〉와 〈조선일보〉는 이 비율이 각각 57.1%와 56.7%로 나타났다. (하략)

김 고로케닷컴http://hot.coroke.net에서 그런 식의 낚시성 기사들, 특히 "헉! 충격!" 이렇게 기사를 썼던 언론사를 고발하기도 했지요. 〈미디어오늘〉의 보도에 따르면, 고로케닷컴이 발표한 2013년 낚시 기사 생산 종합 순위(12월 15일 기준) 1위는 〈동아일보〉였다. 2위는 〈한국경제〉, 3위는 〈매일경제〉, 4위는 〈아시아경제〉, 5위는 〈TV리포트〉였다. 전국 종합일간지 중에서는 〈동아일보〉가 1위, 〈조선일보〉가 2위였고 〈서울신문〉과 〈세계일보〉가 뒤를 이었다. 집계 결과에 따르면 낚시성 기사는 2013년 동안 총 13만 건이었다.) 제가 국민라디오에서 〈정영진의 불금쇼〉를 제작했는데, 2014년 12월 배우 여민정 씨가 나왔어요. 여민정 씨는 부천 국제 판타스틱 영화제 레드

카펫 행사 중에 상의 끈이 갑자기 풀려 신체 일부가 노출된 적이 있었죠. 그런 '화제의 주인공'이 〈불금쇼〉에 나온 거예요. 이게 화제가 되니까 '여민정' 검색어가 막 떴죠. 그때 언론사 인터넷 매체가 어뷰징 기사를 쏟아내는데 '여민정'이 무엇 때문에 순위에 올랐는지 감을 잡지 못한 겁니다. 압권은 "노출로 화제를 모은 여민정이 '새삼'(!) 검색어에 오르고 있다"라는 기사였지요. '새삼'이 아니라 〈정영진의 불금쇼〉에 나온 것 때문인데. 맥락도 모르고 내용도 모르고 기사를 쓴 거예요.

민　그 메커니즘은 인터넷이라든가 SNS를 통한 콘텐츠 유통이 활성화되면서 새롭게 나타난 메커니즘이에요.

김　'검색어 돌출' 이유가 확인되지 못한 상황에서 급한 것은 취재가 아닙니다. 기사 작성입니다. 그런 점에서 이런 검색어 기사에는 작성 매뉴얼이 따로 있는 것 같아요. 검색어가 뜨면 "아무개 이름이 새삼 검색되고 있다"라는 서문이 나오고 이 사람과 관련한 이력이 나와요. 여민정처럼 신체 일부가 노출됐다면 이보다 좋은 게 없습니다. 당시 장면 또는 선정적 포즈의 사진을 첨부합니다. 기사는 "이에 대해서 누리꾼들은 '여민정 왜 올랐지?' '여민정 새삼 아름답네?' '여민정 추해라' 이런 반응을 보이고 있다"로 대미를 장식하죠. 그런 반응이 실제로 인터넷에 있는지 없는지는 확인 못했습니다만, 아마 없을 거라는 쪽에 500원을 걸고 싶습니다.

민　그런 경향이 심해지고 있는 이유를 조금 '거시적인 측면'에서 보면 인력 구성이나 배치와도 관련이 있는 것 같아요. 흔히 말하는 전통적인 기자 선발 방식,

이른바 수습기자로 뽑혀 출입처를 도는 과정을 거쳐서 지금 기자가 된 사람들 있지 않습니까? 일명 '훈련받은' 기자들은 여전히 종이 신문에 자신의 기사가 실리는 것이 레벨이 높다고 생각하는 경향이 있습니다. 하지만 매체 환경이 종이 신문에서 인터넷, 모바일로 이동하는 걸 막을 수는 없죠. 특히 페이지 뷰가 매체 영향력은 물론 온라인 광고까지 연결됩니다. 이러다 보니 언론사들이 이상한 전략을 취합니다. 이른바 '닷컴기자'들을 별도로 뽑는 거죠.

김 언론사의 고유한 훈련 과정, 기자 교육 없이 기계적으로 기사를 작성하는 기자들을 말하죠.

민 닷컴기자들은 어떤 검색어가 뜨면 검색어와 관련된 기사들(보통 연예 기사들이 많죠)을 그냥 작성해서 바로 포털에 보냅니다. 흔히 말해서 대충 '우라까이(기자 사회의 은어로 기사의 내용이나 핵심을 살짝 돌려쓰는 관행을 이르는 말)'해서 검색어에 맞게 기사를 써서 포털에 전송하는 겁니다. 출입처가 있는 종이 신문 기자들은 자신이 속한 언론사가 이런 식으로 '이중 전략'을 취하는 것에 불만이 많지만 어쩔 수 없지 않느냐는 식으로 그냥 넘어가요. 페이지 뷰를 무시할 수 없으니까. 하지만 자신들과 닷컴기자들은 레벨이 다르다는 인식을 가지고 있어요. 신문사들이 닷컴기자들을 별도로 뽑는 이유도 이런 현실을 감안한 겁니다. 요즘은 아예 아르바이트생에게 어뷰징을 맡긴다고 하더군요. 성과에 따라 돈을 차등 지급하는 곳도 있다는데, 그러다 보니 경쟁이 더 치열해집니다. 더 선정적으로 흐르고요.

김 최근에는 종이 신문에 실리는 기사를 쓰는 기자들에게도 "이제 너희도 마감시간에 맞춰 기사 쓰는 것만 하지 말고 사안이 확인되고 쓸 거리가 생겼을 때는 수시로 기사를 올려라" 이렇게 주문하지요. 온라인을 강화하는 방향의 편집 전략을 세우는 신문사들이 늘어나고 있어요. 〈한겨레〉 같은 경우가 대표적입니다.

민   물론 어뷰징 기사를 최대한 자제하면서 독자적인 온라인 콘텐츠를 개발하려는 언론사들이 분명 있습니다. 하지만 이른바 주류 언론들이라 해도 '영혼 없는 기사', 어뷰징을 목적으로 하는 기사 생산은 여전히 '닷컴기자'들이 많이 담당하고 있어요. 일부 인터넷 매체, 특히 연예나 드라마 콘텐츠를 많이 생산하는 매체의 경우 '짧은 리뷰'를 반복해서 작성하는 기자를 별도로 두고 있습니다. 네이버와 계약을 체결하고 있는 인터넷 매체들은 드라마나 예능이 끝나기 전에 기사를 대여섯 꼭지씩 올립니다. 예를 들면 김용민이라는 배우가 요즈음 핫한 드라마에 출연 중인데 그 드라마에서 김용민이 어떤 배우에게 따귀를 맞는 장면이 나왔다면, 바로 "따귀를 맞아서 파문이 일고 있다" 이렇게 기사를 써서 포털에 전송하는 거예요. 그렇게 하면 실시간 검색어에 오르니까요. 출근을 하지 않고 재택 근무로 드라마나 예능 프로그램 리뷰 작성만을 전담하는 '기자'도 있다고 해요.

파란닷컴의 출몰, 스포츠 신문사의 엄청난 오판
━━

김   2004년 이전만 해도 뉴스 콘텐츠 생산은 기성 매체의 독점 영역이었습니다. 통상 조간신문은 기사가 전날 저녁부터 다음 날 새벽까지 나옵니다. 분석, 해설, 문화면 기사는 전날 저녁에, 속보, 특종 등은 다음 날 새벽에 양산되죠. 그렇다면 낮 시간대에는 어떻게 할까요? 그 시간대에는 소수의 석간신문, 연합뉴스, 뉴시스 등의 통신사가 점유했습니다. 그래서 낮의 대통령은 통신사, 밤의 대통령은 신문사 이랬었죠. 그러다가 인터넷 매체가 쏟아져 나오게 된 결정적 계기가 있었습니다. 지금은 없어진 kt의 포털 '파란닷컴'의 출현이었습니다.

민   당시 스포츠 신문사들이 전략적 오판을 했죠.

김   파란닷컴이 〈일간스포츠〉, 〈스포츠서울〉, 〈스포츠조선〉, 〈스포츠투데이〉, 〈굿데이〉 등 5대 스포츠 신문과 배타적 계약을 맺은 겁니다. 이 신문들은 네이버, 다음과의 거래를 끊고 파란닷컴에만 자사의 뉴스를 공급했죠. 매체당 월 1억씩 받고 말입니다.

민   양쪽의 이해관계가 그때만 하더라도 맞아떨어진 거죠.

김   그래서 네이버와 다음은 난리가 났습니다. 스포츠 기사, 연예 기사가 포털 뉴스 검색 비중의 8할 이상인데, 그 원천 소스인 5개 신문사가 통째로 증발하게 됐으니 말입니다. 네이버, 다음은 기로에 섰습니다. 자, 이 폭탄 변수, 포연이 걷힌 세상은 어떻게 변모했을까요?

민   파란닷컴이 망했습니다.

김   5대 스포츠 신문사와의 배타적 계약이 주요한 원인은 아니었습니다만, 지금 파란닷컴은 존재하지 않습니다. 파란닷컴의 승부수가 무리수가 된 이유는 무엇이겠습니까? 5개 스포츠 신문을 대체할 인터넷 스포츠 연예 매체들이 쏟아져 나와 네이버와 다음에 진지를 구축한 것입니다.

민 스포츠 신문사들이 인터넷 매체의 영향력을 너무 과소평가한 거예요. 자기네가 콘텐츠 우위에 서 있다고 판단한 건데, 잘못 생각한 겁니다.

김 5대 스포츠 신문은 또 다른 경쟁사만 잔뜩 양산하고 말았습니다. 〈마이데일리〉, 〈스타뉴스〉, 〈조이뉴스24〉, 〈TV리포트〉, 〈고뉴스〉, 〈쿠키뉴스〉, 〈노컷뉴스〉, 〈뉴스엔〉 등 20여 개 매체가 그렇습니다.

민 그때부터 본격적으로 인터넷 매체들이 생겨나기 시작했고, 그 매체들을 네이버와 다음이 끌어들인 거죠. 이용자들은 파란닷컴으로 이동하지 않았고요.

김 인터넷 독자들은 매체의 권위, 지명도, 이런 것들을 보고 뉴스를 선택하는 것이 아니라 기사 제목을 보고 뉴스를 선택하는구나, 하는 인식이 성립된 겁니다.

민 네, 전환점이 됐죠. 뉴스 수용자의 마인드라든가 소비 패턴, 이런 것을 제대로 읽지 못한 신문사들의 전략적 오판이 결국 그런 상황까지 만든 겁니다.

김 흥미로운 부분은 인터넷 매체의 강세로 전통 미디어인 조중동의 위세가 많이 꺾일 거라고 관측했어요. 왜냐? 사람들은 인터넷에서 기사 제목을 보고 선택하지, 이게 〈조선일보〉냐, 〈조선일보〉와 이름이 비슷한 〈조세일보〉냐 예민하게 따지지 않으니까요. 산업이 유통을 능가하던 시절의 추억에 젖은 조중동으로서는 유통이 산업을 압도하는 네이버, 다음 등 큰 포털의 대두가 매우 마땅찮았고, 그래서 신경전을 거듭했지요. 기억하세요? 어느 날 〈조선〉, 〈중앙〉, 〈동아〉가 한꺼번에 다음에서 빠진 일이 있었잖습니까? 2008년 7월이었어요. 미국산 쇠고기 협상 부실 문제로 촛불집회가 본격화되면서, 다음 아고라에서 네티즌들이 촛불집회를 폭도 등으로 매도한 조중동에 대해 광고주 압박 운동을 벌였지요. 조중동에 광고를 주지 말라고요. 이 움직임이 계기가 돼 조중동이 다음에서 싹 빠졌는데, 지금은 모두 들어가 있어요. 백기를 든 셈이지요.

민 참여정부 때 네이버, 다음 같은 포털의 영향력이 급격히 성장했죠. 그때 조중동 지면을 찾아보면 네이버와 다음의 문제점을 지적하는 기사들이 많습니다. 물론 지금도 종종 나옵니다. 당시 조중동은 인터넷 매체들의 권위, 신뢰도, 공정성을 상당히 폄하하는 기사들도 많이 생산해냈습니다. 근데 역으로 생각해보면 그때부터 이용자들의 뉴스 콘텐츠 소비 행태가 인터넷 쪽으로 바뀌고 있었던 거예요. 그런 관점에서 보면 이른바 유력 언론사들이 시대 흐름을 정확히 파악하지 못한 것 같아요. 지금 종이 신문 산업이 위기라고 하지 않습니까? 이미 그때부터 감지가 됐던 거죠. 그런 측면에서 보면 언론계는 변화가 참 더딘 셈입니다.

김 신문은 초창기 방송 뉴스를 개무시했거든요. 방송 뉴스가 지금의 인터넷 신문 대접을 받던 때였으니까요. 그런데 지금은 어떤가요? 방송 뉴스의 영향력이 신문을 압도하고 있잖아요. 그래서 조중동도 저마다 방송을 한다고 나섰고 만난 萬難 끝에 종편 사업자가 된 거 아닙니까. 인터넷 신문도 마찬가지예요. 〈오마이뉴스〉 초창기에는 출입처 등록도 안 돼 취재 거부도 당했었죠. 그런데 어느 순간 보니까 무시할 수가 없는 겁니다. 지금은 종이 신문의 지면을 줄이기까지 하면서 인터넷 뉴스를 확충하려는 종합일간지가 등장하고 있잖아요.

21세기 마감은 과거와 다르다

민　사실 신문·방송 뉴스 제작의 기본적인 메커니즘은 마감입니다. 인터넷 매체가 이렇게 많아지기 전까지 신문기사 마감은 오후 4~5시로 딱 정해져 있었죠. 방송사 같은 경우 메인 뉴스 시간 중심으로 뉴스 제작 마감이 있었습니다. 〈SBS 8뉴스〉의 경우 저녁 7시 전에는 제작이 다 끝나 있어야 합니다. 그런데 방송 뉴스 제작은 신문기사와 다릅니다. 신문사 같은 경우 기자 혼자 취재하고 작성하는 게 대부분입니다. 그런데 방송 뉴스는 기본적으로 화면이 있어야 해요. 또 여러 자료를 준비해서 방송으로 내보낼 수 있도록 완제품을 만들어놔야 합니다. 방송 뉴스는 여러 가지 준비할 게 많기 때문에 시간이 더 든다고 봐야죠.

　그런데 지금은 과거에 비해 마감이 크게 의미가 없어졌어요. 인터넷이 대중화되면서 그런 경향이 더욱 심해졌습니다. 오전이건 오후건 사건이 터지면 현장에서 기사를 바로 쏴버려요. 일반 시민들이 동영상이나 사진을 찍어서 SNS에 바로 올리잖아요. 그런 상황에서 정통적인 마감은 의미가 없습니다. 시민들이 직접 인터넷에 기사를 써서 올리는 판에 마감시간 사수하다 물먹기 십상이죠. 돌발 사건이나 대형 사건이 발생하면 요즈음 방송기자들은 현장에서 시민들이 찍은 영상이나 차량 블랙박스 화면을 확보하는 게 급선무입니다. 고전적 의미의 마감은 흔히 말하는 종이 신문 발행을 위한 시간까지의 마감인 거고, 지금 마감이라는 개념은 과거와는 다르다, 마감이 없다고 보시면 될 것 같아요.

김 신문의 미래를 그려봅니다. 굳이 지면 인쇄를 고집해 지금처럼 어느 특정한 장소, 즉 윤전기가 있는 공장에서 신문을 찍어서 차량에 실어 각 지국으로 보내고 보급소에서 배달하는 이런 형식이 유지된다면 모를까, 집에서 팩시밀리와 유사한 형태의 개인 인쇄기로 출력되는 방식으로 가거나 종이 신문에서 전자 신문으로 대체된다면, 마감은 없어지는 것 아닙니까?

민 저는 마감 시스템을 포함해 신문 제작 시스템 전반이 바뀌지 않으면 신문 산업 자체가 살아남기 힘들 거라고 봅니다.

김 과거와 다른 것은 1990년대 이후로 온라인 미디어가 등장하고 방송 뉴스가 시간은 물론 채널도 늘어나는 등 양적 확대가 거듭되고 있죠. 결국 신문 시장에서 더 이상의 속보 경쟁은 무의미하다, 속보로 싸워봐야 방송과 인터넷을 따라잡을 수 없다, 이런 인식이 보편화되는 기점 이후로 신문 시장은 새로운 길을 찾고 있다고 봐야 할 것 같습니다. 자기들이 운영하는 인터넷 매체를 통해 속보 경쟁을 하고 종이 신문은 가급적이면 속보보다는 호흡이 긴 기사들, 시의성에 많이 얽매이지 않는 기사들, 하루의 호흡으로 만들 수 있는 기사들, 즉 분석과 비평이 주류를 이루는 내용으로 차별화하는 것입니다. 하지만 여전히 종이 신문이 인터넷 매

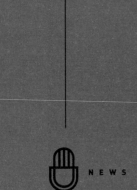

N E W S

신문 시장은 새로운 길을
찾고 있다고 봐야 할 것 같습니다.

자기들이 운영하는 인터넷 매체를 통해 속보 경쟁을 하고
종이 신문은 가급적이면 속보보다는 호흡이 긴 기사들,
시의성에 많이 얽매이지 않는 기사들, 하루의 호흡으로 만들 수 있는 기사들,
즉 분석과 비평이 주류를 이루는 내용으로 차별화하는 것입니다.

체에 비해 우월하다는 인식이 신문사 안에는 자리하고 있습니다. 참고로 하루에 일간지 기자들이 쓰는 기사가 원고지 몇 장 분량인지, 원고료는 얼마쯤인지 한번 따져볼까요?

민　일간지 기자들의 경우 기사 분량은 얼마 안 됩니다.

김　예를 들면?

민　사회면 머리기사, 1면 머리기사 원고 매수가 얼마쯤 될 것 같습니까?

김　날마다 1면 기사를 쓴다 치고 일간지 기자 월급이 가령 500만 원이라고 치죠.

민　머리기사 같은 경우는 조금 길기 때문에 원고지 7~8매 정도 됩니다. 5매씩 일주일에 6번 쓴다고 기계적으로 계산하면 30매거든요. 4주면 120매잖아요. 그러면 원고료가 원고지 매수당 4만 얼마 정도 되겠네요.

김　어마어마한 원고료 아닙니까?

민　장난 아닌 거죠.

김　한 신문사 기자가 후배에게 이런 얘기를 했다고 하더라고요. "니들 원고료는 김훈 작가급이다."

민　그것도 매수를 많이 계산한 거예요. 매일 그렇게 쓰는 기자가 별로 없어요. 그런데 인터넷 기자들은 굉장히 많이 쓰죠.

김　그렇게 본다면 인터넷 기자는 그만큼 원고지 매당 단가가 상당히 낮겠네요.

민　그런데 아마 종이 신문의 퀄리티를 높이면서 매체 분리 이원화 정책으로 가는 상황까지 갈지는 모르겠습니다만, 현재처럼 종이 신문 기자들이 그런 마인드를 유지한다면 앞으로 쉽지 않을 거예요. 종이 신문을 그렇게 많이 보지도 않을뿐더러 점점 대세가 인터넷 쪽으로 이동하고 있는 상황인데, 아직도 일부이긴 하지만 인터넷이나 이런 쪽을 하찮게 보는 기자들이 있습니다.

김 지금 지상파 방송도 그래요. 예를 들어 지상파 라디오 방송 같은 경우 팟캐스트를 내리깔고 보지요. 그렇지만 딱 까놓고 얘기해서 팟캐스트를 더 많이 듣거든요. 이런 이야기는 좀 그렇지만, 종교 방송 등 '기타 방송'의 실 청취자 수가 몇 명이나 되겠어요? 그런데 팟캐스트는 카운팅이 되죠. 5만, 10만, 100만 이렇게 나오지 않습니까. 라디오 청취 점유율이 가장 높은 프로그램이 10%대예요. 청취 점유율은 라디오를 듣는 사람만을 상대로 조사한 건데, 한국리서치 2014년 2라운드 청취 점유율 조사 결과를 보면 1위가 SBS 파워FM 〈두시탈출 컬투쇼〉 14.6%예요. 1천 명 조사하면 146명이 듣는다는 겁니다. 방송통신위원회 2014년 방송 매체 이용 행태 조사 결과를 토대로 보면 라디오를 이용하는 사람이 10명 중 1명(9.5%)이에요. 거칠고 산술적으로 추정해보자면, 5천만 국민 중에 라디오 이용자가 500만이고, 이 중 73만 정도가 1등 지상파 라디오 프로그램을 청취한다는 말이죠. 그런데 이 정도 카운팅을 훌쩍 뛰어넘는 팟캐스트가 부지기수라는 겁니다. 앞서 '팟캐스트 깔보는 지상파 방송' 언급했잖아요. 그 방송 제작자 프로그램 청취율은 0.1%거든요. 그러면 몇 명이 듣는다는 겁니까?

민 거칠게 단순화시키면 5만 명 정도밖에 안 되는군요.

김 팟빵 순위로 20위권 안에 있는 팟캐스트는 회당 10만 명 이상으로 추정됩니다. 매체빨로 먹어주던 때는 끝났어요. 사실 매체빨, 그게 얼마나 허망합니까. 매체빨이라고 하는 건 그 방송의 고정 청취자의 존재에서 나오는 것 아닙니까. 그 방송의 모든 프로그램이 한결같은 하이 퀄리티를 담보한다고 봐야 할까요? 혹시 라디오 주파수 튜닝이 귀찮아서 그대로 두는 것은 아닐까요? 말하자면 개별 프로그램에 대한 청취 충성도가 낮아요. 반면 팟캐스트는 자기가 찾아가서 듣는 겁니다. 콘텐츠의 질이 담보되지 않으면 도태되죠. 유명 스타가 진행한다고 먹어주느냐, 아닙니다. 팟캐스트 순위를 보세요. 지상파 라디오 프로그램의 다시듣기가 20위 안에 들기 힘듭니다. 그럼에도 불구하고 여전히 '우리는 지상파니까' 목에 힘 주는 사람들이 있습니다. 드러난 수치만으로 이야기하자고요. 제 말이 틀립니까? 그런 의미에서 솔직히 종이 신문을 누가 봅니까? 앞서 인용한 방송통신위원회 2014년 방송 매체 이용 행태 조사 결과 종이 신문 보는 사람은 전체 8.2%예요.

민　진짜로 종이 신문을 어느 정도로 안 보냐 하면, 〈미디어오늘〉 기자들은 신문, 방송을 모니터하는 게 기본적인 일이잖아요. 그런데 종이 신문은 잘 안 봅니다. 그럼 뭘로 보냐고요? pdf 서비스로 봐요. 인터넷으로 보는 겁니다. 자세히 살펴볼 기사가 있으면 프린트해서 보고요. 회사로 종이 신문이 배달되는데, 종이 신문은 경영기획실과 마케팅 본부 쪽에서 열심히 봅니다. 왜냐? 광고를 봐야 하거든요. 다른 매체에 어떤 광고가 실렸는가를 보는 거죠. 종이 신문의 용도가 그렇게 바뀌고 있습니다.

김　모 방송이 FM 라디오를 개국했는데 관악산 옆 삼성산에 송신소를 설치했어요. 서울 관악, 금천, 안양시 경계 쪽인데 문제는 보다 더 높은 관악산에 가려 있다는 겁니다. 그래서 방송 신호를 쏘면 서울 서북 지역은 짱짱하게 전파되는데 강남, 성동, 이런 동남쪽은 잘 안 들려요. 얼마 지나지 않아 이 방송사는 기껏 돈 들여 삼성산에 세운 송신소를 철거해 청계산으로 옮겨갔습니다. 왜 그런 줄 아십니까? 청계산에 올라가면 강남이 쫙 보이거든요. 강남을 향하려는 거죠. 왜냐? 광고주들이 강남에 살거든요. 광고주가 "이 방송에 광고를 냈는데 켰더니 수신이 안 되잖아. 그러면 뭐하러 광고 주느냐"고 항변할 수 있으니까요.

민   타깃이 확실하군요.

김   그래서 청계산으로 옮겼습니다. 결국 광고주만을 위한, 그러니까 광고 관계자들만 듣고 보는 매체라면 미래가 있겠습니까?

민   광고주들도 판단을 하지 않겠습니까. 뉴스 제작 메커니즘 이야기하다가 광고까지 왔는데, 지금의 시청률 계산 방식도 분명 몇 년 안에 광고주들의 요구로 바뀔 겁니다. 장담하는데, 광고주 입장에서는 타깃팅targeting이 확실해야 광고를 할 수 있습니다. 그런데 지금 종이 신문을 통해 제품 광고를 보는 사람이 몇 명이나 될 것 같습니까?

김   〈한겨레〉는 광고 효과가 있습디다.

민   그 매체는 독자들의 열독률이 높잖아요.

김   그렇죠. 2013년 기준으로 유료 판매 부수가 20만 부예요. 〈조선일보〉 129만 부(발행 부수 175만 부), 〈중앙일보〉 81만 부(발행 부수 126만부), 〈동아일보〉

71만 부(발행 부수 90만 부)에 비할 바는 아니지만, 제가 봤을 때 조중동보다 훨씬 광고 효과가 있어 보여요.

민　〈한겨레〉와 JTBC가 무서운 이유가 거기 있습니다. 집중도와 열독률이 다른 매체에 비해서 굉장히 높다는 거죠. 케이블 방송 tvN은 젊은 층이 상당히 많이 보잖아요. 광고주들이 눈여겨보는 이유입니다. 종편이라든가 지상파가 시청률로 계속 들이미는데, 그 시청률이 과연 정확한 지수를 반영하고 있는지 의문입니다. 설사 그렇다 하더라도 광고주 입장에서 구매력으로 따져 봤을 때는 현저히 떨어지죠.

김　신문 시장이 갈수록 축소돼가고 있는데 구조는 과거의 것을 답습하고 있어요. 저는 염려스럽습니다. 신문을 사서 읽는 사람이 급격하게 줄어드는데 구조조정한다는 신문을 보지 못했어요.

구호뿐인 디지털 퍼스트, 언론의 미래는 암울하다

민　사실 저는 지금 한국 언론의 뉴스 제작 메커니즘은 기형적이라고 생각해요. 다들 그런 이야기 많이 하지 않습니까? 통합 뉴스룸이니, 디지털 퍼스트, 이런 이야기들 말이죠. 그런데 대부분 하드웨어적인 부분에만 초점이 맞춰져 있어요. SNS 이용자들이 늘어나고 있는 상황에

디지털 퍼스트digital first｜콘텐츠의 제작과 유통에서 디지털 플랫폼을 최우선 순위에 두는 전략. 2012년 〈뉴욕타임스〉의 '혁신보고서'는 디지털 퍼스트를 "종이 신문의 구속으로부터 벗어나 최고의 디지털 기사를 만드는 데 최우선 순위를 둔다"라고 정리했다.

서 뉴스 콘텐츠도 SNS를 통해서 많이 소비되고, 그래서 언론사들의 뉴스 콘텐츠 전략도 그런 쪽으로 바뀌어야 한다는 거죠. 일부 언론사의 경우에는 디지털 퍼스트를 화두로 해서 기존의 오프라인 위주의 편집국을 디지털 퍼스트 위주로 바꾸려고 노력하고 있습니다. 꾸준한 내부 논의를 통해서 그런 전략을 펼치는 언론사들도 있습니다.

그런데 저는 염려스럽습니다. 2004년도 파란닷컴과 스포츠 신문 이야기를 할 때 전략적 오판으로 실패를 경험했다고 하지 않았습니까? 지금의 디지털 퍼스트 전략도 상당히 우려되는 대목이 있어요. 다 그렇다는 얘기는 아니지만, 어떤 매체 같은 경우에는 밖으로는 디지털 퍼스트 전략을 선도적으로 외치고 있습니다. 그런데 내부 메커니즘은 여전히 어뷰징 전략을 취하고 있습니다. 디지털 퍼스트 전략이라는 것은 하드웨어만 그렇게 바꾼다고 되는 게 아닙니다. 소프트웨어라든가 마인드도 바뀌어야 하거든요. 그런데 디지털 퍼스트를 그렇게 외치고 SNS를 그렇게 외치는 한국의 많은 언론들이 여전히 내부적으로는 어뷰징 장사를 하고 있다는 겁니다. 이건 모순이죠.

김   어뷰징 장사도 엄연한 독자 기만이지요.

민   그렇죠. 여전히 포털 검색어에 신경을 쓰는 콘텐츠를 다량으로 생산하고 있고요. 그러니까 밖으로는 디지털 퍼스트를 외치면서 하드웨어도 그쪽으로 구축하고는 있습니다만, 소프트웨어라든가 기사들의 마인드, 경영진의 마인드, 전략은 여전히 오프라인 위주라는 거죠. 이 괴리가 좁혀지지 않으면 아무리 디지털 퍼스트 전략을 이야기하더라도 한국 언론의 미래는 어두울 수밖에 없어요. 저는 이런 현실을 언론사를 준비하시는 분이건, 밖에서 뉴스 콘텐츠를 많이 소비하시는 분이건 분명히 알 필요가 있다고 봐요. 디지털 퍼스트를 계속 이야기하는 언론사들이 생산해내는 콘텐츠를 유심히 한번 살펴보십시오. 제가 특정 언론사를 언급하는 건 적절치 않은 것 같습니다. 하지만 분명한 건 기자들의 마인드가 디지털 퍼스트로 바뀌지 않으면, 언론사 간부들이 디지털 퍼스트로 바뀌지 않으면, 언론사들의 디지털 퍼스트 전략은 실패할 가능성이 높다는 겁니다.

김　디지털 퍼스트 전략의 마인드는 뭔가요?

민　저는 수용자를 가장 우선적으로 생각하는 마인드라고 생각해요. 수용자를 가장 우선으로 생각하는 기자들이 포털의 검색어 기사 콘텐츠를 생산하고 어뷰징 기사를 생산하지는 않죠. 수용자를 가장 먼저 생각하는 언론사나 기자들은 이 기사가 수용자들에게 적절하고 필요한가, 이걸 염두에 둘 수밖에 없어요. 어뷰징이라든가 검색어 장사는 수용자가 아니라 광고주를 염두에 두고 있는 거죠. 그러니까 디지털 퍼스트 전략의 핵심은 마인드 전환입니다. 언론사들의 구태의연한 신문 제작, 뉴스 제작 메커니즘을 벗어나서 수용자 위주로 바꾸자, 이게 핵심적인 화두라고 봐야죠. 다들 말은 그렇게 합니다. 그런데 정작 속내를 들여다보면 전혀 안 바뀌었어요. 저는 그게 굉장히 우려스럽다는 겁니다.

김　디지털 퍼스트가 아니라 디지털 마케팅 퍼스트겠죠.

민　그렇습니다.

김　독자를 어뷰징으로 낚고 여자 몸매 관련 사진 기사로도 또 낚고, 독자는 안중에 없지요. 아, 안중에 있는 독자가 하나 있기는 하네요. 바로 광고 자본 아닙니까?

민　과거 가판 배달판 이야기할 때 광고주들이 광고를 무기로 불리한 기사 빼고 이랬잖아요? 지금은 그게 디지털 쪽으로 무대를 옮겨서 행태만 다르게 나타난다고 보면 됩니다.

광고 자본에 의해 좌지우지되는 기사

김　어느 인터넷 신문이었더라, 삼성 광고 때문에 기사를 뺀……

〈미디어오늘〉, 2014년 2월 19일 기사 中

뉴데일리, '또 하나의 약속' 기사 삭제하고 삼성에 보고까지

뉴데일리경제 대표 삼성 만난 뒤 기사 삭제…
"중복 기사 삭제했을 뿐, 침소봉대 말라"

김부경 전무님… 박정규입니다. 어제 오랜만에 뵈어 반갑고 감사했습니다…

이달 초부터 뉴데일리경제 사장을 맡고 보니 헤쳐나갈 현안이 산적해 요즘 밤잠을 설치며 뛰는 상황입니다. 특히 삼성그룹-뉴데일리 간 신뢰 회복을 위해 최선을 다해나가려 노력하려고 합니다.

어제 박종문 차장과 얘기해보니 지난달 뉴데일리에 '또하나의 가족' 기사가 떠 서운했다고 하기에 돌아오는 즉시 경위를 알아봤고, 제 책임하에 바로 삭제조치시켰습니다…물론 칼럼니스트가 특별한 의도를 갖고 쓴 것은 아니었고, 간부들도 전혀 인지하지 못했던 것으로 확인됐습니다.

그동안 제가 한국일보를 떠나 몇몇 매체를 도는 동안 항상 애정 어린 눈길로 보살펴 주신 점 깊이깊이 감사드립니다. 이번에는 뉴데일리-뉴데일리경제 양쪽 법인의 주주이자 경제부문 대표로서, 더 이상 옮기지 않고 이곳에서 매진할 생각입니다… (계속)

18일 박정규 뉴데일리경제 편집국장 겸 대표이사가 김부경 삼성미래전략실 커뮤니케이션팀 전무에게 보낸 문자메시지 전문이다. 최초 보도한 프레시안에 따르면, 박 대표는 김부경 전무에게 보낼 문자메시지를 실수로 프레시안 기자 등에게 보냈다. 문자 내용에 따르면, 지난 17일 박정규 대표는 김부경 전무, 박종문 차장을 만났고, 이 자리에서 박 차장은 뉴데일리가 '또하나의 약속' 관련 기사를 쓴 것에 대해 "서운하다"고 말했다. 박 대표는 경위를 알아본 뒤 기사를 삭제했다. 그리고 이튿날 김부경 전무에게 문자를 보냈다. (하략)

그 신문 대표가 이런 내용의 문자를 삼성 측에 보내야 하는 걸 〈프레시안〉 기자에게 보낸 거예요. 그래서 만천하에 드러난 건데……

민　잘못 보낸 거죠.

김　이런 행태가 비단 이 신문만의 것인가 하는 생각도 해보고요.

민　〈조선일보〉가 이른바 본판 종합면 외에 경제 섹션을 별도로 냅니다. '조선비즈'라는 경제 섹션을 매일 발행하죠. 〈조선일보〉 사이트에서 경제 관련 기사를 클릭하면 조선비즈닷컴으로 넘어가는데, 2014년 12월 4일자에 '이재용 삼성전자 부회장의 특별하고도 평범한 헤어컷'이라는 기사가 실렸어요.

〈조선비즈〉, 2014년 12월 4일 기사 中

이재용 삼성전자 부회장의 특별하고도 평범한 헤어컷

지난 3일 오후 서울 서초동 삼성전자 빌딩 지하 2층에 있는 미용실 '애니헤어'의 출입문에는 한 장의 안내문구가 나붙었다. "3시부터 4시까지 '점검'을 하니 4시 이후에 방문을 부탁드린다"는 내용이었다. 안내 문구를 본 사람들은 그 시간에 미용실이 청소를 하거나 미용도구와 설비를 교체하는 것쯤으로 여기며 지나갔다.

하지만 이날 미용실의 '점검'은 일상적인 것이 아니라 특별한 것으로 드러났다. 오후 3시 40분, 이재용 삼성전자 부회장(46)이 나타났기 때문이다.

　이 부회장은 수행원 한 명 없이 혼자서 미용실을 찾았다. 이 부회장이 들어간 후 미용실은 출입문을 잠그고, 유리 벽면에 내부를 가려주는 블라인드를 쳤다. 블라인드가 없는 출입문에는 입구 전체를 가릴 만한 크기의 광고판을 세웠다.

　이 부회장이 미용의자에 앉자, 미용사가 이발을 시작했다. 이발은 빠른 속도로 진행돼, 20분 만에 끝났다. 이발을 끝마친 이 부회장은 잠시 거울 앞에서 머리와 옷의 매무시를 가다듬고 나서 미용실을 나섰다. 곧이어 미용실은 '점검중' 안내문을 뗐다. (하략)

　이 기사는 이재용 부회장을 굉장히 좋게 이미지메이킹해주는 기사예요. 기사에는 이런 부분도 있어요. "삼성 안팎에서 이 부회장은 대기업 오너답지 않은 소탈한 모습을 자주 보여왔다." 그런데 이게 과연 대기업 오너의 소탈한 모습인가? 김용민 PD는 그렇게 생각해요?

김　전혀 아니죠.

민　소탈한 모습을 보이려면 줄을 서서 같이 기다리든가 해야죠. 기사를 보면 사진이 있어요. 입구 모습도 찍어놓고 이재용 부회장이 미용실에서 이발을 마친 다음에 거울을 보면서 옷매무새를 바로잡는 모습도 있고. 그런데 저는 과연 이 사진을 〈조선비즈〉 기자가 찍었을까? 이런 의문이 듭니다. 미용실에서 '점검중'이라고 할 정도면 굉장히 극비리에 진행이 되었다고 봐야죠. 그런데 어떻게 〈조선비즈〉 기자는 이걸 알고 갔을까? 저는 유추해보건대 삼성전자 쪽에서 관련 내용이나 사진을 제공했을 가능성이 높다고 봅니다. 아니면 사전에 삼성과 〈조선일보〉 사이에 '이야기'가 됐을 가능성이 높죠.

김   회장 혹은 그룹 최고경영자를 미화하는 것도 그룹의 홍보실에서 하는 일이잖아요. 아울러 이미지에 도움이 안 되는 기사를 내리게 하는 것도요.

민   이런 기사가 어떻게 제작되는가? 삼성 쪽에서 흘려서 그걸 특정 매체로 하여금 쓰게 하는 경우가 종종 있는데, 이 기사도 그런 유형일 가능성이 높습니다. 왜냐? 한국을 대표하는 대기업 오너의 '일상'은 가급적 비공개로 합니다. 그런데 '일상'이 이렇게 공개될 때는 어떤 '목적'이 있는 경우가 많죠. 〈조선비즈〉 기사는 이재용 부회장의 소탈한(?) 모습을 보여주는, 속된 말로 '빨아주는 기사'라고 봐야 하는데, 삼성 측의 의도 없이 나갔을 가능성은 희박합니다.

김   아버지 이건희 회장도 어마어마한 찬사를 받지 않았습니까? 제가 기억하는 전대미문의 이건희 회장 홍보 기사는 이렇습니다.

〈헤럴드경제〉, 2012년 4월 23일 기사 中

이건희 회장 유머에 여직원들 배꼽 잡았다, 왜?

이건희 멘트의 진화… 절제→충격→암시화법에서 이젠 유머까지

이건희 삼성전자 회장은 독서광이다. 한 달에 읽는 책이 20여 권에 달한다. 책을 많이 읽는 사람은 말이 짧다. 대신 촌철살인이다.

이 회장 역시 그렇다. 경영 현안에 대해 허투루 답하는 법이 없다. 그래서 이 회장이 내놓는 경영 화두는 단문이면서도 임팩트가 강하다. 현상에 대한 정확한 묘사를 바탕으로 한 정확한 키워드는 재계의 중요 화두가 되곤 한다. 위상을 떠나 그가 '재계의 아이콘'으로 불리는 이유이기도 하다.

이런 이 회장의 발언 폭이 최근 한층 넓어진 것은 주목된다. 임팩트에 유머를 가미했다. 지난 19일 여성 승진자들과의 오찬에서 그는 여성 직원들에게 "가정일과 회사일을 하다니 대단하다. 남자들에게 시키면 못할 것이고 나부터 도망갈 것"이라고 해 좌중의 배꼽을 잡게 했다. 이 회장이 유머를 섞는 것은 어제 오늘의 얘기는 아니다. 출근길에 기자들을 만나면 "왜 출근하셨는가"라는 질문에 "그냥 할 일이 없어서…"라고 하는 등 가끔 농담도 한다. (하략)

뭡니까, 이건? 이게 웃겨요?

민　하나도 안 웃깁니다.

김　그리고 "출근길에 기자들을 만나면 '왜 출근하셨는가'라는 질문에 '그냥 할 일이 없어서…'라고 하는 등 가끔 농담도 한다." 이게 뭐예요? 이런 질문을 하는 것도 웃기지 않습니까? 그룹 회장더러 왜 출근하느냐고 왜 물어보나요? 회장이 당연히 출근을 해야지. 이런 우문이 차라리 유머죠. (기사 제목을 바꿔야 합니다. "취재기자 유머에 독자들 배꼽잡았다"라고.) 그런데 기사 부제가 이렇습니다. "이건희 멘트의 진화. 처음에는 절제, 그다음에는 충격, 그다음에는 암시화법, 이제는 유머까지." 정말 어처구니가 없습니다.

민　특히 삼성 관련 기사의 경우 삼성발發로 의심되는 기사들이 꽤 많습니다. 전부 그렇다는 건 아니지만 삼성 출입 기자들은 기본적으로 삼성에 대한 견제나 비판보다는 주로 언론사의 이해관계를 많이 생각합니다. 이해관계가 뭐겠습니까? 광고 등을 고려해서 출입기자들을 배치하는 경우가 많다는 거죠. 그래서 삼성 관련 뉴스는 기사만 봐서는 곤란합니다. 제가 팟캐스트 〈미디어토크〉에서도 말씀드렸지만, 언론사 광고국 담당자들은 물론이고 상당수 기자들이 프로야구 한국시리즈에서 삼성 라이온스가 우승하길 원합니다. 삼성이 우승하면 거의 전 매체에 삼성 우승 축하 광고가 실립니다. 단가도 높은 편이죠. 냉정하면서도 서글픈 현실입니다.

김　그런데 프로야구단이 대체로 다 재벌 기업 소유잖아요? 그러면 어디가 우승하든 좋은 거 아닌가요?

민　　어디가 우승하든 좋긴 한데, 광고 단가와 물량이 삼성과는 비교가 안 되니까요.

김　　1등 기업에서 1등을 해주면 광고 수익이 엄청나게 올라간다?

민　　단위가 크고 물량 자체가 굉장히 많기 때문이죠. 한국시리즈를 자세히 보시면 아주 디테일하게 삼성에 대한 애정이 깔려 있습니다.

김　　결국 이런 거죠. 이건희 회장이 아무 생각 없이 한마디 던진 게 어마어마한 절제화법, 충격화법, 암시화법, 이제는 유머화법이라는 거예요. 어쩌다 한마디 던진 건데 그게 그렇게 미화가 되는 걸 보면, 박근혜 대통령의 화법도 정치적으로 언론이 가공한 측면이 있어요. 전여옥 전 의원이 그런 말을 했잖아요. "박근혜는 늘 짧게 답한다. '대전은요?' '참 나쁜 대통령' '오만의 극치'. 그런데 이런 짧은 말은 간단명료하지만 그 이상이 없다. 어찌 보면 말 배우는 어린이들이 흔히 쓰는 '베이비 토크'와 다른 점이 없어 보인다." 이건희도 베이비화법인데 언론이 포장해준 것일 수도 있어요.

민　　특히 이건희 회장은 음성이 좋은 편이 아니에요. 그래서 흔히 말하는 '마사지'를 언론사들이 하는 때가 있죠.

자본과 권력 편에 서는 전형적인 디지털 라스트 전략

김　'마사지'라는 표현을 누가 만들었는지는 모르겠지만, 마사지를 이렇게 비유해보죠. 발언이 있는 그대로 나가면 민망하니, 윤색을 한다든지 포장을 한다든지 혹은 색조를 달리해서 굉장히 밝게 보인다든지, 잡티가 많으면 블랙조를 강하게 해서 가린다든지, 이런 식으로 미화하는 것 아닙니까. 이런 기사 하나 실어줌으로 인해 민망하고 창피하지만 광고주로부터는 좋은 점수를 얻어 광고 수익이라는 반대급부를 챙기는 거지요. 흥미로운 것은 그런 기사를 내서 얻는 반발보다는 수익이 더 낫다는 인식이 고정화됐다는 점이에요. 자본과 권력 편에 서는 전형적인 디지털 라스트라고 해야 되나? 디지털 퍼스트가 아니라 디지털 라스트 전략을 쓰고 있다, 이렇게 봐야 할 것 같아요. 방송도 마찬가지죠.

민　네, 방송도 절대 예외가 아닙니다.

김　다음 장에서 공영방송 이야기를 할 텐데, 이 나라 방송들도 실은 광고 자본에 휘둘립니다. 방송이 광고 자본에 좌지우지되지 않도록 하기 위해서 전두환이 한국방송광고공사를 만듭니다. '코바코KOBACO'로 불리죠. 악화가 양화를 구축한 셈이에요. 왜냐, 광고주의 방송광고 물량 모두는 이 코바코에 맡기게 됐거든요. 그러면 코바코는 광고주가 요청한 프로그램에 집중 배분하고 일부는 떼어내 지역, 종교 등 소규모 방송에 분배합니다. 그러다 보니 삼성에 대한 비판 아이템을 다룬 MBC 〈PD수첩〉에 삼성 광고가 붙는 식이에요. 그래서 코바코가 방송의 건강성을 지킨 한 축이 됐습니다. 지금은 코바코의 방송광고 독점이 위헌으로 판결나 무위가 됐지만요.

민 군소 매체라든가 종교 방송사라든가 이런 쪽에서는 우스갯소리로 그런 말을 많이 합니다. 역설적으로 코바코가 군소 매체, 작은 방송사들을 결과적으로 보호하는 장치가 돼버렸다고.

김 청취율이 그리 높지 않을 것 같은 종교 라디오나 지역 방송을 보면 대기업 광고가 붙잖아요. 대기업들이 돈이 많아서 마구 뿌린 게 아닙니다. 실은 KBS, MBC, SBS라는 3대 방송사에 준 물량 일부가 그쪽에 가는 겁니다. 코바코가 나눠주는 거지요. 예를 들어서 내가 코바코에 100만 원의 물량을 주면서 KBS에 광고해달라며 요청합니다. 그러면 90만 원 물량이 KBS에 갑니다. 나머지 10만 원은 매체력이 상대적으로 취약한 지역, 종교 방송에 분배되는 거지요. 거기도 먹고 살아야 하니까. 그렇게 해서 모든 방송이 돈 걱정 없이 생존할 수 있도록 해주는 거죠.

민 코바코 독점 체제에 따른 문제점은 있었지만, 그런 문제점과는 별개로 군소 매체, 종교 방송사, 작은 방송사들이 생존할 수 있도록 코바코 체제가 결과적으로 버팀목이 되어준 거죠. 그런데 코바코 독점 체제가 무너지면서 '미디어렙Media Representative'을 설립할 수 있게 되지 않았습니까?

김 미디어렙이라는 게 뭐냐 하면 이른바 메이저 방송사가 운영하는 광고대행사입니다. 코바코를 통해야만 가능했던 방송광고를 이제는 개별 방송사가 수주하고 집행하게 된 거지요. 앞서 말한 헌법소원을 계기로요. 이른바 대형 3사는 완전히 살판났습니다. 현재 미디어렙, 어떻게 구성돼 있지요?

민　KBS와 MBC는 공영 미디어렙으로 묶여 있고, SBS는 민영 미디어렙으로 되어 있죠.

김　예를 들면 내가 SBS에 광고하고 싶어서 SBS 미디어렙에 광고를 주면 100% SBS 물량이 되는 건가요?

민　그건 아니고요. 방송광고 결합판매 지원고시에 따르면 KBS와 MBC, SBS는 결합판매 사업자로 되어 있습니다. 결합판매라는 것은 네트워크 지역 지상파 방송사업자와 중소 지상파 방송사업자의 방송광고를 주요 지상파 방송사업자의 방송광고와 결합해 판매하는 걸 말하거든요. 그러니까 지상파 방송 3사에 광고를 주면, 결합판매 지원고시에 따라 지역 방송사 네트워크와 중소 지상파 방송사에 광고가 일정하게 가는 거죠. 지원 규모가 어느 정도 되는지는 구체적인 자료를 보면 정확히 알 수 있는데 매우 작습니다. 그리고 군소 매체 쪽에서는 더 어려운 게 종편 같은 경우에는 사실상 직접 영업을 할 수 있도록 해놨거든요.

김　군소 방송들의 '밥그릇'을 일부 보장한다는 점에서는 코바코 체제와 다르지 않아 보입니다. 그런 의미에서 직접 영업한다, 이게 핵심입니다. 직접 영업한다는 건 이런 거죠. TV조선 직원이 광고주에게 단독으로 가서 "TV조선에 광고 좀 하시죠?" 이럽니다. 이때 정상적인 광고주라면 "그 방송을 몇이나 본다고, 또 주 시청

층이 어르신들 아닙니까?"라고 말하겠지요. 그러자 TV조선 직원, "그래요?" 미간 한 번 찡그리고 일어섭니다. 때마침 광고주의 뇌리에 번개가 스치죠. TV조선 직원 얼굴에 신문 한 장이 투영됐기 때문입니다. 그 환상 속 지면에는 자기 기업을 악의적으로 묘사하는 기사가 담겨 있고요. 결국 "그럼 광고하지요"가 됩니다. 뭐 이 내용은 어디까지나 픽션입니다.

민   그러니까 광고주들이 보기에 종편은 시청률 등의 데이터로 봤을 때는 미미하죠. 결국 광고주들이 종편사에 광고를 주는 것은 대주주인 〈조선일보〉, 〈중앙일보〉, 〈동아일보〉, 〈매일경제〉를 염두에 둔 행동이라고 봐야 합니다. 최근 MBN 광고 영업일지가 유출돼서 논란을 빚었잖아요. 그 일지에 나온대로 광고가 집행됐다고 볼 순 없지만, 종편의 광고 영업 행태가 얼마나 문제가 많은지를 상징적으로 보여준 사건이라고 봅니다.

〈고발뉴스〉, 2015년 3월 11일 기사 中

MBN 광고 영업 일지 유출… 기자들도 영업 동원?

종합편성채널 MBN의 광고 영업 행위가 노골적으로 담겨진 업무일지 일부가 최근 온라인을 통해 유출돼 충격을 주고 있다. MBN 광고1팀이 작성한 업무일지에는 지난해 12월 1일부터 지난 1월 20일까지 광고주와 진행된 업무내용이 적나라하게 담겨 있다. 특히 광고비 증액 요청, 타사 동향 보고, 기자를 동원한 광고 영업 등의 내용이 적혀 있어 논란은 쉽게 가라앉지 않을 것으로 보인다.

미주 한인 주간지 〈선데이저널〉이 지난 5일 해당 업무일지를 보도한 이후 'go발뉴스'가 입수한 업무일지에 따르면, 광고주와 광고대행사의 실명, 광고 수주 내역, 불만 등이 모두 실명으로 기록돼 있다. 특히 해당 일지에는 기자들을 광고에 동원한 점이 눈에 띈다. 일부 신문과 방송에서 기자들에게 '광고 영업'을 시킨다는 이야기가 공공연하게 돌고 있었지만, 구체적인 업무일지를 통해 이 같은 부분이 드러난 것이다.

업무일지에 따르면, 지난해 12월 1일에는 경제부 모 부장이 A금융지주 부장을 만났다. 업무일지에는 "MBN 올해 2억여 원 부족한바 광고로 최대한 풀어달라 요청. 12월 금액 확정 후 경제부와 내용 공유 필요"라고 기재돼 있다. 올해 1월 8일에는 한 광역시 광고와 관련해 "모 주재기자를 통해 정확한 내용 파악하고 2014년도에 비해 예산 증액될 수 있도록 작업 예정"이라고 적혀 있다. 하루 뒤인 9일에는 "모 기자를 통해 증액 추진했으나 예산 삭감으로 인해 증액이 불가하다는 입장"이라는 내용이 기재돼 있다. (중략)

MBN은 대기업, 금융권, NGO, 비영리재단 등에 대해서도 광고 증액 작업 추진 등을 요청했던 것으로 기재돼 있다. 지난해 12월 23일 F은행과는 "5백만 원 12월 추가 협찬 확정. 기획기사로 협찬 소진 예정이며 은행 내부 사정으로 빠른 청구, 빠른 계약서 전달 필요한 상황"이라고 밝혔고, 한 대기업과는 "12월 프로그램 제작 협찬 증빙자료 작성. 프로그램 5개 제작협찬/15억 원"이라고 적혀 있다.

또한 광고주에게 상품권 등 일종의 기념품도 전달한 내용도 담겨 있다. 12월 5일 일지에는 모 중앙회 상무에게 "신규 제품 전달(15만 원 상당 유사 제품)"이라고 적혀 있고 같은 달 10일에는 "모 카드 ○○○ 차장 밀레 의류 전달"이라고 기록했다. 이에 대해 MBN 홍보팀 관계자는 'go발뉴스'에 "홍보팀에서 공식적으로 관여할 문제는 아니라고 본다"며 "팀원들 몇 명이 외부에서 서로의 정보 공유를 위해 일종의 게시판 같은 것이었고 (일지 내용대로) 그대로 (광고 집행이) 된 것도 아니고 이렇게 했으면 좋겠다는 바람을 적어 놓은 게 유출이 됐다"고 설명했다. (하략)

트렌드를 반영 못하는 현재의 시청률 산정 방식

김   시청률은 광고주가 그 방송 프로그램에 광고할지 말지 결정하는 변수가 돼야 하는 거 아닙니까? 하지만 그렇지 않습니다. 최근 몇 년간 불변의 1위는 방송 3사의 주말연속극인데 이 프로그램에 대해서는 광고주가 매력을 느끼지 않습니다. 왜냐, 사회·경제적 소비 주도층인 젊은이들이 잘 보지 않거든요.

민   앞으로 젊은 층의 드라마 시청 패턴은 점점 더 지상파에서 케이블 쪽으로 이동할 겁니다. 현재 지상파 드라마의 주 시청자들은 중장년층입니다. 반면 케이블 드라마는 장르적 실험이나 전문직 드라마 등 과거 제작 패턴에서 탈피해 새로운 영역으로 확대되고 있습니다. 젊은 층을 겨냥한 드라마 제작에 그만큼 공을 들이는 거죠. 반면 지상파는 새로운 실험보다는 안주하려는 경향이 강해요. 중장년층이 아침 드라마와 주말 드라마를 많이 보니까 그냥 거기에 기대서 '안정적으로' 가려는 거죠. 시청자 층을 감안했을 때 지상파 드라마들은 당분간 계속 그렇게 갈 수밖에 없습니다.

김 비슷한 시간대에 방송하면서 주말연속극에 비해 시청률은 낮은 MBC 〈무한도전〉을 주목할 필요가 있어요. 사실 어르신들은 〈무한도전〉을 많이 보지 않습니다. 왜냐, 부담스럽거든요. 전개가 빠르고 자막이나 구성이 현란해요. 한마디로 말해 못 따라가는 거죠. 반면 이게 2030세대에게는 매력으로 작용합니다. 놀랍지요. 방송광고는 가격이나 대기율 면에서 〈무한도전〉이 한 수 위입니다. 구매력, 소비 여력이 있는 젊은 층들이 많이 보기 때문이죠. 같은 이유로 tvN이나 JTBC도 광고주들의 선호 채널입니다. 그런데 젊은 층은 '본방 사수'를 잘 안 해요. 다운로드해서 보면 되거든요. 그래서 다른 종편과 경쟁해야 하는 JTBC 같은 경우 기존 시청률이 젊은 층의 채널 선택을 제대로 반영하지 못하고 있다며 산정 방식을 달리하자고 주장합니다. 지금처럼 TV 수상기로 보는 사람들뿐 아니라 인터넷에서 다운로드하고 모바일에서 시청하는 사람들까지 다 합쳐서 진정한, 누구나 다 동의할 수 있는 시청률을 산정하자는 것입니다. 〈동아일보〉는 이런 주장에 대해 안 된다고 말하고 있고요.

민 〈동아일보〉가요?

김 〈동아일보〉가 2015년 1월 16일자에 반대한다고 기사를 냈어요. 그렇지 않아도 현재 방송통신위원회는 '거실에 고정한 TV 수상기'만을 기준으로 추산했던 시청률 조사를 'TV는 물론 PC·스마트폰을 통한 비실시간 방송(VOD)' 시청 시간을 합산하는 통합 시청점유율 산정 방식에 대해 논의하고 있거든요. 실제로 통합 시청률 조사는 세계적 추세라고 하는군요. 노르웨이, 덴마크, 스위스에서는 이미 시행하고 있고요. 이런 맥락이 있다는 점을 우리가 분명히 짚어봐야 합니다. 지금 나오고 있는 시청률은 젊은 세대, 또한 1인 가구 세대의 시청 패턴을 잘 못 잡아요. 선거 관련 여론조사를 보면 과거에는 전화번호부에 등재된 유선전화만을 대상으로 했다가 지금은 휴대전화로, 또 무작위 통화를 통한 의견 청취로 점점 진화하고 있잖아요.

민 기존 시청률 산정 방식은 앞서 우리가 신문 제작에 있어 마감의 유의미성이 이미 없어진 상황인데도 아직도 옛날 마감시간을 가지고 이야기하는 것과 똑같습니다. 지금 산정하는 시청률은 여러 계층이나 세대를 반영하지 못하고 있습니다. 이 책을 읽으시는 분들 가운데 뉴스를 본방으로 보시는 분들이 몇이나 있을 것 같습니까? 없습니다. 기자인 저도 퇴근하면서 모바일로 봐요.

김 본방 사수, 수년 전만 해도 방송사가 시청자에게 직접 요청할 정도로 중요 화두였는데 이제는 옛말이 됐습니다.

민   뉴스 제작에 있어서는 더 그렇죠.

김   생각해보면 "우리 방송 할 시간에 맞춰서 집에 들어와 TV를 켜라"는 건 바쁜 현대인에게는 과한 요구지요.

민   먹고사는 문제가 얼마나 힘든데, 그 시간에 퇴근해서 TV 앞에 앉아 평화롭게 뉴스를 보시는 분들이 몇이나 되겠습니까?

뉴스 화면을 구해라

———

김   TV 보도 메커니즘을 이야기해보자면, 사실 방송 뉴스는 공정성이 기본이지만, 신문 뉴스와는 다르게 방송사의 연조年條가 경쟁력입니다. 사람들이 TV에 기대하는 바는 신문과 다른 측면이 있어요. 단적인 예가 있는데 2013년 2월에 북한이 핵실험을 했습니다. 그 당시에 집단 개국 후 1년 조금 지난 종편사들 중에 TV조선, 채널A, JTBC는 북한 핵실험과 관련한 정부 부처의 회의 장면 스케치만 내보냈지요. 하지만 같은 종편인 MBN은 연변의 핵시설 같은 기존에 확보된 화면을 내보냈습니다. 어떻게 이런 차별화가 가능했느냐, MBN은 1998년부터 뉴스 채널을 했기 때문입니다. 그래서 필름이 많아 다른 종편에 비해 때깔 있는 뉴스를 할 수 있었던 거죠. 마찬가지예요. KBS, MBC 말고 제3의 채널로 뉴스를 시작한 방송사가 SBS 아니겠습니까? SBS 뉴스가 안착하기까지 약 10년이 걸렸습니다. 제가 SBS 관계자에게서 들은 이야기인데, SBS TV 개국 1년 8개월 지난 시점인 1993년 7월 26일에 아시아나 항공기가 전남 해남 지역에서 산을 들이받았어요. 60여 명이 사망하는 끔찍한 사고였습니다.

민　전남 해남이라면 당시 SBS로서는 굉장히 취약한 지역이었죠.

김　SBS는 이 어마어마한 참사를 어떻게 보도했을까요? 암담했습니다. 그때는 제2민방으로 SBS 제휴사인 KBC 광주방송이 없었어요. SBS 대신 현장에 출동할 지역 민방이 없었던 겁니다.

민　특히 SBS 인맥 구성상 호남 출신이 없기도 했죠.

김　그것도 그렇지요. (웃음) 게다가 당시에는 유무선 인터넷은 고사하고 촬영 기능이 있는 모바일 기기도 없어 시청자 제보 화면은 상상도 못했습니다. 게다가 당시는 서울-목포 간 서해안고속도로도 없었어요. 현장 접근이 어려웠죠.

민　속된 말로 완전 물먹는 거예요.

김　게다가 SBS의 프라임뉴스인 〈8뉴스〉는 KBS, MBC에 비해 1시간 빠르기까지 해요. 오후 3시 50분에 참사가 발생했습니다. 그런데 그게 바로 언론에 공개됩니까? 취재 촬영기자가 데스크의 지시를 받아 여의도 SBS 사옥을 출발했을 시각은 아마도 최소 사건 발생 1시간 뒤일 겁니다. 걸프전에 대활약했던 SNG카메라는 가져갔을 겁니다. 위성을 연결해서 생방송 연결하는 장비죠. 대략 4시 50분쯤 출발한다고 치면 경부고속도로 들어설 때 6시쯤 됐을 겁니다. 한참 달려봐야 뉴스 개시 시간인 8시에는 대전쯤 지났을까요?

민　아무리 빨라도 8시 뉴스 시간에 못 맞춰요.

김   그래서 당일 〈8뉴스〉를 어떻게 진행했느냐? 관련 소식을 20분 정도 전했는데요, 스튜디오에 앵커와 기자 둘이 앉아 '크로스 토크', 즉 요즘 종편 식으로 앵커와 출연자의 일문일답 형식으로 가는 겁니다. 지극히 라디오적이지요. 스튜디오만 비춘 게 아닙니다. 전라남도 지도에다 비행기가 연기 난 채 추락한 그림을 합친 이미지 스틸컷 한 장도 있었습니다. 그래서 스튜디오와 그림 한 장, 이 두 가지를 왔다 갔다 하며 만들었다고 합니다.

민   대단한데요?

김   경쟁사인 KBS와 MBC는 어땠을까요? KBS 목포방송국, 목포 MBC 중계차가 출동했습니다. 9시 뉴스까지 기다릴 것도 없었습니다. 정규방송을 중단하고 뉴스속보를 내보냈죠. SBS에 그런 굴욕기가 있었습니다. 그리고 10년이 지났지요. SBS는 후발 주자지만 의미 있는 추격을 했습니다. 그러다가 이명박 정권이 들어서자 '좌파 방송인' 통제한다며 KBS, MBC를 다잡기 시작합니다. 이 와중에 표적에서 비켜난 SBS는 비교적 기본에 충실한 보도를 하면서 MBC 수준까지 치고 올라온 겁니다. 여담 하나 또 해볼까요? 이것 역시 들은 애기인데, 1997년 3월 3일 SBS 뉴스가 〈8뉴스〉에서 〈9뉴스〉로 1시간 늦춘 적이 있었어요. 9시 뉴스를 방영하는 방송사에 비해서 마감이 1시간 빨라서 기사의 완성도가 떨어지는 데다 타 방송의 8시 가족오락 시간대에 시청률을 너무 많이 뺏겨서 효과가 거의 없었던 거죠. 아울러, 이게 중요합니다. 지난 2~3년간 보도국을 중심으로 9시 뉴스를 수상하는 목소리가 강하게 대두되어왔고, KBS, MBC에 맞대응할 만큼 뉴스 제작 역량이 축적되었다는 자체 판단이 있었다는 거예요. 지어낸 이야기지요. 이와 관련해 SBS 관계자로부터 들은 얘기가 있어요. 구실은 따로 있었는데요, 8시에 뉴스를 하니까 김영삼 당시 대통령이 〈8뉴스〉를 꼭 봤다는 겁니다. 다른 채널에서는 뉴스가 안 나오니 말입니다. 그런데 〈8뉴스〉에 YS 마음에 안 드는 뉴스가 나오면 청와대에서 전화가 온다는 거예요. 그런 와중에 9시로 가자는 목소리가 상층부로부터 나왔죠. 그렇게 KBS, MBC, SBS 메인 뉴스가 다 9시에 시작하니까 그 뒤로는 '전화'가 안 왔다고 합니다. 정말 그러할까 싶어서 추가로 SBS 기자에게 확인해 봤는데 이는 '낭설'이라고 하네요. 어느 주장이 맞는지 알 수 없으나 SBS의 '9시행'은 당시로서는 납득하기 힘든 것이었어요.

민   다른 방송 뉴스와 한번 맞장 뜨려고 했던 게 아니군요.

김   9시로 갔다가 3개월인가 후에 다시 8시로 돌아왔지요. 왜냐, 게임이 안 되거든요. 정리하자면 뉴스의 경쟁력이 무엇이냐 할 때, 방송 화면이 다양하지 않으면 사람들에게 주목되지 못한다는 거예요.

민   뉴스 제작에 있어서 신문과 방송의 결정적 차이죠. 방송기자들과 뉴스 제작하는 방송사 간부들은 어떤 사건이 터지고 취재를 하면 가장 먼저 "야, 화면 확보됐어?" 이걸 외칩니다.

김   일단 기본적으로 신문과 방송의 메커니즘 차이가 뭐냐 하면, 신문은 전통적인 기사 가치(News Value)에 준거해 취재한다는 점입니다.

> **전통적 뉴스 가치 | 영향성, 시의성, 저명성, 근접성, 신기성, 갈등성 등으로 뉴스 가치를 따진다.**

민   그렇죠. 영향성이 최우선입니다.

김   영향성이란 사실 또는 사건에 영향을 받는 사람의 수를 의미합니다. 예를 들어서 어디에서 교통사고가 났어요. 고속버스가 추락한 사건인데, 1명이 사망한 사건과 10명이 사망한 사건은 기사의 무게가 다르지요. 이게 영향성입니다. 시의성도 있지요? 아무래도 하루 전 벌어진 일보다는 1시간 전 벌어진 일이 뉴스 가치가 더 있습니다. 저명성은 유명한 사람이 연관된 것입니다. 저와 민동기 기자가 싸우면 뉴스가 작지만, 정윤회 씨와 박지만 씨가 싸우면 뉴스가 큽니다. 근접성도 있어요. 캘리포니아에서 해일이 일어난 것과 남해에서 해일이 일어난 것은 뉴스의 가치가 같을 수가 없겠지요. 그리고 신기성, 이게 의외성이기도 한데 개가 사람을 물면 뉴스가 안 되지만 사람이 개를 물면 뉴스가 된다는 겁니다. 갈등성, 이태임과 예원이 같이 밥 먹으며 정담을 나누면 뉴스가 안 되지만, 둘이 치고받고 싸우면 뉴스가 됩니다.

민   미담 기사는 어쩌다 한 번씩 나오죠.

시청률이 잘 나오는 사건 사고 뉴스를 늘려라

김   TV 보도에 추가되는 뉴스 가치가 있어요. '화면 여부'입니다. 화면이 있느냐 없느냐 이거지요. 화면이 있으면 통상적인 교통사고라 할지라도 뉴스가 되는 겁니다. 반면 신문에서는 그 영상이 있다 한들 지면으로 구현할 길이 없으니 큰 뉴스가 안 되는 거고요.

민　그래서 어떤 큰 사건이나 화재, 대형 사고가 났을 때 방송기자들이 가장 먼저 체크하는 것 중 하나가 주변의 CCTV, 그다음에 주변을 지나가는 시민들이고, 요즈음은 블랙박스 혹은 휴대전화로 촬영된 영상 등을 가장 우선해서 확보하면 뉴스 가치가 엄청 커지는 거죠. 방송 뉴스 제작하는 기자들은 그런 것 찾아다니는 것도 일입니다. 물론 신문기자들도 찾아요. 신문기자들은 녹음을 해서 기사로 쓸 수가 있잖아요. "부근을 지나던 한 시민은……" 이렇게 하거나 소방관 등의 말을 인용해서 기사로 쓰면 그만인데 방송은 전혀 다르거든요. 8시 뉴스, 9시 뉴스에 내보내려면 화면이 있어야 하죠.

김　화면이 없으면 아까 언급한 SBS 해남 사태가 발생하는 겁니다.

민　요즘 언론학 교수들이 우려하는 것 중 하나가 방송 뉴스에서 사건·사고 기사가 점점 많아지고 있다는 겁니다. 권력에 대한 비판이 약화되고 광고주 등에 대한 눈치 보기 측면도 있긴 합니다만, 기본적으로 요즈음 워낙 CCTV나 블랙박스를 통해서 눈길을 끄는 영상들이 많지 않습니까? 그런 화면을 내보내면 시청률이 잘 나온대요. 최근 들어 뉴스에서 사건 사고 비중이 높아지는 이유가 그런 측면이 있다는 거죠.

김　얼마 전에 택시에서 TV 수중계로 MBC 〈뉴스데스크〉를 청취했는데, 서두인데 강력범죄 기사가 세 꼭지 연속 나오더라고요.

민　도로에서 교통사고 난 것, 블랙박스로 찍힌 차량 뒤집어진 영상 등이 요즈음 많이 나오죠.

김 그러면 정권에 불리한 시국 이슈를 감출 수가 있어요. 한심한 것은 정권에 불리한 CCTV는 아무리 화면과 음성 상태가 좋아도 뉴스가 될 수 없다는 점입니다. 국정원 대선 개입을 규탄하는 언론노조 집회에서 노종면 YTN 해직 기자가 한 말이 있어요. "방송사들이 CCTV 뉴스를 아주 좋아하지만, 서울경찰청 디지털 증거분석실에 있는 127시간 CCTV 영상, 오디오까지 짱짱하게 들어 있고 리포트로 만들면 몇 개를 만들 수 있는 그 CCTV는 아직까지도 보도하지 않고 있다"고요.

민 사건·사고 영상은 일단 눈길이 가잖아요. 그러니까 정작 보도해야 할 사안들에 대해서는 보도하지 않으면서 그런 사안들만 쫓게 될 가능성이 높죠. 그런 부분에 대한 우려가 조금씩 나오고 있는 거고요. 방송 뉴스 제작상 그런 아이템도 필요하긴 합니다만, 최근 들어서 사건·사고나 영상과 관련된 뉴스가 많아지고 있는 현상에 대해서는 염려가 됩니다. 뉴스를 보실 때 이런 점들을 유념할 필요가 있습니다.

김 보도용 영상을 얼마나 확보했느냐, 이게 뉴스 경쟁력과 직결되거든요. 출범 무렵 종편사들이 KBS, YTN에 "영상을 팔라"는 제안을 했어요. 검토에 들어가자 양 방송 노조가 강력하게 반발했죠. 가격은 차치하고, 어떻게 축적해놓은 영상인데 그걸 팔 생각을 하느냐, 혹시 종편 생존과 정권 이익이 무관치 않다는 점에서 경영층이 정권 오더에 따라 종편만 살판나게 하는 사실상의 배임을 하려는 것 아니냐는 반발이 있었어요. 지금은 라디오만 존속하고 있는 ITV가 개국 초기 몇 년 동안 화면이 없어서, 즉 청와대, 국회, 법원, 검찰 뉴스를 제작할 역량이 없어서, 아울러 사옥과 서울의 거리가 상당해서 남의 뉴스를 쓴 적이 있었어요. ITV 사옥 가보셨어요?

민 옛날 ITV 때는 가봤죠.

김 서해 송도 근방에 있죠. 중앙하고도 멀리 떨어져 있고요.

민 바람이 겁나게 세요.

김 그렇더라고요. 그 근처에 아무것도 없고 말이죠. 초창기 ITV는 YTN 뉴스를 그대로 냈어요.

민 아, 그래요? 그래도 되나?

김 물론 YTN과 협약을 했겠죠. 그런데 YTN이 클린 테이프, 즉 보도 영상(소스)을 넘겨준 게 아니에요. ITV는 YTN 로고가 박힌 리포트를 통째로 받아서 내보낸 거지요. 그러니까 ITV 앵커가 앵커 리드 멘트를 하고 리포트는 YTN 것을 쓰는 거예요. YTN 로고가 박힌 부분에는 자기 회사 ITV 로고를 큼지막하게 붙였고요.

민 아, 맞아요. 로고가 이상하게 컸어요.

김 왜, 스탠딩이라고 하잖아요? 기자들이 마이크 들고 멘트하는 거 말입니다. 그 마이크에도 YTN 로고가 박혀 있었겠지요? 그건 어떻게 했느냐! 다 편집했어요. 당연히 마무리 멘트 "YTN 아무개입니다" 이것도 뺐고요. 그게 어떻게 가능했을까요? ITV는 인천권 지상파 TV, YTN은 케이블 방송이었잖아요. 영역 구분이 됐어요. 하지만 지금은 케이블 방송으로 지상파를 보는 사람들이 90%에 육박하고 있거든요. '호랑이 담배 피우던 시대'의 일입니다.

ITV 종방 이후 새 경인 지역 지상파 TV로 개국한 방송이 OBS잖아요. OBS의 대주주인 영안모자는 허가받기 전에 CBS와 함께 컨소시엄을 구성하려 했어요. 지분 참여만이 아니었어요. 당시 시장에는 OBS는 비보도 프로그램을 제작하고 보도는 CBS가 담당한다, 즉 CBS가 영상 보도물을 만들면 OBS가 튼다, 이런 식의 내부 협약이 맺어졌다는 소문이 파다했어요. CBS는 라디오에 국한됐지만 취재 보도 인프라를 수십 년에 걸쳐 확고히 구축했고, 이미 개신교 분야 케이블 방송인 CBS TV를 통해서도 영상 보도를 제작한 경험이 있었지요. 하지만 OBS와 CBS의 관계가 틀어졌고 결국 이런 소문의 진위 여부도 가려지지 않았어요. 하여간 종편사들은 KTV에도 영상 판매를 요구했다고 하더군요. 단언컨대 TV 뉴스는 화면이 핵심입니다. 국민TV의 가장 큰 고민도 영상DB가 없는 가운데서 처음부터 모든 것을 새롭게 시작해야 한다는 점이었어요. 2012년 대선 결과에 분노한 시민의 뜻이 국민TV로 결집이 됐지만, 당장 대선 선거운동 화면조차 없는 거예요.

민 지금도 국민TV 〈뉴스K〉를 보면 약간 짠한 게, 방송 뉴스는 화면을 확보하는 게 중요하지 않습니까? 방송 화면이라는 건 동적이어야 하는데, 〈뉴스K〉는 정적인 화면이……

김 움직이지 않는 스틸사진을 그냥 내보내기가 좀 그러니까 줌인, 줌아웃하는 경우가 있어요.

민 그래서 짠할 때가 있습니다.

김 어쩔 수 없습니다. 어떡하겠어요? 우리가 얻을 수 있는 화면이란 건……

민 보실 때 왜 저러나 하고 생각하기보다 그만큼 영상 데이터가 축적이 안 되어 있다고 생각하시면 됩니다.

김 요즈음은 보도 영상도 돈 내고 사야 하는 상황이라서 거대 스포츠 이벤트 때는 보도가 거의 불가능하지요. 현재 SBS가 중계권을 독점하고 있는 상황 아닙니까? 올림픽이나 월드컵 보도를 하면서 화면을 내보내고 싶으면 SBS와 거래를 해야 해요. SBS는 지금 소매상이며 도매상입니다. 중계권을 쥐고 자기 방송에 내고, 또 타 방송사에는 파는 형국이거든요. 지난 2014 브라질 월드컵 기억하세요?

민 그때 YTN이 굉장히 짠했습니다. 왜냐하면 스포츠 뉴스를 할 때 다른 지상파나 KBS, MBC는 자료화면을 내보내는데, YTN 같은 경우에는 그 계약을 못 했나봐요. 그러니까 사진만 내보낼 수밖에 없었죠.

김 SBS가 팔려고 했는데 사는 데가 없었어요. 게다가 월드컵 흥행이 저조했잖아요. 세월호 참사 국면도 있었고요. SBS의 타격이 어마어마했어요. 보도된 내용을 보면, SBS가 국제축구연맹으로부터 760억 원을 주고 중계권료를 확보해서 KBS와 MBC에 되팔았는데 4:3:3 비율로 중계권료를 나눴다고 하는군요. 그리고 케이블 방송사에는 각각 7~8억 원을 내걸며 사라고 했었다네요. 케이블 방송사라 하면 보도 채널하고 종편사를 말하는 건데.

민 종편하고 협상을 했나요?

김 케이블 방송사들은 일주일치 총 제작비에 달하는 돈을 줘가며 보도 영상을 구매할 필요를 못 느꼈던 모양이지요. 그래서 결국 안 샀어요. 사례 하나가 더 있는데, 2008년 베이징 올림픽 때 OBS가 보도 영상을 못 샀나 봐요. 그래서 어떻게 했는지 아세요? 태릉선수촌에서 선수들이 훈련하는 장면을 촬영합니다. 그 선수가 금메달을 따면 태릉에서 훈련했던 화면을 내보내는 거예요. 요컨대 TV 뉴스의 중심은 화면입니다.

민　뉴스 제작 메커니즘과 관련해 정리를 해보면, 지금 디지털 퍼스트 이야기가 나오지 않습니까? 신문기자들도 짧은 동영상에 대한 기본적인 감각이나 마인드가 없으면 앞으로 기자 생활하기 쉽지 않습니다. 왜냐하면 콘텐츠를 소비하는 수용자들, 뉴스 소비자들이 텍스트에만 만족하지 않기 때문이죠. 특히 관련 영상이 있는지, 관련 사진이 있는지 동일체로 보는 욕구들이 강합니다. 예전에는 그걸 만드는 사람들이 다 따로따로였어요. 그런데 지금은 기자가 1인 3역을 하지 않으면 생존하기 어려운 시대가 다가오고 있거든요. 기자 준비하시는 분들, 이런 점 잘 생각하기 바랍니다.

방송사 지배 구조를 보면 통제 및 규제의 답이 나온다

김　이번에는 'KBS, MBC, YTN, 뉴스Y를 보기 전에' 알아야 할 것에 대해 이야기해보겠습니다. KBS 1TV 같은 경우에는 대한민국 영토 및 부속 도서 어디에

서든 다 볼 수 있게 해야 합니다. 국가 기간방송이자 국가 재난주관방송이기 때문이죠. 이 말은 국민 누구나 KBS 1TV를 반드시 시청할 수 있어야 하고 전파 음영지역이면 난시청 문제를 해결해야 한다는 거죠. 수신료는 그래서 받는 것이며, 난시청 지역 주민에게는 걷지 않아요. KBS 1TV만 그래요. 2TV라든가 다른 KBS 산하의 케이블 방송은 관계가 없어요. KBS 1TV는 그래서 고도의 중립성과 품격을 지켜야 합니다. 이번에는 각 방송사 구조에 대해 알아보죠. KBS는 사장을 대통령이 임명하도록 돼 있어요. 그런데 사장 후보를 추천하는 곳은 KBS 이사회죠.

민　　정확하게 이야기하면 KBS 이사가 11명인데 7:4입니다. 여권 추천 이사가 7, 야권 추천 이사가 4. 그런데 통상 여권 추천 이사들은 대통령과 여당의 의중을 많이 반영한다고 봐야 합니다. 여권에서 이사들을 추천해서 임명하면 그중에서 가장 나이 많은 이사를 이사장으로 선임해요. 그러니 이사장을 선임할 때도 대통령과 여당의 의중이 반영된다고 봐야 하겠죠.

김　　그래서 권위주의 정권 시대에는 공영방송이 정권의 전리품이었어요. KBS 이사회를 통해 사장 후보가 추천되면 대통령은 웬만하면 임명하죠. 물론 대통령이 임명 못할 사람을 추천하진 않을 테고요. 이런 논란이 있었어요. 임명권은 임명만 할 수 있고 임면권은 임명과 함께 면직도 할 수 있는 권한인데, 1999년에 통합방송법이 만들어지고 2000년에 발효가 되면서 대통령의 KBS 사장 임면권이 임명권으로 바뀝니다. 그런데 이명박 대통령은 정연주 사장을 면직까지 했잖아요. 그래서 임면권 행사는 부당하다 해서 행정소송을 걸었는데 결국 이명박 씨가 이

겼어요.

민　법원이 이명박 전 대통령 손을 들어줬죠.

김　제가 그래서 농弄 비슷한 걸 했었죠. 임명권과 임면권이 같다면 이'명'박과 이'면'박은 같은 거냐고요.

MBC 같은 경우는 KBS와 달리 주식회사 구조예요. 그런데 주식의 70%를 방송문화진흥회가 갖고 있습니다. 이 방송문화진흥회는 공기관이에요. 그래서 MBC를 공영방송이라고 부르는 겁니다. 그렇다면 주식회사 문화방송의 나머지 지분 30%는 누가 갖고 있느냐, 박정희의 '정', 육영수의 '수'를 딴 정수장학회에서 갖고 있습니다. 그러니까 박근혜 정권 들어서 MBC의 소유주는 박근혜라고 봐도 무리는 아닐 거예요. 그렇지 않습니까? 100% 아닙니까? 자, 그렇다면 MBC의 지분 70%를 갖고 있는 대주주 방송문화진흥회는 어떤 공기관일까요? 대통령 직속 방송통신위원회 소관입니다. 방송문화진흥회의 분포는 6:3인데요. 여당이 6, 야당이 3이죠. 당연히 MBC 사장도 여당 동의 없이는 되기 어려운 구조예요.

민　KBS가 7:4, MBC가 6:3이라…… 이 구조가 존속되는 한 당대 정권의 영향력으로부터 자유롭기 어려워요. 여권 이사들의 입김이 반영되기 때문입니다.

김　언론학자나 방송 종사자들은 그래서 민주 정부 10년을 제외하고 KBS, MBC의 보도 공정성에 대해 의심했어요. 그런데 각종 여론조사 결과를 보면 KBS가 신뢰받는 언론 1위입니다. KBS에는 장점Advantage이 많아요. 취재 보도 인력

수, 제작 시설 및 장비, 채널 및 주파수, 뉴스 보도량, 재난 위기 대처 주관방송사 위상 등이 그래요. 그게 결국 신뢰도와 직결되는 것 아니겠어요? 그렇기 때문에 "어느 방송을 신뢰합니까?"라는 질문 자체는 다르게 조사할 필요가 있습니다. 여론조사로 하게 되면 가장 많이 볼 수 있는 채널이 1등을 하게 돼 있어요. '음악성 좋은 대중예술인'을 묻는 여론조사를 하면 TV와 라디오에 가장 많이 노출되는 가수가 꼽히지 않겠어요? 1TV는 모든 국민에게 다 도달될 수 있도록 법으로 정해져 있는 상태이기 때문에, KBS에 대한 신뢰도 1위를 공정성 1위로 해석하기는 어렵다는 게 제 생각입니다. 보도 비평 자유의 수준, 언론 보도 공정성에 대해서 민감하고 면밀하게 관찰하는 오피니언 리더들, 학자들에게 물어봐야 마땅한 거지요.

민 사실 KBS와 MBC를 말할 때 제가 가장 강조해서 말하는 것 중 하나가 '오욕의 역사'입니다. 과거 군사정권 때 그 방송사들이 정권의 나팔수 역할을 하지 않았습니까? 그런 나팔수 역할을 한 것도 문제고, 그때 당시 나팔수 역할의 주축 세력들이 있습니다. 그런데 KBS건 MBC건 조중동도 마찬가지지만, 그때 당시의 인적 청산을 제대로 못했어요. 그러니까 그때 기자 생활했던 일부 간부들이 민주화가 된 뒤에도 간부라는 타이틀을 가지고 있는 거죠. 하지만 계속 집권당 쪽에 섰던 그들이 국민의 정부로 정권이 교체되고 참여정부로 계승되면서 청산됐느냐? 청산 못했습니다. 그게 KBS와 MBC의 비극인데요, 그때 그 선수들이 여전히 권력의 안테나에 맞춰서 자신의 신념을 바꿔요. 이것이 KBS, MBC의 비극이면서 한국 언론의 비극이기도 합니다. 그러다가 이명박 정권으로 교체되니까 다시 그

NEWS

과거 군사정권 때 그 방송사들이
정권의 나팔수 역할을 하지 않았습니까?
그런 나팔수 역할을 한 것도 문제고,
그때 당시 나팔수 역할의 주축 세력들이 있습니다.
그런데 KBS건 MBC건 조중동도 마찬가지지만,
그때 당시의 인적 청산을 제대로 못했어요.
그러니까 그때 기자 생활했던 일부 간부들이
민주화가 된 뒤에도 간부라는 타이틀을 가지고 있는 거죠.
하지만 계속 집권당 쪽에 섰던 그들이 국민의 정부로 정권이 교체되고
참여정부로 계승되면서 청산됐느냐? 청산 못했습니다.
그게 KBS와 MBC의 비극인데요,
그때 그 선수들이 여전히 권력의 안테나에 맞춰서 자신의 신념을 바꿔요.
이것이 KBS, MBC의 비극이면서
한국 언론의 비극이기도 합니다.

선수들한테 주파수를 맞추죠. 그렇게 과오 청산을 제대로 못했기 때문에 나중에 다시 야당으로 정권이 교체되거나 진보정당이 정권을 잡더라도 과연 KBS나 MBC가 제대로 된 내부 개혁을 할 수 있을지 의문입니다. '이명박근혜' 정부를 거치면서 그럴 기회나 가능성은 더 멀어졌다고 생각합니다.

권력으로부터 완벽히 독립하라

김   이명박 정권 들어서고 나서 한동안 이런 우스개 이야기가 있었죠. KBS 몇몇 직원들이 김대중·노무현 정권 시절에 큰 기둥 뒤에 숨어 지내다 MB 정권 들어 다시 고개를 내밀었다고요. '기둥 뒤 직원들' 하면 '호돌이'가 상징적이에요. 전두환 정권 시절 학도호국단이라고 있었죠. 대학생이면서 전두환 정권에 충성했던 사람들이니 '프락치' 의혹을 살 만도 했어요. 이 사람들이 반대급부 없이 애국심만으로 그러겠습니까? 졸업할 때쯤 백지를 나눠줘요. 거기에 가고 싶은 직장을 쓰라고 해서, 삼성 쓰면 삼성 가고 KBS 쓰면 KBS 가고 그랬다는 설이 있었고요. 실제로 학도호국단 출신 KBS 직원들이 있어요. 그 직원들 별명이 뭐냐? 호돌이예요. 이 사람들, 시대가 민주화, 정보화되면서 퇴물이 되는 듯했지요. 그러다가 이명박 정권이 들어서면서부터 그야말로 '앙시앵 레짐ancien régime(1789년 프랑스대혁명 때 타도의 대상이 된 정치·경제·사회의 구체제. 16세기 초부터 시작된 절대 왕정 시대의 체제를 가리키나, 넓은 의미로는 근대 사회 성립 이전의 사회나 제도를 가리키기도 한다)'이라고 구체제가 다시 구축되면서 자기 세상을 만나요. 이런 구조의 퇴행이 가능한 배경, 어느 쪽이 집권하느냐에 따라서 방송사의 풍향, 지배 구조가 바뀔 수 있음을 보여주는 겁니다. 만약 정권이 바뀌면, 그러니까 지금 야당이 여당이 된다면 7:4로 상징되는 불합리한 의결 구조를 바꿀 수 있을까요?

민　여야 동수가 불가능하죠. 바꾸기 쉽지 않을 겁니다.

김　제가 하고 싶은 이야기는 뭐냐 하면, 다음 정부에서는 공영방송이 권력으로부터 완전하게 독립해서, 정권을 누가 잡건 간에, 심지어 무덤에 있는 박정희가 다시 나와 청와대를 찬탈하더라도 공정 보도 기조에 전혀 변함이 없는 구조로 변해야 한다는 말입니다. 지배 구조도 그러하고요. 지배 구조가 곧 그 방송의 논조가 돼버리잖아요. 노무현 전 대통령은 재임 당시 정연주 KBS 사장, 최문순 MBC 사장에게 전화 한 통 안 했다는 것 아닙니까. 그러니 방송국에서는 해야 할 보도를 다 했던 거고요. 그때 공정성과 관련된 시비가 붙은 적이 있었습니까?

민　보수 진영에서는 계속 문제 제기를 했지만, 지금과 같은 논란이 일지는 않았죠.

김　공영방송 안에 '기생'하면서 한나라당의 정치적 이익과 궤를 같이한 사람들이 각 방송사마다 있었죠. 그 사람들은 지금 어떻게 됐습니까? 앙시앵 레짐이 재현된 이명박 정권에 들어 요직에 발탁됐잖아요. 한나라당이 집권을 하면 우리가 한몫 잡겠다, 떴다방 식의 처신을 했던 것 아닌가요? 그 사람들 대다수는 그 조직 안에서 무능과 보신의 아이콘이었는데도요. 사람 수가 많고 영향력이 강대한 대한민국 투톱 방송에서도 집권 세력이 누구냐에 따라서 논조가 춤을 추는데, 또 다른 공영방송 YTN이나 뉴스Y는 어떻겠습니까?

민   거긴 더 합니다.

김   YTN 같은 경우에 한전KDN 등 공기업 지분이 58%입니다. 공기업 사장을 누가 임명합니까? 대통령이 임명합니다. YTN 뉴스도 정권에 따라 논조가 춤을 출 수밖에 없습니다. 여긴 게다가 시청률이 KBS, MBC만 못하기에 권력 눈치 보기성 기사가 더 나올 수밖에 없고요. 연합뉴스가 운영하는 뉴스Y 역시 구조가……

민   제가 정확하게 말씀드릴게요. 뉴스통신진흥회라고 있습니다.

김   뉴스통신진흥회가 말하자면 MBC에 있어 방송문화진흥회 같은 존재죠?

민   네, 뉴스통신진흥회가 현재 연합뉴스 지분의 30.77%를 차지해요. 그 뒤로 KBS가 27.77%, MBC가 23.73%, 중앙일간지 9개 사가 7.82%, 지방일간지 9개 사가 4.91%를 차지하죠. 연합뉴스 주주 구조는 이렇게 돼 있습니다.

김   그러면 여기는 KBS, MBC보다 더 권력 편이라고 할 수 있겠네요.

민   KBS, MBC와 중앙일간지 9개 사가 주요 주주로 참여하고 있는 상황에서 권력의 영향으로부터 자유롭기가 쉽지는 않을 겁니다. 중앙일간지 9개 사도 독자적인 목소리를 내기보다는 신문협회와 연관성이 많다는 점을 고려하면 신문협회 입김이 작용한다고 봐야 할 겁니다.

김　　신문협회의 절대 지분을 갖고 있는 데가 조중동이죠.

민　　그리고 지금 한국신문협회 회장이 송필호 〈중앙일보〉 대표이사입니다. 지방일간지 9개 사 같은 경우는 4.91%밖에 안 되거든요. 그러니까 현재 연합뉴스 주요 주주를 구성하고 있는 KBS, MBC, 중앙일간지 9개 사의 성향이나 분포로 봤을 때 연합뉴스가 권력으로부터 독자적인 목소리를 내기가 쉽지 않다는 거죠. 그러면 뉴스통신진흥회가 30.77%를 가지고 있으니까 뉴스통신진흥회라도 권력으로부터 독자적인 목소리를 내야 하는데 구조를 보면 쉽지 않습니다. 구성이 총 7명인데, 대통령이 2명 추천하게 돼 있고, 여당이 2명 하게 돼 있습니다. 그러면 벌써 넷이죠? 한국신문협회가 1명 추천합니다. 다섯이죠? 한국신문협회 아시잖아요. 보수적입니다. 한국방송협회도 1명 추천하는데, 방송협회도 한때 진보적일 때가 있었지만 지금 협회 회장이 안광한 MBC 사장입니다. 독자적인 목소리를 내기 힘들죠. 벌써 6명이에요. 나머지 1명이 야당입니다. 6:1이에요. 연합뉴스의 권력 비판요? 국고 보조만 연 300억 원이 넘어갑니다.

김　　'뉴스를 할 수 있는 방송'만 따졌을 때 공영 채널만 KBS, MBC, YTN, 뉴스Y 아니겠습니까? 시사 · 정치 뉴스는 아니지만 교육에 한정해 EBS도 보도 기능을 수행하기는 합니다만. (뉴스가 가능한 국영방송이 있긴 한데, 문화체육관광부 산하 KTV 국민방송, 아리랑TV, 국회사무처 산하 국회방송, 교육부 산하 방송대학 TV가 있습니다. 여긴 논외로 하죠.) 여당이 압도적 지분을 보유하고, 야당은 감시 역할만 해서 반대표 던지는 것 외에는 할 수 있는 게 없는 공영방송입니다. 이에 대해 현 대통령이 소유 의지를 분명히 하면 충분히 장악할 수 있습니다. 그러다 보니 이명박 정권 당시 방송 뉴스에서 4대강 사업을 칭송했죠. 문제점 제기는 찾아보기 힘들 정도예요. 천안함 사건과 관련해서도 여러 의문에도 불구하고 북한의 폭침으로 단언했죠. 정부 여당의 나팔수 역할밖에 없는 구조로 완전히 고착이 된 겁니다.

민 그렇습니다. 뉴스를 보실 때 시청자나 이 책을 읽는 독자분들도 "쟤네는 왜 저러냐? 정권 바뀔 때마다" 이렇게 생각하셨죠? 그게 저희가 지금 이야기하는 지배 구조 때문에 그렇습니다.

대통령이 생사를 쥔 인사권

김 지배 구조, 인사권이 핵심입니다.

민 가장 무서운 게 인사권이거든요.

김 중앙정부 권력자에게 충성하는 인물을 사장으로 임명합니다. 그 직을 유지하고 또 연장하려면 보은하지 않을 수 없어요. 이 사장은 하부 보도 편성 제작 책임자를 자신과 뜻이 맞는 인물로 배치합니다. 그러니 뉴스는 그 모양 그 꼴이 될 수밖에 없는 거죠.

민 이른바 '정윤회 문건' 파문에서 이런 이야기가 나왔죠. 유진룡 전 문화체육부 장관이 〈조선일보〉 인터뷰에서 밝힌 내용인데, 박근혜 대통령이 유 전 장관을 불러서 문체부 국장급 인사까지 이야기했다는 거 아닙니까. 저는 이게 상징적이라고 생각합니다. KBS, MBC, YTN, 뉴스Y의 사장은 사실상 대통령의 영향력 아래 있을 수밖에 없는데, 과연 그 사장이 임명되고 나서 정권이나 권력의 눈 밖에 나 있는 인사들을 간부로 발령 낼 수 있을까요? 저는 유진룡 전 장관의 〈조선일보〉 인터뷰를 보면서 불가능하다는 생각을 했습니다. 대통령이 일개 부처 국장급 인사까지 개입할 정도면 방송사 사장은 더 하지 않을까요? 자기 자리를 걸고 뭔가를 하지 않는 이상 불가능한 시스템이라는 생각이 들었습니다. 방송사 간부들이 그런 사람들로 짜여 있다면 뭘 기대할 수 있겠습니까?

김 예를 들면 권력에 불편함을 끼치고 부담을 줄 만한 내용의 보도나 프로그램을 두고 "내지 마" 이럽니다. 물론 대놓고 "대통령님께 불충하게 왜 이러느냐?"라고 이야기할 수는 없겠죠. 다만 "기사가 공정치 못하다. 왜 반대편 얘기는 듣지도 않고 일방적으로 쓰냐? 너 좌파지?" 이런 방식으로 차단하는 겁니다.

민 기자가 되려고 하는 분들, 다시 한 번 말하지만 여러분이 무언가 발제를 한다고 해서 그게 모두 기사가 되는 게 아닙니다. 보고를 하면 위에서 '오케이' 사인이 떨어져야 해요. 그런데 일단 간부들이 그런 사람들로 구성이 되어 있다고 생각해보세요. 정권에 비판적인 아이템을 제보받아서 발제를 하면 '킬'당합니다. 제대로 보도가 안 될 가능성이 많아요.

김 KBS에서 '킬'된 사례가 적지 않죠.

민　지금까지 KBS나 MBC 노조 등에서 발행한 노보만 봐도 자사 뉴스의 메인 뉴스 리포트에 어떠한 문제점이 있는지 많이 나와 있습니다.

김　그래서 지배 구조 개선은 공영방송 독립성 확보를 위해 반드시 필요합니다. 그래서 누차 주장하는 게 이거예요. KBS 사장을 직선 투표로 뽑자.

민　그런 이야기를 많이 하고 있죠.

김　KBS 사장이 대통령이 아닌 국민의 눈치를 본다, 얼마나 이상적입니까. 물론 공적 통제를 하지 않으면 무소불위의 권력이 될 수 있지요. 국회 등의 견제가 가능한 제도적 장치 마련도 필요합니다.

민　사실 몇 가지 대안이 나와 있긴 해요. 저는 국민의 정부와 참여정부가 공영방송 사장 선임 구조를 바꾸지 못한 것을 정말 아쉽게 생각하고 있어요. 시민사회단체나 언론계 일각에선 특별다수제나 사장추천위원회를 통해서 현재 KBS 이사를 통해 사장을 선임하는 방식이 갖는 문제점을 어느 정도 보완할 수 있다고 이야기해요. 한번 검토해볼 사안이라고 생각합니다. 사장추천위원회 같은 경우에는 KBS 구성원들은 물론이고 시민사회단체 등으로부터 후보 추천을 받는 방식입니다. 물론 사추위 구성을 어떻게 할 것인가를 두고 여러 이견이 있습니다. 그런데 어찌 됐든 KBS 이사회가 지금처럼 여야 7:4 구조로 되어 있는 상황에서는 영원히 안 바뀝니다. 그러니까 사추위 구성을 통해서 문제점을 보완하자고 주장하는 거죠.

특별다수제는 사장 선임 같은 경우 단순 과반 의결이 아니라 일부 야당 추천 인사들의 동의를 받아서 의결을 하자는 것입니다. 지금 이사회 구조에서 표 대결을 하면 7:4가 나올 확률이 높습니다. 그러니까 여권 추천 인사들이 지지하는 사장이 될 수밖에 없죠. 하지만 특별다수제 같은 경우에는 반드시 야당 추천 인사의 동의를 받도록 되어 있습니다. 이렇게 되면 한쪽으로 너무 쏠리는 인물이 사장이 될 확률은 그만큼 적어지죠.

김 이인호 같은 사람, 할아버지가 친일파였던 사람이 이사장이든 사장이든 되기는 쉽지 않겠네요.

민 만약 특별다수제가 채택이 되면 그런 사람들은 야당 인사들이 절대 반대하기 때문에 될 가능성이 현저히 낮아지는 거죠. 지금 어떻게든 방식을 바꿔야 합니다. 그러니까 답을 찾자는 게 아니라, 현재와 같은 사장 선임 추천 방식은 너무 문제가 많기 때문에 KBS건 MBC건 바꾸지 않으면 이건 영원히 반복될 수밖에 없어요. 공영방송 체제를 이런 식으로 낭비하고 있다는 것도 어떻게 보면 직무유기죠.

김 KBS와 MBC 뉴스는 여당의 통제 아래 있는 뉴스예요. YTN과 뉴스Y도 포함해서요. 우리가 그런 점을 분명히 인식하고 봐야 합니다. YTN에서 현덕수, 노종면, 조승호, 이 세 명은 해고가 확정됐죠.

민 세 명의 해직 기자는 복직을 못했습니다.

MEDIA MAPPING
뉴스를 읽어드립니다

김 대통령 후보 특별보좌관을 했던 사람은 전직 방송기자라 해도 보도 전문 채널 YTN 사장을 할 수 없다는 게 해직자의 입장이었고, 그게 행동으로 옮겨지면서 해고 사유가 된 거 아닙니까? 대단히 의로운 행동이고 당연한 주장이긴 하지만, 현재 YTN 지배 구조를 본다면 '무모한 도전'이었던 셈입니다.

민 그럴 수도 있어요. 이 지배 구조하에서 이 체제에 별 문제 의식이 없는 사람 입장에서 보면 낙하산 사장을 반대하고 공정 방송 사수를 위해 파업을 벌인 언론인들을 이해 못할 수도 있다고 봅니다.

김 이게 거역할 수 없는 정상이니 너희의 선택지는 수긍뿐이다. 이거 아닙니까. TV에서 정치 시사 분야의 보도는 허가를 받아야 가능합니다. 이를 득한 매체는 지상파 방송 3사와 지역 민방, 종편, 보도 전문 채널입니다. (참고로 허가제 TV 장르는 보도만이 아닙니다. 홈쇼핑 채널도 있어요. 일종의 상거래 매체인데 아무나 할 수는 없다는 인식 때문이겠지요.) 허가 주무관청은 대통령 직속 방송통신위원회인데 여기도 여당이 다수예요. 여당 3, 야당 2. 그러니까 여당의 동의를 받지 않으면 TV 뉴스가 불가능하죠.

징계 + 감시 + 통제

민 상징적인 사건이 하나 있었잖습니까? 2013년 종합편성채널 평가를 했는데 TV조선이 1등을 했습니다. 저는 이 구조 때문에 가능했다고 봐요. 방송통신심의

위원회도 대통령이 3명을 추천하고, 여당이 3명, 야당이 3명을 추천하는 구조입니다. 결국 여당 6, 야당 3 구조가 되는 거죠. 야당 추천 위원들은 끊임없이 문제를 제기했거든요. TV조선 같은 경우에는 종합편성채널임에도 보도 부문 편성 비율이 거의 50%에 육박해요. 이게 어떻게 종합편성채널입니까? 보도나 시사가 50% 가까이 되면 이건 종합편성채널이 아니라 보도 채널이죠. 그러면 당연히 평가에서 마이너스 점수를 받을 수밖에 없는데 2013년에 1등을 했어요.

김   새벽 3시 50분에 어린이 프로그램 편성했다는 이유로요. 요즘 어린이들, 잠이 많이 없나 봐요.

민   야권 추천 위원들은 결과가 나오고 나서도 계속 문제를 제기했는데, 그 이야기는 야권 인사들은 점수를 높게 주지 않았다는 거죠. 그러면 어디에서 높게 줬겠습니까? 여권 추천 위원들이 높게 줬단 말이죠.

김   국민TV 같은 경우 "왜 이게 케이블에 안 나오느냐? 위성으로 안 나오느냐? IP TV로도 못 보느냐?" 이런 질문을 받습니다. 저희도 하고 싶습니다.

민   방송을 하려면 방송통신위원회의 허가를 받아야 합니다.

김   그런데 허가가 안 나죠.

민   허가를 내주지도 않을 뿐만 아니라 설사 허가를 내주면 더 문제죠.

김   그다음에는 방송 심의가 있죠. 허가 내주고 끝나는 게 아니에요. 신문과 다른 점이 이거예요. 방송은 이런 개념입니다. 3년에 한 번씩 재허가를 받아야 해요. 그러니까 3년간 공공의 전파를 사업자에게 위임해주는 구조입니다. 3년 동안 위임을 해줬는데 엉망으로 한다 하면 재허가 취소라는 명목으로 없애버리는 겁니다.

민　너희는 전파를 쓸 자격이 없어, 하면서 전부 회수해버리면 끝나거든요.

김　그래서 2004년에 경인방송 TV, 즉 ITV를 없애버린 것 아닙니까. 없앤, 또 없어진 유일한 사례가 아마 ITV일 겁니다. 뭐 이건 정치적 맥락은 없었지만요. 하지만 선례가 엄존하는 이상, 앞으로 허가 재허가 주무관청이 칼을 뽑지 않는다는 법은 없어요. 정권 비판적인 방송을 많이 한다고 칩시다. 그러면 방송통신심의위원회에서 계속 브레이크를 걸겠죠? 방송통신심의위원회 구조는 여당 6, 야당 3이에요. 그러니까 여권에게 불리한 내용은 대부분 중징계감이 됩니다.

민　JTBC와 CBS가 단골 방송사가 됐죠.

김　통합진보당 김재연 의원과 인터뷰했다고 중징계, 그리고 대통령 선거 부정 이야기했던 박창신 신부 인터뷰했다고 중징계. 아니, 뉴스에서 '핫'한 인물과 인터뷰하는 건 너무나 당연한 일 아닙니까?

민　인터뷰했다고 중징계를 내려버리면 시사프로 하지 말라는 거예요.

김　방송통신심의위원회가 이렇게 한 겁니다. 이렇게 경고가 누적되면 나중에 방송통신위원회가 재허가 검토할 때 "이렇게 말썽 많은 방송이 존속해야 하나" 이러면서 재허가를 안 해줄 수 있어요.

민　계속 경고 점수가 누적되면 재허가 탈락 사유가 됩니다.

김　자, 이런 겁니다. 국민TV가 '제도권 방송'을 하려면 여러 벽에 부딪힙니다.

여당이 다수인 방송통신위원회 허가가 1차 벽입니다. 방송 보도 내용을 심의하는 방송통신심의위원회의 징계가 2차 벽입니다. 그리고 3년 뒤 방송통신위원회의 재허가가 3차 벽입니다. 이뿐입니까. 광고 압박으로, 보도 협조 거부로, 각종 고소 고발로 우회적 압박을 가할 수 있는 무형의 예기치 않은 벽도 있습니다. 이것 때문에 국민TV는 어쩔 수 없이 법외 방송을 할 수밖에 없는 거예요.

민   허가가 나지도 않겠지만, 허가가 나더라도 아마 방송통신심의위원회로 매번 불려가서……

김   모진 모욕도 당하고 그러겠죠.

민   장난 아닐 겁니다. 탈락될 거예요.

김   이런 시대에는 그래서 정권 통제로부터, 압박으로부터 완벽하게 독립하는 것이 진짜 공정하고 건강한 TV 뉴스의 갈 길이 아니겠는가 이렇게 보는 겁니다. 개별 언론사의 인사권, 방송통신심의위원회 심의권, 방송통신위원회의 재허가권, 이 3겹의 권력을 견뎌야만 공정 보도를 할 수 있으니, 양적으로나 질적으로 TV 뉴스는 친여당 친권력일 수밖에 없어요.

민   언론사 내부로 들어가도 문제는 있습니다. 팀장, 부장, 국장의 게이트 키핑gate keeping(기자나 편집자와 같은 뉴스 결정권자가 뉴스를 취사선택하는 일 또는 그런 과정)이 있어요. 그 과정을 무사히 통과해야 기사나 프로그램이 나갈 수 있는 거예요.

김   방송의 이런 허가 재허가 구조를 감안해서 TV 뉴스를 봐야 바보 소리 안 듣는다, 이런 말씀을 드리고 싶습니다.

2장

MBC를
읽어드립니다

엠본부의 역사

김   MBC 이야기를 해보겠습니다. MBC, 주식회사 문화방송. MBC는 1959년 4월 15일에 한수 이남 최대 부자로 통했던 김지태 씨가 세운 현존하는 가장 오래된 민간 상업방송입니다. 우리나라에서 두 번째 방송은 아니에요. 두 번째 방송은 1954년 12월 15일에 개국한 CBS죠. 2년 뒤 1956년 12월 23일에 극동방송이 개국했고요.

민   어마어마한 역사네요.

김   극동방송 개국하던 해, HLKZ-TV도 개국했지요.

민   그게 AFKN인가요?

김   아니에요. 이게 우리나라 최초의 텔레비전 방송인데 1956년 5월 12일에 개국했어요. 그러니까 대한민국에 현존하는 가장 오래된 민간 상업방송은 MBC가 맞지만, 대한민국 최초의 1호 민간 상업방송은 바로 HLKZ-TV예요. 안타깝게도 1959년 2월 2일에 불이 났어요. 전기 과열로 불이 났는데 신고를 늦게 해서 홀라당 탔죠. 홀라당 탔다는 게 가장 실감나는 표현입니다. 모든 장비가 다 불에 타 없어진 겁니다. 어느 정도 타다가 진화가 된 게 아니라 소방차가 갔더니 이미 다 타버렸답니다.

민   화재의 원인은 뭡니까?

김   휴즈가 직접 탄 것으로 돼 있어요. 그런데 그 옆에 난로가 있었대요. 이렇게 HLKZ-TV가 사라짐으로써 대한민국 최초의 민간 상업방송은 막을 내렸고, 그래서 MBC가 현존하는 가장 오래된 민간 상업방송이 된 거죠. MBC는 사실 서울이 아니라 부산에서 시작했어요. 1960년 4·19혁명 당시에는 부산 시내 시위 실황 방송도 냈고요. CBS도 그랬어요. 같은 시기에 서울 종로3가에 방송사가 있었는데 옥상에서 중계방송을 했지요. 이보다 앞서 3·15 부정선거 당시에는 이승만 정권의 불법 부정 개표를 고발하기도 했고요.

민　MBC의 출발점이 부산 MBC이기 때문에 부산 MBC 구성원들 자부심이 강합니다.

김　사실은 4·19혁명 이후에 부산 MBC는 서울에 '지역 방송'을 만듭니다. 통상 서울에 본사를 두고 지방에 지국을 두는데 MBC는 반대였지요. 그래서 MBC의 시원은 부산 MBC라고 봐야 될 텐데, 그런 부산 MBC를 1962년 박정희가 강탈을 합니다. 부일장학회. 〈부산일보〉, 부산 MBC를 소유하던 김지태 씨를 협박해서 강탈한 거죠. 그래서 정수장학회가 MBC를 갖게 됩니다.

민　박정희의 '정', 육영수의 '수'를 따서 정수장학회죠.

김　MBC는 그때부터 관제 방송이 됐습니다. 그러다가 1969년에 TV 방송을 시작합니다. 그러더니 1974년 11월 1일에는 〈경향신문〉과 합병이 돼요. 주식회사 문화방송 경향신문이 되는 거죠. 〈경향신문〉은 어떤 신문이느냐면, 1946년 해방 후 창간됐습니다. 뿌리는 가톨릭교회예요(가톨릭교회가 발행하는 월간지로 '경향'이 있으니 흔적인 셈이죠). 그런데 이승만 정권 들어서 농도 짙은 정권 비판을 감행하다가 폐간되고, 4·19 이후 복간됩니다. 하지만 5·16 이후에도 박정희에 대한 예봉을 꺾지 않아요. 결국 〈경향신문〉 역시 강탈당합니다. 1990년대 말 사원주 신문으로 거듭나기까지 오욕의 역사를 이어가고요. 다시 MBC 이야기로 돌아와봅시다. MBC가 생길 당시 방송은 권력의 관심 밖이었어요. 지금으로 말하면 인터넷 방송 보듯이 본 거예요. 당시 지금의 지상파 방송 같은 위상과 영향력을 구가한 매체는 바로 신문이지요. 권력이 신문만 감시한 겁니다. 그러니까 CBS, 부산 MBC가 4·19 실황을 생중계할 수 있었던 거예요. 권력의 강도 높은 감시, 압박으로부터 다소 자유로웠던 거죠.

민   그렇죠. 그때만 하더라도 TV라고 하면 오락적인 기능을 더 중요시했던 것 같아요.

김   방송은 라디오 정도였는데, 신문과 달리 한눈에 주시가 안 되니 면밀히 감시하지 않는 한 잘 몰랐을 거예요.

민   그렇습니다. 언론의 의제 설정 기능이나 이런 것은 철저하게 신문이 압도적이었죠.

김   1974년 11월 1일에 주식회사 문화방송 경향신문이 발족됩니다. 그 이후에 문화방송 경향신문이 통합 공채 사원을 선발하는데, 그때 참 걸출한 사람들이 많이 뽑혀요. 최장수 뉴스 앵커에다 MBC 사장 이력의 엄기영 씨, 〈한겨레〉 편집국장을 지냈고 〈경향신문〉 사장을 지낸 고영재 씨 등이 있죠.

민   고영재 선배도 그때 입사했군요.

김　아, 이 사람도 있군요. 전 YTN 사장으로 6명의 해직 기자를 양산한 구본홍 씨. 이 양반 지금 기독교 TV 사장으로 있어요. 개고기를 참 좋아하신다지요. 표완수 전 경인방송, YTN 사장, 이 사람들이 다 동기예요.

민　표완수 씨는 지금 〈시사IN〉 사장이기도 하죠.

김　그 당시 한 몸체였던 MBC와 〈경향신문〉은 관제 매체의 상징이었어요. 그러다가 1980년 언론 통폐합과 함께 〈경향신문〉과 MBC가 분리되지만 법인체만 나뉘었을 뿐 권력의 끄나풀들이 들어가 사장 하는 MBC, 통반장이나 보는 신문 〈경향신문〉의 본질은 달라지지 않았던 거죠. 그러다가 MBC에서 1987년 방송 민주화 투쟁이 벌어집니다. 사실 이 같은 방송 민주화 투쟁이 가능했던 건 대규모 인력 선발도 한 원인이었어요. 이전만 해도 선발할 때 직원의 사상과 이념을 많이 따졌는데, 88 서울올림픽을 앞두고는 사람 뽑는 게 중요해서 그럴 겨를이 없었던 모양입니다.

민　지금 젊은 취업 준비생들은 상상이 안 갈 텐데, 그때만 하더라도 사람이 없어서 못 뽑을 정도로 인력이 귀했던 시절이었습니다.

김　그 와중에 들어왔던 사람이 최문순 현 강원도지사 아닙니까? 스스로 특수한 시대 상황의 혜택을 입었다고 말하지요. 어쨌든 엄청난 젊은 피가 유입되면서 MBC 안에는 방송 민주화 투쟁의 동력이 붙습니다. 1987년 12월 9일에 노동조합이 설립됩니다. 그러다가 MBC는 1988년부터 방송문화진흥회 설립으로 새 전기를 맞습니다. 방송문화진흥회, 앞서 6:3 이야기하면서 익숙해진 이름이지요?

민　짚고 넘어가야 할 게 있어요. 1987년에 6월 항쟁이 일어나잖아요. 전국언론노조 MBC 본부, 그러니까 MBC 노조가 이때 결성됩니다. MBC가 사실상 완벽한 국영 체제에서 방송문화진흥재단이라는 약간 특수한 형태의 공영 체제로 넘어왔던 게 1987년 6월 항쟁이 하나의 계기가 됐죠. 사실 6월 항쟁이라는 전국민적 저항이 없었다면 당시 방송 민주화 운동이 일어날 수 있었을까 그런 생각을 해요. 당시 언론인들이 노조 결성하고 투쟁에 나선 것을 냉소적인 분들은 기회주의적으로 판단하더라고요. 사실 그 말도 부정할 수 없는 게, 87년 6월 항쟁 당시 언론인들은 적극적으로 나서지 않았습니다. 나서지 않은 게 아니라 기본적인 역할인 '공정 보도'를 거의 못했죠.

김　그랬죠. 제가 2004년부터 8년간 SBS FM에서 조간 브리핑을 했는데요, 하루는 SBS AM에서 뉴스를 진행하던 앵커와 엘리베이터에서 마주쳤어요. MBC에서 기자 생활 시작해서 SBS로 넘어온 분이었는데, 때는 MBC가 김재철 사장을 상대로 낙하산 사장 반대 투쟁을 벌일 무렵이었어요. 이것이 화제가 돼 담소를 나눴죠. 그분이 "MBC가 큰일이다"라고 하는 거예요. 저도 맞장구 쳤죠. 그런데 서로 문제의식이 달랐어요. 저는 김재철 임명의 부당성을 지적한 건데 그 양반은 "방송사가 권력의 뜻에 반하는 행동을 해서야 되겠느냐", "방송은 권력을 뒷받침해야 한다"는 식으로 말하는 겁니다. 저는 그때 느꼈어요. 아닌 분도 있지만 권위주의 정권 시대를 거치며 방송사에 재직한 사람들은 기본 멘털리티가 "방송은 권력의 전리품이요, 나는 거기의 부속품"이라는 거예요.

다시 1980, 90년대 방송 민주화 투쟁 이야기로 돌아갑니다. 1992년에 MBC에서는 또 한차례 낙하산 사장 임명 반대 투쟁이 있었어요. 이 와중에 노조 간부들이 체포, 구금, 구속됐지요. 여기에는 손석희 아나운서도 있었습니다. 안경 낀 그가 파란 수의를 입고 포승줄에 묶여 출두하는 그 사진, 이게 오늘의 '신뢰하는 언론인 1위'의 위상을 안겨줬다고 봅니다. 무형의 가치, 즉 방송 공정성을 위해 자신의 안위 따위는 던지는 자세, 본받아야 합니다.

결국 이 투쟁의 승리는 노조에게 돌아갔습니다. 오롯한 민주화의 흐름도 한몫했고요. 이런 MBC의 역사를 보면 흥미로운 지점이 있어요. 처음에는 주인(김지태)이 있는 방송이었다가 권력에 강탈당하면서 주인이 박정희로 바뀌었고, 1987년 6월 항쟁, 그리고 88년 방송문화진흥회 출범 이후로는 주인(노태우)이 있는지 없는지 가물가물한 방송으로 이어져오다가 노무현 정권에는 '청와대로부터 전화 한 통 안 받는 방송'이 됩니다. 우여곡절이 있었습니다만, 언론 자유의 관점에서 보면 MBC 역사는 순리를 탔던 거지요. 그러다가 이명박 정권 들어 신경민 앵커에다 엄기영 사장마저 축출되며 MBC가 '권력의 방송'으로 회귀합니다. 정확히 '파파 대통령' 시대로 말입니다. 겉은 공영방송인데 실상은 국영방송, 아니 박근혜 씨의 사영방송화 돼버렸다, 이렇게 봐야 옳지 않겠나 싶습니다.

이런 MBC의 역사를 보면 흥미로운 지점이 있어요.

처음에는 주인(김지태)이 있는 방송이었다가

권력에 강탈당하면서 주인이 박정희로 바뀌었고,

1987년 6월 항쟁, 그리고 88년 방송문화진흥회 출범 이후로는

주인(노태우)이 있는지 없는지 가물가물한 방송으로 이어져오다가

노무현 정권에는 '청와대로부터 전화 한 통 안 받는 방송'이 됩니다.

우여곡절이 있었습니다만, 언론 자유의 관점에서 보면

MBC 역사는 순리를 탔던 거지요. 그러다가 이명박 정권 들어

신경민 앵커에다 엄기영 사장마저 축출되며 MBC가 '권력의 방송'으로 회귀합니다.

정확히 '파파 대통령' 시대로 말입니다.

겉은 공영방송인데 실상은 국영방송, 아니 박근혜 씨의 사영방송화 돼버렸다,

이렇게 봐야 옳지 않겠나 싶습니다.

MBC가 망가진 이유

민　사실 MBC는 이명박 정권이 들어서기 전까지는 나름 '정상적인 체제'였는데, 그 뒤로는 '비정상적인 체제'가 됐다고 해도 과언이 아닌 것 같아요. 특히 170일 동안 전국언론노조 MBC 본부가 파업을 벌였죠. 나중에는 파업을 접었지만요.

김　2012년에 말입니다.

민　170일 파업을 벌이는 동안 MBC에서 6명의 해직 언론인이 나왔습니다. 그때 당시 정영하 MBC 본부장, 강지웅 사무처장, MBC 〈PD수첩〉 PD 출신이기도 하죠. 그리고 이용마 당시 노조홍보국장, 그리고 박성호 기자, 박성제 기자, 최승호 PD 이렇게 6명이 해고 통보를 받았죠. 김재철 사장이 취임한 이후 대략 2년 동안 MBC에서 징계를 받은 언론인 숫자가 230명이 넘었다고 해요. 그때 당시 MBC 노조원으로 따지면 4명 중 1명이 징계를 받은 꼴이 됩니다. 그 정도로 어마어마하게 징계를 받았습니다. 단순히 징계만 받았으면 그나마 괜찮죠. 파업이 장기화되면서 MBC 쪽에서 고소, 고발, 소송을 제기합니다. 당시 MBC 본부 쪽에 제기한 고소, 고발, 가처분 조처들이 대략 10건이 넘었습니다. 어마어마했죠. 징계까지 합치면요. 그 여파가 지금까지 이어지고 있어요.

●　서울고등법원은 지난 2012년 공정방송 사수를 내걸고 170일 동안 파업을 했던 전국언론노조 MBC 본부 조합원들에 대한 사측의 징계가 부당하다며 MBC 측의 항소를

기각했다. 서울고등법원은 2015년 4월 29일 선고 공판에서 "파업의 주된 목적은 김재철 사장을 배척하는 것이 아니라 방송의 공정성 보장을 요구하는 것이었다"며 파업의 정당성을 인정했다. 이로써 2012년 파업 과정에서 해고됐던 6명의 해직 언론인(강지웅, 박성제, 박성호, 이용마, 정영하, 최승호)의 복직 가능성은 더욱 높아졌다. MBC 측은 즉각 대법원 상고 의사를 밝혔다.

지금 MBC 뉴스를 보기 전에 반드시 알아야 할 게 있는데, 과거 MBC 뉴스는 잊어버리는 게 좋을 것 같습니다. 왜냐하면 구성원들이 너무 많이 바뀌었거든요. 제가 지금 말씀드린 2012년 MBC 노조 파업 당시 MBC 뉴스를 만들던 구성원들과 파업 이후 MBC 뉴스를 만드는 구성원들은 전혀 다른 사람들입니다. 제가 자료 하나를 가지고 왔는데 2014년 10월 22일자 〈기자협회보〉에 실린 기사입니다. 〈기자협회보〉는 한국기자협회가 발행하는 매체죠. 2014년 10월 기준으로 MBC 노조 파업 이후 MBC에 외부 기자가 무려 62명이 채용됐습니다. MBC 보도국이 사실상 물갈이가 시작됐다고 〈기자협회보〉가 보도하고 있을 정도입니다.

파업 이후 외부 기자 62명 채용…
MBC 보도국 '물갈이' 시작됐다

MBC가 조만간 입사 예정인 3명을 포함해 올 들어 10~20년차 경력기자 8명을 채용했다. 반면 지난 2월 안광한 사장 취임 이후 3개월 간 15년차 중견급 2명을 포함해 기자 8명을 비제작부서로 내보냈다. 비판적인 성향의 기자들을 몰아내고 외부 기자들로 보도국을 물갈이하려 한다는 의혹이 나오는 이유다.

경력 채용은 올해 초 진행된 경영진 첫 워크샵에서 이진숙 보도본부장이 발의하며 시작됐다. 헤드헌팅으로 15년차 전후 데스크급 10여 명을 채용한다는 계획이다. 실제로 27일 이후 출근이 예상되는 경력기자 3명 중 2명은 20년차, 1명은 10여 년차 기자다. 상반기 입사한 5명도 20여 년차가 1명, 12~14년차가 4명이다.

당장 경력직들이 기존 데스크를 대체하고 있지는 않지만 부장·차장급 경력을 감안하면 데스크 '물갈이'를 위한 포석일 수밖에 없다는 비판이 높다. (중략)

실제 2012년 전국언론노조 MBC 본부 파업 당시와 이후 채용된 '시용·경력' 기자 수는 상당하다. 경력 채용이 이대로 계속될 경우 몇 년 후에는 기존 기자들과 숫자가 비슷할 수 있다는 소리도 나온다. 10월 현재 기준으로 2012년 파업 기간 대체 인력으로 채용된 시용기자(정규직 전환)는 25명이다. 파업 이후 입사한 경력기자는 지난해까지 29명이며, 올해 채용자 및 채용예정자 8명을 더하면 37명이다. 시용 및 경력 인력은 총 62명에 달한다. (하략)

이 얘기는 뭐냐? 파업 이후에 시용기자나 경력기자들이 뽑혔다는 것은 2012년 전국언론노조 MBC 본부 파업에 부정적이거나 동조하지 않는 기자들이 MBC에 들어왔다는 겁니다. 이 말은 간부들이 어떤 지시를 내리면 본인 의사에 반하더라도 문제 제기 없이 수용할 가능성이 많다는 이야기도 되죠. 취재를 하거나 리포트를 제작할 때도 권력에 비판적인 아이템은 발제가 안 될 가능성이 많습니다. 문제는 이런 인력 구조라면 이후 새누리당이 아니라 야당이 됐든 다른 당이 됐든 정권 교체가 되고 나서 MBC가 '정상화'되는 과정으로 가더라도 지금 이 인력들을 정리할 수가 없지 않습니까. 앞으로 더 많아질 것이고요. 그러면 MBC 정상화와는 관계없이 MBC가 해결해야 할 숙제로 놓일 가능성이 많습니다. 일종의 DNA를 바꾸는 작업인데……

김　MBC가 고지혈증에 걸린 게 아니라 혈액형을 바꾼 거예요.

민　이렇게 채용된 기자들을 쉽사리 정리할 수도 없을 테니 MBC 입장에서는 굉장히 골치 아픈 상황이 될 수밖에 없는 겁니다.

김　시용 이 친구들도 공정 언론이 대세인 시대에 산다면 거기에 발맞추지 않겠어요?

민　저는 우려스러운 게, 지금 MBC에 노조가 3개입니다. 상황에 따라 MBC가 분열 양상으로 살 가능성이 많아서 걱정입니다. 그리고 다른 걸 다 떠나서, 〈시사저널〉, 〈시사IN〉에서 신뢰받는 언론인, 매체 영향 등을 조사하는데, 미디어미래연구소라고 색깔이 강하지 않은 연구소에서도 해마다 '미디어 어워드'라는 걸 발표하거든요. 그런데 MBC 경영진이나 MBC 간부라면 심각하게 받아들여야 할 조사 결과가 2014년도에 발표됐습니다. 손석희, JTBC는 압도적으로 신뢰도나 순위가 올랐어요. 신뢰성과 공정성, 유용성이라는 3가지 카테고리를 기준으로 발표를 했는데, 충격적인 게 MBC가 10위 안에 든 게 하나도 없습니다. 2014년도는 물론이고 2013년도도 그랬습니다. 이건 심각한 거죠. SBS의 경우 공정성이나 유용성에서 3위를 기록했거든요. 그렇게 말 많았던 KBS도 신뢰성에서는 5위를 기록했습니다. 그런데 MBC는 2013년도는 물론이고 2014년도에 신뢰성, 공정성, 유용성 어떤 부문도 10위 안에 들지 못했어요. 미디어미래연구소는 진보적인 성향이 아니에요. 2014년 공정성에서 YTN이 1위로 나온 걸 보면 알 수 있죠. JTBC가 2위로 나오고 SBS가 3위로 나왔어요. 어떻게 보면 보수적 성향의 연구소에서 발표한 자료에서조차 MBC는 신뢰성, 공정성, 유용성 분야에서 10위 안에 단 하나도 들지 못했다는 겁니다. 그것도 2년 연속으로요. 이건 MBC 구성원들이 심각하게 받아들여야 할 사안입니다. MBC가 어디로 가고 있는지에 대해서 말이죠.

김   자유, 상상, 저항, 이 가치들을 보장하지 않으면…… 콘텐츠 산업이라는 게 뭡니까? 상상력의 나래를 펼치는 산업이잖아요. 콘텐츠의 생명은 끊임없는 새로움입니다. 하다못해 대형마트 매장도 수시로 물건 위치를 바꾸는 판인데요. 새로움이라는 게 뭡니까? 기존의 질서, 기존의 기득권, 이런 것들을 혁파하는 것 아니겠어요? 그 모든 것들이 다 제약되는 상황에서 질 개선, 명성에 수익까지 도모하는 프로그램이 많아진다는 건 어불성설이죠. MBC는 총체적으로 역행하고 있습니다.

민   더 우려스러운 것은 전국언론노조 MBC 본부의 주축이 사실상 시사교양 PD들이었거든요. 그런데 시사교양 PD들에 대해서는 이명박 정부 때 굉장히 직접적이고 노골적인 압박이 이루어졌습니다. 〈PD수첩〉 사례가 대표적이지요.

김   〈PD수첩〉 때문에, 권력자가 자기 마음대로 할 수 있는 집권 1년차(honey-moon period)를 그냥 까먹었다는 거지요. 그래서 자기들이 할 일을 못했다고 판단한 거고. 정권 안보적 차원에서 본다면, 이런 저항 의식을 갖고 있는 언론인들을 방송 제작 과정에서 배제해야 방송을 장악하기 좋게 순치馴致할 수 있는 겁니다.

민   MB 정권 때는 제작진과 프로그램에 대한 고소, 고발 같은 방식으로 탄압했는데, 박근혜 정부에 이르러서는 고소, 고발은 기본이고 아예 제작진을 다 교체해버리잖아요. MBC는 지금 교양국이 없어졌습니다. 앞으로 시사교양은 MBC에서 당분간 제대로 하기 어려운 상황이 됐어요. 파업 참가했던 PD들, 기자들을 비제작부서로 발령 내는 상황인데 예전처럼 권력에 비판적인 프로그램 제작이 가능하겠어요?

이 대목에서 전국언론노조 MBC 본부 이야기를 잠깐 하죠. 최근 2년 동안 MBC 행보를 두고 시민사회단체에서도 너무 심하다고 해서 MBC 공동대책위원회가 출범하지 않았습니까? 공대위가 왜 출범했겠어요? MBC 뉴스나 프로그램이 제 역할을 못하고 있다는 우려 때문이잖아요. 예전의 MBC가 얼마나 국민의 사랑을 많이 받았습니까? 〈PD수첩〉의 광우병 파동 당시 사실상 국민들이 MBC를 지켜줬어요. 그랬던 MBC가 지금은 불공정 편파 방송의 상징이 되다시피 하죠. 여러 가지 영향력 지표에서도 하락세가 계속되고 있고요. 시민사회단체들이 MBC를 더 이상 놔두면 안 되겠다고 판단했고, 언론계 원로들까지 나서서 공대위를 구성했습니다. 그런데 저는 공대위를 구성하게 된 이면에는 전국언론노조 MBC 본부의 최근 2년 동안의 역할에 대한 다소의 실망감도 작용했다고 봅니다.

김 2014년 11월 6일자 문화방송 노보에서 당시 MBC 1노조 위원장격인 이성주 언론노조 MBC 본부장이 이렇게 이야기했죠. "노동조합은 지금 무엇을 하고 있느냐는 안팎의 따가운 지적을 받고 있습니다. 군사정권의 엄혹한 상황에서 일궈낸 노동조합의 역사가 지금 어디로 가느냐는 질문도 받고 있습니다. 천길 벼랑 앞에 서 있는 심정입니다. 무능하고 무기력한 모습이라는 질책 달게 받겠습니다. 그러나 이대로 주저앉지 않을 거라고 약속드립니다. 벼랑 끝이라도 벌판에 선 것처럼 당당하게, 그리고 다시 일어나겠습니다. 마지막 순간까지 어깨를 펴고 앞에 설

것입니다. 노동조합의 역사를 믿습니다. 그리고 여러분을 믿습니다." 어깨를 펴지만 말고 저항을 좀 해야 되는 것 아닌가요? 170일 동안의 파업에서 남은 동력마저 다 소진한 것이 원인일까요? MBC 1노조의 현실이 개탄스럽습니다.

징계받을까 두렵다
—

김　사실 사측에서는 파업이 가장 무서운 것 아닙니까? 현실적으로 노동조합이 취할 수 있는 가장 강력한 쟁의 수단이고요. 2년 동안 그 모진 수모와 억압을 당했음에도 불구하고 말로만 저항을 하는 MBC 1노조. 파업 카드를 손쉽게 못 꺼내는 건 '해봤자 안 되며, 손해는 오롯이 우리만 지는 것'이라는 인식 때문일 테고요. 그래서 비겁하다는 얘기를 들을지언정 가만히 있는 게 낫다고 판단하고 있는 것은 아닌지, 비겁해져버린 것은 아닌지……

민　고소, 고발에 각종 소송이 잇따르니까요. 내부 게시판이나 SNS 등에 글을 써도 징계를 받을 정도니까 충분히 이해를 합니다. 하지만 개인 블로그와 SNS에 웹툰을 올린 것을 두고 해사 행위를 했다고 PD가 해고를 당하는 일이 벌어지는데도 내부에서 이걸 제대로 견제하거나 막지 못하고 있는 MBC를 보는 건 정말 서글픈 일입니다.

"권성민 PD 해고,
MBC가 시청자로부터 멀어지는 길 택한 것"
방송독립포럼, 9일 논평 내고 권성민 PD 복직 촉구

MBC(사장 안광한)가 지난달 30일 개인 블로그와 SNS(소셜네트워크서비스)에 '웹툰'을 올려 '해사 행위'를 했다는 이유로 권성민 PD를 해고한 데 대한 후폭풍이 여전하다. 전·현직 방송인을 포함해 방송의 정치적 독립을 요구하는 각 분야 인사들이 참여하는 방송독립포럼은 "MBC 경영진이 이성을 회복하지 못하고 시청자들로부터 멀어져가는 길을 택했다"고 규탄했다.

방송독립포럼은 9일 논평을 내고 "MBC가 내세운 권성민 PD 해고 이유는 하나부터 끝까지 모두가 부당하다"며 "권성민 예능국 PD를 해고시킨 폭거는 MBC가 최근의 나락에서 벗어나 예전의 공영방송 면모를 회복하기를 간절히 바라고 있는 시청자들에게 대한 정면 도전"이라고 비판했다.

MBC는 지난달 30일 권 PD를 해고하면서 "공개된 공간에서 자신의 생각과 다르다며 시청자를 멸시하고 회사에 대한 해사 행위로 징계를 받은 직원이 같은 행위를 반복할 때 회사가 취해야 할 조치는 명백하다"며 "회사를 향한 반복적 해사 행위에 대한 기본과 원칙에 입각한 조치"라고 강조했다. (하략)

김　　MBC 아나운서, 기자, PD들이 한때는 대중적 신망을 샀지요. 이 신망의 기저는 앞서 손석희 아나운서의 예처럼 무형의 가치를 위해 싸운다는 이미지거든요. 그런데 지금은 불의의 상황 앞에서도 징계가 두려워 언론인의 기개를 접는 굴욕적 태도를 보이는 거예요. 이게 바로 MBC가 급격하게 곤두박질치고 있는 현실을 설명하는 겁니다.

민　　위기의식을 느낄 필요성은 있어요. 단순히 저항하라, 이런 말을 하는 게 아닙니다. 언론의 뉴스, 의제 설정에서 매체가 조사를 하든 연구소가 조사를 하든 MBC는 각종 지표에서 논외로 취급이 되고 있단 말이에요. 여기에 대해서 경영진과 간부를 떠나서 구성원들 전체가 심각하게 고민을 해야 하는 시점입니다.

김　　구조와 정권이 어디냐에 따라 방송의 공정성 유지가 춤을 춘다면 문제지요. 공정성을 보다 확고히 보장할 수 있도록 틀을 바꿔야 합니다.

민　　사실 제도 문제도 중요하지만 제도가 있다고 해서 방송의 공정성이 보장된다고 볼 수도 없어요. MBC 뉴스나 시사 프로그램이 국민으로부터 지지와 격려를 받을 때나 지금이나, 방송문화진흥회(방문진)의 여야 6:3이라는 구조는 똑같습니다. 그런데 제가 참여정부 때의 황우석 사건을 예로 들어볼게요. 당시 MBC 〈PD수첩〉이 황우석 박사 관련한 줄기세포 조작 의혹을 취재하고 있었을 때, 노무현 대통령이 〈PD수첩〉에 대해 불편한 의사를 내비친 적이 있습니다. 그런데 만약 이명박 정권이나 박근혜 정권하에서 그랬다면 어떻게 됐을까요? 대통령이 노골적인 의사를 내비치기도 전에 자체적으로 걸렀거나 아예 아이템 발제가 안 됐거나 뭉개

졌을 겁니다. 그때 MBC 사장이 최문순 현 강원도지사였고, 시사교양국장이 최진용 PD였습니다. 당시 〈PD수첩〉 CP가 최승호 PD, 그리고 황우석 취재를 했던 PD가 한학수 PD였습니다. 내부에서 찍어 누르지 않았습니다. 방문진 이사 6:3 구조에서 최문순 사장이 탄생하지 않았습니까? 그런데 최문순 사장은 정권의 입맛에 따라서 MBC를 운영하지 않았어요. 만약 요즈음 황우석 문제가 발제됐다고 가정해볼까요? 똑같은 방문진 6:3 구조에서요. 그때는 청와대나 이런 데서 MBC 방송 내보내지 말라는 식으로 개입을 하지 않았는데 지금은 개입을 할 가능성이 높다는 거죠. 그게 큰 차이입니다.

김   MBC는 특정 개인이 자본으로 소유할 수 있는 구조는 아니지만 매번 권력에 따라서 주인이 바뀌는 구조라는 이야기죠. 언론 자유에 대해서 각별한 철학과 관념이 있는 정권기에는 공영방송으로 제 역할을 하다가 그렇지 않은 시기, 방송을 선거 승리의 전리품 따위로 여기는 세력이 집권했을 때는 특정 정파 편향 방송으로 돌변할 수밖에 없는 구조. 이런 구조를 분명히 지켜볼 필요가 있겠고, 그렇기 때문에 MBC 보도를 있는 그대로 믿기보다는 현재 정치 환경은 어떠한지를 살펴보고, 또 하나 고려해야 할 점이 현재 방문진 이사와 MBC 사장이 누구인지 짚어볼 필요가 있다는 거죠. 이 책을 내놓을 시점의 사장은 안광한 씨인데 그는 집권 세력과의 커넥션이 없습니다. 이른바 로열패밀리들과의 교분이 없기 때문에 더 열심히 충성해야 연임할 수 있는 거죠. MBC 사장을 몇 번 연임할 수 있죠?

민   한 번 가능합니다.

김   한 번? 사장을 두 번 할 수 있다는 거군요. 정리합니다. 연임 상태가 아니라 초임 상태이고, 그리고 정권 상반기라면 MBC의 보도는 권력 편향으로 갈 수밖에 없어요.

3장

SBS를
읽어드립니다

SBS의 세습 경영

김   구조가 결국 시스템을 만들고, 시스템이 결국 방송의 공정성 여부를 좌우한다고 봐야겠죠. 다음은 SBS 이야기를 해보도록 하겠습니다. SBS는 서울 지역 민영방송으로 생긴 방송사입니다. 1991년 3월 라디오가, 11월에 TV가 개국했습니다. TBC 이후 십수 년 만에 재출현한 민방인데, 민방을 허락한 주체는 노태우 정부 공보처이고 당시 공보처 장관은 최병렬 씨였지요. 최병렬 씨 아들이……

민   지금 TV조선에서 앵커 하고 있는 최희준 씨죠.

김   당시 SBS 신입사원으로 들어갔었죠. 뭔가 명쾌하지 않아요. 1992년 SBS에 앵커로 입사를 했네요. 〈조선일보〉가 TV조선의 대주주 아닙니까. 최병렬 전 장관은 〈조선일보〉에 몸담으며 편집국장까지 지낸 이력이 있고요.

민   사실 최희준 씨가 SBS에 입사할 때 이런저런 말들이 있었죠. TV조선으로 갈 때도 물론 본인 의사였고, 그때만 하더라도 최희준 기자가 TV조선으로 가겠다고 하면 사실 TV조선 입장에서는 충분히 환영했을 겁니다. 그럼에도 불구하고 최병렬 전 장관 및 전 의원이 〈조선일보〉 출신이기 때문에 그런 것도 전혀 고려가 안됐다고 볼 수 없을 겁니다.

김   TV조선 최희준 씨가 방송 끝날 때 거수경례로 인사했잖아요? 경례는 서서 하는 거 아닌가요? 비만 때문에 군대 못 간 대주주 방상훈 〈조선일보〉 사장은 몰라서 제지 못하나 모르겠어요. 참, 이 장은 SBS를 이야기하는 장이죠? SBS 대주주가……

민　SBS 미디어홀딩스예요.

김　대주주가 태영건설이었다가 SBS 미디어홀딩스로 바뀌었는데, 그렇다 하더라도 부자인 태영그룹 윤세영 회장, 윤석민 부회장의 지배력은 달라지지 않죠.

민　'윤세영·윤석민 체제'는 거의 그대로라고 봐야죠.

김　윤석민 회장으로 넘어가는 모양새죠?

민　그렇습니다. 세습이라고 해도 SBS 쪽에서는 할 말이 없어요. 만약 윤세영 회장에서 아들인 윤석민으로 대주주가 넘어간다면 사주가 2세로 바뀌는 건데 그때부턴 '2세 경영'으로 가는 거죠.

김　방송사가 그렇게 세습해도 됩니까?

민　안 됩니다. 왜냐? 방송은 신문사와는 다릅니다. 저는 그렇게 봅니다. 신문사는 어쨌든 사기업입니다. 그런데 방송사는 전파라는 공공재를 사용합니다.

김　공공의 전파는 위임받는 거죠. 사유물이 될 수 없어요.

민　제가 봤을 때 세습 경영은 문제가 많습니다. SBS의 핸디캡일 수도 있고 아킬레스건일 수도 있습니다만, 세습 경영 문제에 대해서 SBS 노조나 구성원들이 강하게 문제 제기를 하지 않고 두루뭉술하게 넘어간다면 저는 진정성 측면에서 문제가 될 거라고 봅니다.

김　극동방송이라는 보수 개신교 성향의 지상파 방송사도 부자간 상속이 될 공산이 커요. 아버지인 김장환 목사는 회장, 큰아들 김요셉 목사는 극동방송 재단이사, 둘째아들 김요한 목사는 극동방송 대전지사장, 막내딸은 미주지사장입니다. 아울러 김 목사가 목회했던 교회 부목사가 극동방송 요직에 앉아 있어요. 방송 경력이 일천한데도요. 사후에도 김 회장 일가의 극동방송 내 지배력은 유지될 것 같아요. 극동방송뿐인가요. 조중동매 등 족벌 언론이 종편을 소유하고 있고, 또 대를 이을 움직임이 명징하잖아요. SBS가 외롭지 않게 됐어요. 전파 임대를 3년마다 재허가하는 방송통신위원회는 세습 발표가 나야 움직이려나요. 다시 SBS 이야기로 돌아와보죠. 태영건설로 일가를 이룬 윤세영 회장의 소유물이다 보니 SBS가 태영의 이익을 대변하는 듯한 기획과 기사를 적잖게 쏟아냈어요.

민 초창기에 그것 때문에 시민사회로부터 비판을 많이 받았고요. SBS 입장에서는 태영이 90년대부터 2000년대 초반까지 항상 아킬레스건이었습니다. 이런 이야기도 있었거든요. 태영의 사장, 회장 입장에서 공무원들을 상대하는 것과 SBS 사장, 회장 입장에서 공무원들을 상대하는 것은 엄청난 차이가 있다고. 태영 회장, 사장 입장에서 건설교통부 과장이나 간부들을 만나려면 굉장히 어렵습니다. 아무리 건설회사의 사장, 회장이라고 하더라도요. 그런데 SBS라는 방송사의 대주주 자격으로 간다면 완전히 달라지죠.

김 그 정도라면 간부가 아니라 장관을 상대해야죠.

민 그렇죠. 최소 장관 상대거든요. 이렇게 되니까 아무래도 태영이 SBS 초창기에는 항상 문제가 될 수밖에 없었어요. 실제로 논란이 된 사례가 여러 번 있었고요. 〈미디어오늘〉 등을 통해 보도가 많이 됐죠.

김 '물은 생명이다' 이 기획도······

민 그것도 논란이 많았죠.

김 2004년 10월 MBC 〈신강균의 사실은〉이 SBS '물은 생명이다' 캠페인의 이면을 짚었어요. 한 줄로 요약하자면, 하수처리상 건설 사업에 참여하는 태영이 SBS를 통해 발판 삼았다는 것입니다. 예를 들자면 SBS가 '물은 생명이다' 캠페인을 벌이면서 경기도 남양주의 왕숙천을 여러 번에 걸쳐 집중적으로 보도합니다. 이 개울은 광릉에서 흐르기 시작해 남양주를 가로질러서 한강으로 들어가지요. 지금은 시멘트 직강화로 심하게 망가졌지만 예전에는 천렵川獵을 할 정도였다고 해요. SBS는 왕숙천이 오염됐으니 하수처리장 공사가 시급하다는 내용으로 방송을 합니다. 남양주시는 곧 공사를 서둘렀고 8만 톤 규모의 530억 원짜리 하수처리장 사업의 건설을 태영이 맡게 된 거예요. 요컨대 태영이 대주주인 SBS가 특정 지역의 하수 관리를 문제 삼으면, 관官은 하수처리장을 세우고 SBS의 모체인 태영을 사업자로 선정한다는 겁니다.

민 충분히 의혹 제기가 가능한 대목이에요. SBS 보도 자체에 문제가 있었다는 게 아니라, '물은 생명이다'라는 사업 이면에 그런 게 있었다고 의혹 제기를 할 만했죠.

김 '물은 생명이다'를 시작하고 나서 태영은 하수 관련 계열사를 11개 만들었다고 합니다. 그리고 수백억 원대에 이르는 공사들을 맡게 됐다고 하죠. 한편 이런

MBC 보도에 대해 김동민 옛 한일장신대 신방과 교수가 문제 삼았어요. 그런데 그분은 SBS 사외이사예요.

민　그래서 김동민 교수의 문제 제기를 두고 논란이 일었죠.

김　양문석 당시 언론노조 정책위원이 "당신이 틀렸다"고 지적하며 김 교수와 온라인 공간에서 설전이 벌어졌지요.

민　저는 이렇게 봐요. 거기에 엄청난 비리가 있다는 게 아니라, 과연 '물은 생명이다'라는 SBS 캠페인이 진행되는 과정에서 SBS 대주주인 태영이 그런 식으로 사업을 따내는 게 과연 타당한가, 언론으로서 충분히 문제 제기를 할 수 있는 대목이라고 봅니다. 이 이야기를 왜 하느냐면, 이명박 정권 이후에 워낙 KBS와 MBC가 제 역할을 못하고 있다고 비판을 많이 받지 않았습니까? 그러다 보니 JTBC가 들어서기 전까지 SBS가 사실상 방송 개혁의 선두주자로 인식됐습니다. 그런데 사실 SBS의 핸디캡은 정권 비판이 아닙니다. 요즘은 태영도 아니에요. 미디어홀딩스로 바뀌었으니까요. 향후 SBS의 아킬레스건은 윤석민 체제로의 안착 및 전환이 될 가능성이 높습니다. 세습 경영이라는 것 자체를 아마 인정하지 않으려고 하겠지만 분명한 것은 그렇게 될 가능성이 많다는 거죠. 그런데 지금 우리가 상정하고 있는 이런 전제 자체가 잘못된 것일 수도 있습니다. 왜냐? 지금 윤세영 회장과 윤석민 미디어홀딩스 부회장은 공식적인 직제 라인에서 보면 SBS 인사나 조직 개편에 개입할 수가 없습니다. 윤세영 명예회장은 2011년 SBS 회장직과 이사회 의장직에서 물러났어요. 공식적으로 명예회장이라는 타이틀 말고는 아무런 직책이 없습니다. 그리고 윤석민 SBS 미디어홀딩스 부회장 같은 경우에도 SBS 미디어홀딩스를 만들 때 소유와 경영의 분리 원칙을 선언했거든요. SBS 인사 등에 개입할 수 있는 권한이 없는 거죠.

● 2014년 11월 경, 윤세영 SBS 미디어홀딩스 명예회장은 'SBS미디어그룹 회상'으로 자신의 직책에 대한 명칭을 통일했다. 등기임원이 된 것은 아니지만 SBS 안팎에서는 윤세영 명예회장이 다시 SBS로 복귀해 경영을 직접 챙기는 게 아니냐는 해석이 나왔다.

〈미디어오늘〉, 2015년 3월 4일 기사 中

물러난다던 윤세영 SBS 회장 공식 복귀, 경영 직접 챙긴다

'소유와 경영의 분리' 원칙 아래 일선에서 물러났던 윤세영 SBS 명예회장이 'SBS미디어그룹 회장'으로 명칭이 바뀌었다. 공식적인 경영 복귀 선언이라는 의미로 읽혀 미묘한 파장이 일고 있다.

SBS 관계자들의 말을 종합해보면 SBS 미디어홀딩스 명예회장이었던 윤 회장은 지난해 11월 'SBS 미디어그룹 회장'으로 자신의 직책에 대한 명칭을 통일했다. 등기임원이 된 건 아니다. SBS가 지난 3일 낸 보도자료에서도 SBS 문화재단 이사장을 '윤세영 SBS 미디어그룹 회장'이라고 소개했다. SBS 홍보팀 관계자는 "SBS 비서팀으로부터 '명예' 자를 떼라는 연락을 받았다"고 말했다.

윤 회장이 복귀한 시점은 지난해 11월로 SBS 인사가 대폭 물갈이 된 시점과 일치한다. 당시 SBS 내부에서는 윤회장이 윤석민 SBS 미디어홀딩스 부회장이 제대로 된 경영 실적을 내지 못하자 임원급 인사에 직접 관여했다는 해석이 나왔다. (하략)

김　웃기긴 한데 SBS 미디어홀딩스의 대주주가 태영입니다. 그런 태영이 다이렉트로 SBS 대주주 되는 건 보기가 좀 그래서, SBS와 태영그룹 사이에 SBS 미디어홀딩스를 두고 SBS의 대주주가 되게끔 한 거죠.

민　대주주로서의 지위는 갖되 실질적인 경영이나 인사, 운영은 SBS 대표이사가 하는 거죠.

김　그래서 SBS 미디어홀딩스라는 칸막이를 만든 겁니다.

민　그런데 그런 공식적인 직제를 따지고 보면 윤세영, 윤석민과 SBS는 그렇게 큰 상관이 없어야 하는데, 아직도 SBS 구성원들은 물론이고 밖에서 봤을 때 SBS 하면 윤세영, 윤석민의 것이라고 생각하지 않습니까? 이건 어떻게 보면 모순된 거예요. 공식적인 직제 라인을 보면 윤세영 부자가 SBS에 개입할 수 있는 근거가 없어요. 그런데 사람들은 그렇게 생각 안 하고 SBS 구성원들도 그렇게 생각을 안 합니다.

김　SBS 미디어홀딩스 설립 취지에는 태영의 방송 개입을 차단하려는 맥락이 있어요. 하지만 실제 그렇다고 보기 어렵죠. 이야기를 들어보니까 윤세영 회장은 물론 윤석민 부회장조차 만기친람萬機親覽한다는 소문이 많아요.

민　2014년 11월에 SBS가 갑자기 임원급 인사를 단행합니다. 편성본부장, 제작본부장, 드라마본부장, 라디오센터장이 임원급인데 이 인사를 단행한 거죠. 그런데 이 인사를 두고 여러 이야기가 나왔어요. 윤세영 SBS 명예회장이 인사의 주체라는 말이 있습니다. 2011년 윤세영 SBS 명예회장이 SBS 회장과 의장직에서 물러날 때 윤석민 체제로의 전환을 염두에 두면서 물러났거든요. 그런데 그때부터 이 인사를 단행하기 전까지 봤더니 한마디로 실적도 신통치 않고 인사나 개편도 신통치 않았던 거죠. 2014년 SBS의 예상 적자가 200억 원 정도 추산하고 있습니다. 드라마도 별로고 예능도 그렇게 신통치 않았거든요. 그러다 보니 여러 경영 상황에 대한 위기의식이 반영돼서 임원급 인사를 대대적으로 단행했는데, 문제는 인사의 주체가 윤석민 미디어홀딩스 부회장이 아니라 윤세영 회장이라는 거예요. 그 이야기는 몇 년 맡겨났더니 신통치 않다, 이런 판단을 했다는 가능성이 큰 거고요.

김　자기 아들이 신통치 않다?

민　그렇습니다. 그런 이야기가 실제로 나왔어요. 윤세영 회장 작품이라는 말이 있는데, 제가 말씀을 드렸지만 둘 다 원칙적으로 보면 문제가 있죠. 강조하지만 윤세영 회장은 인사에 개입할 수 있는 아무런 근거가 없습니다. 윤석민 미디어홀딩스 부회장도 소유와 경영 분리 원칙에 따르면 인사를 해서는 안 됩니다. 그래서 SBS 쪽 해명은 "이번 인사는 철저하게 사장이 주도해서 이루어진 인사다, 윤세영, 윤석민이 주도했다는 주장은 말도 안 된다"는 겁니다. SBS 구성원들 가운데 그렇게 생각하는 사람이 얼마나 될지는 의문이죠.

김 실제로 2010년 8월 2일에 윤석민 부회장이 SBS 보도국장 등 간부를 불러 미디어홀딩스 계열사 지원 방안에 대해서 논의했다고 해요. 이거야말로 소유와 경영의 분리가 말뿐이라고 볼 수 있는 대목 아닌가요? 왜 본인이 챙깁니까? 알아서 하게끔 만들어야지.

민 당연하죠.

김 SBS 미디어홀딩스의 문지기가 아들이고, 태영은 아버지 것이고…… 문지기가 문 열면 그만 아닌가요?

민 그리고 〈미디어오늘〉이 2014년 10월경에 기사를 하나 냈는데, 이게 SBS의 상황을 상징적으로 보여주고 있습니다. SBS는 간부 후보자 교육을 자체적으로 진행해왔어요. 그런데 2014년에는 SBS 대주주이자 지주회사인 미디어홀딩스가 담당했습니다. SBS가 2013년부터 차장 3년차 이상 직원을 대상으로 리더십 레벨업 과정 교육을 진행해왔는데, 갑자기 2014년에는 SBS 미디어홀딩스가 직접 준비했단 말입니다. 말이 안 되는 거죠. 왜 SBS 대주주가 SBS 간부를 교육한다고 직접 준비를 하는 겁니까? 그러니까 전국언론노조 SBS 본부에서 성명을 내고 중단하라고 요구해서 한번 난리가 났거든요. 이건 문제가 있는 거죠.

김　적자 이야기가 나와서 말인데, 여담 같지만 꼭 짚어봐야겠어요. SBS의 2014년 영업 손실이 129억 원을 넘어섰어요. 브라질월드컵 흥행 부진 등 악재가 있었지만, 근본적인 문제는 따로 있습니다. SBS 콘텐츠 소유권, 누구한테 있는지 아세요? SBS가 아니에요. 홀딩스 계열사인 SBS 콘텐츠허브와 SBS 미디어넷인데, 여기서 SBS의 각종 판권을 다른 케이블 위성 IPTV 방송사에 팝니다. 그렇게 해서 거둔 로열티 수익이 9.6% 늘어났다잖아요. 게다가 SBS는 지주회사 SBS 미디어홀딩스에 25억 1천만 원을 '경영 자문료'로 지급했다고 해요. 그러다 보니 재주는 SBS가 부리고 돈은 홀딩스 종속회사들에게 챙겨주는 꼴이 됐어요. 그러거나 말거나 다 SBS 그룹 안에서 도는 돈 아니냐 할지 모르지만, 아닙니다. 거칠게 예단해볼까요? SBS의 영업 손실이 커지고 적자가 발생해 누적되면 말 안 듣는 저널리스트를 정리할 명분이 축적되는 거예요. 이런 식으로 사주에 의한 언론통제가 가능해지는 거죠.

SBS가 MBC, KBS에 비해 개념 방송?

—

김　미디어홀딩스 설립은 눈속임일 뿐 윤세영 회장 일가의 지배력은 여전히 건재합니다. 윤석민 부회장의 후계 구도는 확정적이고요. 그러면 SBS는 윤씨 가문 소유의 족벌 방송으로 가는 거죠. 이를 공적으로 간섭해 일가一家가 방송사를 지배, 소유하지 못하도록 통제해야 합니다. SBS 지주 구조의 미비점을 손대지 않는

 NEWS

미디어홀딩스 설립은 눈속임일 뿐
윤세영 회장 일가의 지배력은 여전히 건재합니다.
윤석민 부회장의 후계 구도는 확정적이고요.
그러면 SBS는 윤씨 가문 소유의 족벌 방송으로 가는 거죠.
이를 공적으로 간섭해 일가가 방송사를 지배,
소유하지 못하도록 통제해야 합니다.
SBS 지주 구조의 미비점을 손대지 않는 이상,

SBS 뉴스 역시 100% 믿기 어렵다는
세간의 인식을 지울 수 없을 겁니다.

이상, SBS 뉴스 역시 100% 믿기 어렵다는 세간의 인식을 지울 수 없을 겁니다. 근원적으로 건설사가 방송사 지주가 돼서는 안 되는 사례 하나 들어볼까요? 정주영 현대그룹 명예회장이 1992년 정치 참여를 시도하자 뜯어말린 한 사람이 있었습니다. 이명박 씨입니다. 자신의 저서 『신화는 없다』에서 밝힌 것입니다(여담인데, 제목은 '신화는 없다'이지만 그 책은 이명박 신화집입니다. 자화자찬 문학의 정수라 하겠습니다). 이유는 곱씹어볼 만합니다. 현대건설이 해외에 수주를 해야 하는데 정부 도움 없이는 불가능합니다. 건설업을 하려면 정부 덕을 봐야 한다는 거예요. 그런데 만약 정주영이 야당을 한다, 그러면 현대는 야당 기업이 되는 거고 정부는 절대로 현대건설을 밀어주지 않을 것이라는 설명이죠. 그런 건설사의 속성상 윤세영 회장이 실제로 소유하고 있는 태영건설이 SBS를 소유하고 있고 SBS의 편성 보도에 직접적으로 관여할 수 있게 된다? 그러면 정권과 맞서고 대립할 수도 있겠죠. 하지만 끝까지 가지는 않는다, 결국 어느 정도 선에서는 적절하게 타협할 수밖에 없는 구조적 한계를 갖고 있다는 점을 우리는 분명히 인식해야 합니다. KBS, MBC 두 공영방송이 MB 정권에 의해 길들여질 때 상대적으로 SBS는 방치됐지요. 그래서 SBS를 '개념 방송'이라고 평가하는 단견도 있었어요.

민 그건 아니죠.

김 그건 권력이 SBS 통제를 기도하면 어느 때든 큰 공력을 들이지 않아도 가능하고, 보도 파급력이 큰 KBS, MBC 두 방송사 장악에 열을 올려서 그런 것이지요. SBS의 본질적 한계는 뚜렷합니다.

민　어떻게 보면 SBS가 지상파나 방송 파트에서 점하고 있는 포지션이 JTBC 나 〈중앙일보〉와 비슷할 수가 있어요. 이념적으로는 색채가 강하지 않습니다. 기본적으로 상업방송이기 때문에 이념적 스펙트럼은 강하지 않은데, 그 이야기는 한쪽으로 쏠리거나 기울어질 가능성이 상대적으로 KBS나 MBC보다는 적다는 거죠. KBS나 MBC는 이사회 등의 구조상 정권의 영향을 받을 수밖에 없으니까요. 그런 측면에서 SBS는 자유로울 수 있는데, 그 장점이 바로 약점이기도 합니다. JTBC나 〈중앙일보〉의 약점이 뭘까요? 사주나 2세를 건드리면 됩니다. 홍석현 회장이나 홍정도가 아킬레스건입니다.

김　이 지배 구조 메커니즘으로 손석희, 홍정도, 홍석현을 흔들면 JTBC 보도도 별수 없어요.

민　이명박 정권 이후 SBS가 정치 권력에 상대적으로 비판적이었습니다. KBS, MBC에 비해 방송이 주목받은 것은 사실이죠. 하지만 만약 소유와 경영의 아킬레스건, 세습 경영이나 윤세영·윤석민과 관련된 것을 들춘다면 SBS가 지금과 같은 기조를 유지할 수 있을까요? 저는 현저하게 떨어질 가능성이 많다고 봐요.

김　2008년 9월 12일 국회 업무보고 자리에서 "민영이 오히려 정부가 조종하기 더 쉽지 않나요?"라는 한선교 당시 한나라당 의원 질문에 대해 최시중 방송통신위원장은 "어떻게 보면 그런 측면이 있습니다"라고 했어요. 언론노조 SBS 본부는 민영방송 종사자들에 대한 모독이라며 거세게 반발했지요. 발언을 사과하고 퇴진하라, 안 그러면 대가를 톡톡히 치를 것이라고 했고요. 물론 사과와 퇴진은 없었습니다. 하여간 민영방송이 다루기 쉽기 때문에 내버려두는 거지, 진짜 위세가 커져서 첨예한 대립을 한다? 권력은 그 불편함을 감수하지 않을 겁니다.

민　그런 측면에서 봤을 때 정권 입장에서는 SBS가 KBS, MBC보다 상대하기 쉬운 편인지도 모릅니다. 아킬레스건이 확실하기 때문이죠. 그래서 지금 보이고 있는 SBS 뉴스는 정권 입장에서는 놔두고 있는 거라고 봐도 돼요.

김　태영건설이 사업을 못하게 막으면, 혹은 수시로 압수 수색하고 계좌 추적하고 회장 일가의 비위를 저인망식으로 훑어 문제 삼아봐요. 백기를 안 들 수 없어요. 따라서 민영방송이 건강하려면 소유와 경영이 분리돼야 합니다. 그렇게 되면 예를 들어 윤세영 회장의 약점을 잡는다 해도 SBS 보도는 바뀌지 않아요. 왜냐? 윤 회장이 지배하는 게 아니니까. 그러나 실상은 정반대지요. 그게 윤 회장도 좋고, 정권도 좋을 겁니다. SBS 라디오에서 일했던 한 지인의 증언이 있어요. 때는 김영삼 정권 시절, 신한국당이나 한나라당에 대립되는 위치에 있는 야당 인사와의 인터뷰가 나오면 회사 고위층 인사가 내려와 PD한테 큰소리쳤대요. 야당 애들 목소리를 함부로 방송에 나오게 해서 힘을 실어주느냐 이런 뉘앙스였겠지요. 그러다가 참여정부 들어서면서 SBS가 대오각성을 했습니다. 2002년 대선 때 기호 1번 이회창을 노골적으로 밀었잖아요. 그러다가 기호 2번이 당선되니까 노무현 당선자가 당사에서 집으로 가는 전 과정을 생중계하며 표변했어요. 아, 그때 정말 낯 뜨겁더라고요.

민   헬기를 띄웠죠.

김   그리고 얼마 안 지나 SBS는 안티 조선 운동을 벌인 김동민 당시 한일장신대 교수를 사외이사로 끌어들였어요. 그 무렵은 재허가 국면과 맞물렸고, 사업권 회수설이 시장에 돌 때였죠.

민   실제로 굉장히 긴장을 했었어요. 그리고 제가 〈미디어토크〉에서도 살짝 언급을 하긴 했는데, 2002년 이회창과 노무현이 대선에서 경쟁했을 때 SBS가 여론조사를 실시합니다. 그런데 이회창이 계속 앞서다가 노무현으로 뒤집힌 겁니다. 그러자 발표를 못합니다. 방송 안 하고 유보를 시켜요. 그게 저한테 제보가 들어왔습니다. 그래서 취재해서 기사 썼죠. 그때 정말 충격이었거든요. SBS가 당시만 하더라도 그런 배짱이 없었던 거예요. 먼저 보도를 했어야 하는데 노무현 후보가 앞서고 있다는 보도를 먼저 내보내기에는 용기가 부족했던 거죠. 이회창 캠프 쪽 눈치를 봤을 가능성도 충분히 있습니다. 자신들이 여론조사를 해놓고도 신뢰를 못했던 겁니다. 자신도 없었고요. 그랬던 SBS입니다. 저는 지금도 여러 가지 정치적 상황에 따라서 그때 그 시절 SBS로 돌아갈 수도 있다고 봅니다.

실제 몇 가지 우려스러운 징후들이 나타나고 있어요. 이명박 정권 이후 청와대로 간 SBS 출신들이 5명이나 돼요. 물론 SBS 인사들의 청와대행을 과거 회귀로 단정할 수는 없지만 장기적으로 SBS에 부담을 주는 건 분명합니다.

〈미디어오늘〉, 2015년 3월 4일 기사 中

청와대는 왜 SBS에서 사람을 찾나

지난 2008년 이후 SBS 인사들의 청와대행이 이번으로 5번째다. 개인적인 판단이 우선됐겠지만 대주주 입장에서도 나쁘지 않은 선택이라는 해석이 나온다. 하지만 장기적으로 SBS에 부담을 줄 것이란 우려가 있다.

청와대는 지난 23일 발표한 조직개편에서 사회문화특보였던 김성우 전 SBS 기획본부장을 홍보수석으로 임명했다. 이남기 전 SBS 미디어홀딩스 대표이사가 박근혜 정부 초대 홍보수석으로 임명된 이후로 2번째로 청와대의 '입'이 됐다. SBS는 이명박 정부에서도 최금락 당시 SBS 방송지원본부장을 청와대 홍보수석비서관으로 발탁했고, 하금열 전 SBS 사장을 대통령실장으로 데려갔다. 김상협 녹색성장기획관도 SBS 간부 출신이다. (중략)

계속된 청와대행이 대주주 입장에서는 나쁘지 않은 선택이라고 판단했을 거라는 해석도 나온다. 채수현 전국언론노동조합 SBS본부장은 "KBS는 수신료라는 재원이 있고, MBC는 공영방송사라는 지위와 고정 시청자가 있는데 상대적으로 SBS는 민영방송사이기 때문에 사업하는 데 어려움이 있고 재허가 건도 있다"면서 "대주주 입장에서는 정권과 친하게 지내면 아무래도 편할 거라고 생각할 것"이라고 말했다. (하략)

이대로라면 SBS의 미래도 어둡다

___

김　1992년 총선 당시 정주영 씨가 당을 만들지 않습니까? 통일국민당이라고. 통일국민당 국회의원 후보로 정주영 씨는 코미디언 이주일 씨를 영입하려고 했어요. 이주일 씨는 실제 정치 참여를 선언했지요. 그런데 돌연 비행기 타고 출국합니다. 출마 입장을 번복하며 말이에요. 아마 모처로부터 포기 압력을 받은 게 아닌가 추정됐어요. 그런데 정주영 씨가 물밑에서 적극 설득한 모양인지 이주일 씨가 귀국했어요. 그러자 정주영 씨는 코미디언 최병서 씨와 함께 이주일 씨를 픽업하러 공항에 갔어요. 그런데 SBS가 이주일 씨를 먼저 픽업하고 떠났지 뭡니까. 당시 최고의 뉴스 메이커이다 보니 방송사로 모셨던 것이지요. 여의도 사옥으로 부랴부랴 쫓아온 정주영 씨는 닭 쫓던 개 꼴이 됐어요. 이주일 씨가 SBS에 출연하고는 또 사라진 거예요. 결국 정주영 씨는 같은 당 정치인과 함께 SBS 1층을 점거하고는 이주일을 빨리 내놓으라며 1박 2일 동안 연좌농성을 벌입니다. 그때 정주영 씨가 팔자에 없던 투쟁가 제창도 하지 않았을까 추정됩니다. 그 그림이 그려지세요? 이튿날 같은 당 김동길 씨가 정주영 씨에게 다가와서는 "이게 뭡니까? 체통 없이"라고 해요. 이렇게 해서 농성을 풀었답니다.

민　당시 SBS 사옥 1층에서는 농성하기도 쉽지 않았을 텐데.

김　정주영 씨는 SBS가 이주일 씨를 납치했을 거라고 믿었던 거죠.

민　설마 언론사가 납치를 했겠습니까?

김　당시 정주영 씨와 그 당 관계자들은 'SBS=민자당'으로 봤던 거예요.

민   그때는 그럴 만하죠.

김   그도 그럴 것이 SBS 소유주 윤세영 회장은 여당인 민주자유당 재정위원이었어요. 물론 SBS가 새 방송사업자로 선정 받는 과정에서 민자당 재정위원 자리를 내놓았지만요. 하지만 그 이력이 지워집니까? 당시 집권 세력은 윤 회장이 기여도가 있을뿐더러 이 정도의 충성심이라면 방송 채널을 만들어줬을 때 헛소리하지는 않을 것이라고 믿고 허가해준 것은 아닐까요? (당시에 민방 사업자를 신청했던 방송사 중에는 CBS도 있었습니다. 라디오만 하던 CBS는 파란만장한 역사를 걸어왔지요. 전두환 정권이 들어서자마자 보도 및 광고 기능을 박탈당해요. 뉴스를 없앰으로써 대사회적 영향력을, CM을 끊음으로써 경영 기반을 송두리째 없애 사실상 고사시키려는 음모였어요. CBS가 그만큼 싫었던 거지요. 전두환의 친구 노태우 정부 역시 CBS를 멀리했어요. 대신 같은 개신교계지만 보수 성향인 극동방송을 지근거리에 뒀죠. 김장환 회장 증언에 따르면, 노태우의 결정으로 규모나 영향력 면에서 상대를 압도했던 CBS는 도청 소재지인 충북 청주에, 반면 극동방송은 광역시급인 대전직할시에 지역국을 세우게 됐어요.) 물론 SBS 안에도 훌륭한 언론인이 많아요. 하지만 일개 노동자일 뿐이죠. 전체 채널 이미지를 구축하는 과정에서는 주도권이 없어요. 3대 방송 모두 저쪽에서 '권력의 방송으로 만들어야겠다' 한다면 다소간의 저항이 있긴 하겠지만, 종국에는 MBC처럼 찌그러질 수밖에 없는 구조라는 겁니다. 구조의 벽을 뛰어넘지 못하는 공정성 투쟁은 말뿐인 거죠.

민　이런 말씀 드리기는 굉장히 조심스러운데 이명박 정권이 들어선 이후 박근혜 정권으로 이어지는 동안 사실상 집중적인 탄압의 대상이 됐던 건 MBC였습니다. 시사교양국까지 해체하고 MBC 노조를 사실상 무력화시켜놓다시피 했죠. 한국 언론사 노조 가운데 전투력이나 결집력이 강했던 곳이 MBC 노조입니다. 그런데 몇 년 만에 이른바 작살이 난 거 아닙니까? 정권이 MBC를 타깃으로 삼았다는 것은 그만큼 MBC 뉴스나 MBC 시사교양 PD들이 만드는 프로그램이 정권에 위협이 됐다는 겁니다. 그러니까 대놓고 탄압을 했죠. 그런데 역설적으로 SBS가 이명박 정권 들어선 이후에 상대적으로 낮다는 평가를 받았지만, 이명박 정권이나 박근혜 정권이 SBS를 MBC처럼 탄압하지는 않았습니다. 저는 이것이 SBS 뉴스와 시사 프로그램에 대한 정권의 시각과 판단이라고 봅니다. 정권에 위협이 안 되는 거죠. 만약 정말 SBS가 정권 입장에서 위협이 된다면 가만 놔두겠습니까? 그렇지 않습니다. 지금 JTBC가 계속 문제 제기를 하니까 대놓고 얘기는 안 하지만 심의위를 통한 압박이 계속 제기되잖아요? 그런데 만약 계속해서 손석희 체제의 JTBC가 저렇게 간다, 그래서 정말 위협적으로 느껴질 만큼의 수준이 된다면 반드시 MBC처럼 압박을 가할 겁니다.

김　기억하십니까? 2007년 11월 22일 MBC 라디오 〈손석희의 시선집중〉은 BBK 주가 조작 사건의 주범 김경준 씨의 누나를 인터뷰했습니다. 그 이름도 유명한 에리카 김이죠. BBK 문제가 대선이 있던 그 당시 최대 핵심 이슈였고, 김경준 씨는 수감 상태이며, 변호사이기도 한 에리카 김은 김경준의 대리인으로서 인터뷰에로서 전혀 손색이 없었어요. 그런데 당시 한나라당 이명박 후보 측근은 MBC를 좌시하지 않겠다, 집권하면 민영화시키겠다, 이런 발언을 했다는 겁니다. 방송연설 녹화 때 동행한 한 측근이 MBC 간부에게 말한 거라고 하는데, 사실 민영화는 불가능했어요. MBC 지분 30%는 정수장학회, 즉 박근혜 씨 것이었으니까요.

민 그런데 이명박 정권 때는 아니었지만 박근혜 정권으로 넘어오는 단계에서 당시 이진숙 MBC 기획홍보본부장이 정수장학회에 가서 나눈 대화가 〈한겨레〉 최성진 기자 핸드폰에 우연히 녹음이 됐죠. 그때 민영화에 대한 부분도 있었습니다. 제가 봤을 때는 사실상 초기 단계의 민영화 수준을 논의한 거예요.

김 MB와 가까운 김재철을 앞세워서 MBC 내 비판적 언론인들을 화면 밖으로 숙청했던 것 아니겠습니까? 직접적 매각 수순을 밟지는 못했지만 민영화 그 이상의 장악 기도를 했던 것이지요. 공영방송 MBC는 민주 정권 10년을 지나면서 흡족할 만한 수준은 아니지만 공정 방송의 기틀을 마련했다고 평가할 만합니다. 그러나 한나라당 정권이 들어서면서부터 사실상 국영방송 시절로 돌아간 겁니다. 이렇게 MBC와 KBS를 열심히 칼질하다 보니 SBS에 손댈 여력이 없었던 거지요.

민 만약 제대로 했으면 MBC를 압박하면서 동시에 SBS에도 엄청난 압박을 했겠죠.

김 사실 SBS를 상대로도 뚜렷하게 싸울 대상이 없어요. 경영진, 간부진 중 솔직히 새누리당과 척진 사람이 어딨었습니까? 아, 박수택 기자 같은 사람은 그랬었죠. 제가 쓴 〈한겨레〉 '야! 한국사회' 2012년 1월 2일치의 일부입니다.

반엠비가 좌파인가
철학의 부재다 이러니 엠비 지지 여부로 이념을 구분하지 않는가

지하철 출구에서 커피 깡통을 놓고 올라가는 사람이 있었다. 붙잡고 야단 쳤다. 버스 정류장이 무질서로 가득했다. 이를 정리해 목적지별로 줄 서게 했다. 화장실에서 흡연하는 이가 있었다. 카메라를 들고 가 채증했다. 세 사례에 나오는 중·고교 선도부장 같은 원칙주의자는 누구일까. 박수택 SBS 논설위원이다.

박 위원은 정치인이 밥 사는 자리라도 반드시 자기 먹은 몫을 결제해 이 목을 끌었다. 1997년 보건복지부 출입기자단 간사를 맡으면서는 기자 각 자가 돈을 내고 도시락을 주문하는 식의 규범을 세워 청렴의 구조화를 꿈 꾸기도 했다. 훗날 유야무야됐지만. 이와 관련해, 박 위원은 2005년 11월 〈기자협회보〉에 다음의 글을 남겼다. "외부에서 기자는 '빈 배와 마른 입술' 만 가지고 다닌다는 말을 들었다", "접대는 우리 언론인들의 비판 정신의 예봉을 무디게 한다." 원칙주의와 도덕성이 특정 이념의 전유물은 아니나, 보수의 필수 덕목임은 분명하다.

박 위원은 2003년부터 환경전문기자로 일하며 대기업의 환경 쓰레기는 물론 어린이 장난감의 환경호르몬 등을 주제로 한 각종 사회문제들을 제기 했다. 물론 큰 사회적 파장을 낳았다. 그리고 환경언론대상을 받은 기록이 있다. 이러는 본인은 환경오염을 최소화하기 위해 차계부를 갖고 다니며 연비 절감에 앞장선 이력을 남겼다. '천혜의 자연을 수호해야 한다' 이런 지론까지. 그는 명징한 보수다.

하지만 박 위원은 2010년 1월 인사발령 후 취재 현장을 떠나게 됐다. "간부 자리 관심없다. 은퇴할 때까지 현장 기자로 남겠다"던 뜻은 바래졌다. 주변에서는 박 위원이 4대강 사업의 환경 파괴와 예산 낭비, 경제성 과장, 정부의 엉터리 해명을 집중 제기한 것이 화근이었다고 말한다. 이게 끝이 아니었다. 보수 진영에서는 박 위원을 근거도 맥락도 없이 좌파 인사로 분류하기에 이르렀다. 이명박 정책에 반대하면 좌파라는 이야기일까. (하략)

전반적으로 SBS는 스토리텔링이 없는 방송국입니다. 언론사에서 스토리텔링 거리가 뭡니까? 권력의 탄압과 저항에 맞선 역사입니다. SBS 목동사옥 길 건너편의 CBS에는 그런 서사가 있어요.

민　거기는 파업도 오래했고 탄압도 많이 받았죠.

김　앞서도 소개했지요? 3·15 부정선거부터 4·19혁명까지 생중계를 했었고, 또 박정희 정권 때 날선 정권 비판을 했으며, 그러자 이를 견제한 전두환이 대통령 선서문에 튄 침이 마르기도 전에 보도와 광고 기능을 박탈한 것 아닙니까? 종교라는 배경이 없었다면 TBC, DBS처럼 단칼에 목을 날려버렸겠죠. 하지만 CBS는 전두환 정권 시기에 〈월요기획〉이라는 프로그램을 통해 고문, 언론 장악, 민생 파탄을 고발했어요. 그런 CBS 역사에 비하자면 SBS는……

민   SBS가 직접적으로 대놓고 탄압받은 적은 없죠.

김   SBS가 홈페이지에 실은 'SBS 15년사'를 보면 2004년 재허가 파동에 대해 다룬 게 있어요. 그게 유일한 서사라면 서사지요. 그 부분입니다.

한편 2004년 12월 방송위원회의 조건부 방송 재허가 역시 SBS가 더욱 확고한 공익적 가치로 무장하고 국민 곁으로 다가가는 하나의 계기가 되었다. 과거 유례없이 5개월여의 긴 심사 과정과 3차례에 걸친 의견 청위와 결의 유보 등 산고 끝에 결정된 방송위원회의 조건부 재허가 방침은 심사의 공정성과 객관성에 대한 비난을 불러일으키며 각종 언론의 관심을 받았다. 방송위원회의 재허가 합격 점수에서 타 방송사보다 높은 점수를 받고도 방송위원회가 자의적으로 정한 평가 항목에서만 유독 낮은 점수를 받은 것은 무엇보다 공정하고 엄정해야 할 방송 재허가 평가가 방송위원회의 독단적 잣대로 좌지우지되고 있다는 것을 의미했다. 하지만 SBS는 이러한 시련을 하나의 발판으로 삼아 '언론사다운 언론사', 국민과 사회를 가장 앞서 생각하는 '1등 방송'으로 거듭나기 위한 통과의례로 받아들이고, 더욱 성숙한 자세로 방송의 공영성과 방송 민주화를 위한 내부 역량 강화에 힘찬 박차를 가하기 시작했다.

전에도 후에도 SBS가 공정 방송의 일로만 걸었다고 하는데 그건 자기들 이야기지요. 저는 SBS가 2002년 대선 때 한 일을 알고 있습니다. 물론 재허가 주무관청인 방송위원회가 SBS 재허가에 대해 미적댄 것은 SBS의 불공정 보도 때문이 아니에요. 당시인 2004년 10월 언론노조 성명 일부를 보면 그 이유를 알 수 있습니다. "1990년 도급 순위 34위, 연간 순이익 19억 원에 불과한 무명의 건설업체 '태영'은 무수한 경쟁자를 물리치고 서울 지역 민방의 사업자로 선정됐다. ▷모기업이 광고 관련 업종이 아니어서 방송을 사업 확장의 수단으로 악용할 가능성이 적고 ▷ 여의도에 연건평 6천5백 평 규모의 건물을 소유하고 있어 방송사 건물로 활용할 수 있다는 점 등이 선정의 주된 이유였다. 누가 봐도 납득하기 어려운 이유였기에 당연히 특혜 의혹이 뒤따랐다. 시민사회의 거센 특혜 시비에도 불구하고 태영의 윤세영 회장은 민방 설립 주무부처 장관이었던 당시 최병렬 공보처 장관에게 허가의 조건으로 '세전 순이익의 15%를 사회에 환원하겠다'는 약속을 함으로써 최종 사업자로 선정될 수 있었다. 그런데, SBS의 윤세영 회장은 이 같은 최초 허가 시의 약속을 제대로 이행하지 않은 것으로 드러났다. SBS가 연간 매출액 6천억 원, 한 해 순이익만 1천억 원에 이를 정도로 엄청난 규모의 이익을 내고 있음에도 불구하고 이를 사회에 환원하기는커녕 주주들의 몫 등으로 나눠가졌다는 것이다. 더구나 최근에는 이런 사실을 감쪽같이 숨긴 채 이번 재허가 추천 과정에서는 SBS에 대한 비판 여론이 비등하자 '앞으로 당기순이익의 10%를 사회에 환원하겠다'며 또다시 새로운 '약속'을 발표하는 후안무치하고 부도덕한 행위까지 서슴지 않았다." 어때요? 거짓 공약에 따른 책임 추궁을 부당한 언론 탄압으로 오도하고 있으니, SBS의 얄팍한 '뿌리'만 확인할 뿐입니다.

민　　SBS는 대주주와 관련된 부분에 약하고 족벌 체제나 세습 이런 부분에 대해서도 굉장히 약합니다. 본인들이 핸디캡을 가지고 있으니 약할 수밖에 없죠.

김　　그런 점을 분명히 감안하고 봐야 한다, 그렇지 않으면 그들의 먹잇감이 될 수 있다는 점을 분명히 말씀드리겠습니다.

4 장

종편을
읽어드립니다

———

지상파 방송을 장악하는 것이 임무

김   이번은 조중동 종편입니다. 종편이 어떻게 설립됐는지 그 과정을 짚어보
도록 하겠습니다. 이명박 정권은 집권하자마자 종편 설립을 시도했습니다. 법 개
정이 첫 수순이었어요. 그 무렵 방송관계법은 신문이 텔레비전 방송을 소유할 수
없도록 되어 있었어요. 여기서 말하는 텔레비전 방송은 모든 종류의 시사 보도
및 논평을 할 수 있는 방송을 가리킵니다. 종편은 이전만 해도 KBS, MBC, SBS
OBS 및 지역 민방 등 지상파에 국한됐지요. 그런데 MB는 케이블, 위성, IPTV 등
유료 방송에도 종합편성채널을 추진한 거예요. 유료 방송이라 해도 지상파나 진
배없어요. 전체 1,700만 가구 중에 케이블이나 위성, IPTV 등 돈 내고 방송 시청
하는 가구가 1,500만이에요. 지상파 시청 가구의 90%가 유료 방송을 본다는 말
인 거죠. 유료 방송이 생기기 전, 즉 지상파 방송만 있을 당시, 각 가정은 안테나
를 세워놓고 봤잖아요. 안테나가 잘 안 잡히면 애먹기도 했고요. 그럴 때는 유선
방송, 즉 유료 방송에 가입해서 봤는데, 그 유선 방송이 진화해서 오늘의 케이블,
위성, IPTV가 된 거 아닙니까. 무료 방송과 유료 방송은 근본적 차이가 있기는 하
지만, 무료 방송인 지상파 같은 경우 해당 권역에서 무차별적으로 방송이 송
출되기 때문에, 즉 TV 수신기만 있으면 누구에게나 도달되기 때문에 규제
와 심의가 매우 엄격합니다. 간접 광고도 철저히 규제하지요. 옷에 박힌 상
표에 다 모자이크 처리하잖아요. 케이블, 위성, IPTV는 그보다는 상대적으
로 정도가 약해요. 돈 내고 보는 방송이니까. 그래서 MB가 종합편성채널을 공

모합니다. 조중동, 〈매일경제〉, 〈한국경제〉가 사업자 신청을 합니다. "신문 시장은 추가적 성장 동력은 고사하고 비탈길에 준하는 사양길에 접어든 터라, 방송 진출을 탈출구로 삼아야 한다"는 생존에 관한 고민 때문입니다. 이런 와중에 자기들에게 우호적인 MB 정권이 들어섰으니 물 들어왔을 때 노 저으려고 한 거죠. MB 또한 종편 신설을 정치적 탈출구로 삼으려 했어요. 공영방송을 장악했지만 정권에 따라 얼마든지 표변할 수 있다고 봤던지, 종편 등 원조 우군을 방송 시장에 심어놓음으로써 '퇴임 후 안전'을 도모하려 한 거지요. 정말 꼼꼼한 그분입니다. 야당에 의해 '미디어 악법'으로 규정됐지만 파행 끝에 통과됐고, 그렇게 해서 2011년 12월 종합편성채널 시대가 개막됩니다. 제가 인식하는 종편 출범 배경은 이러한데 민동기 기자는 어떻게 판단합니까?

민   종편을 만들려고 했던 가장 큰 이유 중 하나는 국민의 정부와 참여정부를 지나오면서 구 한나라당 입장의 방송에 대한 피해의식이 매우 컸다는 점이죠. 지상파 방송을 장악하지 않고서는 절대 대선에서 승리할 수 없다는 걸 뼈저리게 느꼈던 겁니다. 한 가지 전제되어야 할 것은 그럼 국민의 정부와 참여정부 시절, 지상파 방송사들이 집권여당에 우호적인 보도를 내보냈느냐? 전혀 아니라고 할 수는 없지만 그 이전에 비해서 제작 자율성을 상당 부분 보장했어요. 이명박·박근혜 정부와 비교해서는 말할 것도 없고요. 어찌 됐든 2번의 대선을 통해 한나라당은 나름 교훈을 얻고 지상파를 장악할 수 있는 방법과 영향력을 약화시킬 준비를 하기 시작한 것 같아요. 조중동 보수 신문의 이해와 보수 정권의 이해가 딱 맞아

NEWS

종편을 만들려고 했던
가장 큰 **이유** 중 하나는

국민의 정부와 참여정부를 지나오면서 구 한나라당 입장의

방송에 대한 피해의식이 매우 컸다는 점이죠.

지상파 방송을 장악하지 않고서는

절대 대선에서 승리할 수 없다는 걸 뼈저리게 느꼈던 겁니다.

한 가지 전제되어야 할 것은 그럼 국민의 정부와 참여정부 시절,

지상파 방송사들이 집권여당에 우호적인 보도를 내보냈느냐?

전혀 아니라고 할 수는 없지만 그 이전에 비해서

제작 자율성을 상당 부분 보장했어요.

이명박·박근혜 정부와 비교해서는 말할 것도 없고요.

어찌 됐든 2번의 대선을 통해 한나라당은

나름 교훈을 얻고 지상파를 장악할 수 있는 방법과

영향력을 약화시킬 준비를 하기 시작한 것 같아요.

떨어지는 거죠. 보수 신문 입장에서는 신문 산업이 사양 산업으로 들어가고 있기 때문에 신문만으로는 살아남을 수가 없으니 방송으로 진출해야 했습니다. 그러기 위해서는 신문사의 방송 진출에 적극적인 입장을 가진 쪽을 지지해야겠죠. 당시 한나라당의 입장이 그러했습니다. 민주당 등에서는 신문·방송 겸영兼營을 철저하게 반대하고 있었거든요. 그런데 한나라당은 사실상 그걸 허용해야 된다고 주장하고 있었으니, 그런 측면에서 조중동은 아주 노골적으로 대선 때 이명박 대통령과 박근혜 대통령을 지지했던 거죠. 당시 이명박 대통령은 물론이고 한나라당 입장에서도 KBS, MBC로 대표되는 공영방송 체제를 두고서는 불안했던 겁니다. 언제든지 정권이 바뀔 수가 있기 때문에.

김　　방송국 구성원 상당수가 공정방송의 맛을 봤기 때문이죠.

민　　그때만 하더라도 지상파 방송 중심 체제였어요. 공영방송 중심 체제를 근본부터 뒤흔들지 않으면 앞으로 자기들이 정권을 못 잡는 상황이 다시 올 수 있다고 판단했던 것 같아요. 그러면 어떻게 해야 하느냐? 자신들에게 우호적인 방송을 많이 만들 필요성이 있는 거죠. 그러려면 보수 신문 쪽이 주축이 되는 방송 체제를 정부 차원에서 허용하는 것이 나을 겁니다. 정치적으로 이득이 될 수밖에 없으니까요. 그런데 여기서도 보수 정권이긴 합니다만, 내부에서도 우려했던 것 중 하나가 이게 시장 논리에 맞지 않는 겁니다. 방송광고 시장은 한정되어 있는데 종편을 1~2개만 허용하는 것은 괜찮지만 4개까지 허용하는 것은 무리였죠. 그런데 그럴 수밖에 없는 게 〈조선일보〉도 하나 줘야 하고, 〈중앙일보〉도 하나 줘야 하고,

〈동아일보〉도 하나 줘야 하지 않습니까. 여기에 〈매경〉까지 뛰어들었어요. 그 외에 엄청나게 많은 언론사들이 뛰어들었죠. 대부분 탈락했지만요. 그런데 4개를 허용해놓으니 시장 논리상 문제가 되는 거예요. 처음 허가했을 때는 다 죽는다고 이야기했었거든요? 그런데 죽지 않습니다. 왜냐? 정권이 특혜를 주니까요. 반드시 특혜를 줍니다.

김 이 이야기에 들어가기 전에 신문·방송 겸영을 재허용한 맥락과 애초에 금지한 배경 역시 짚어볼 필요가 있어요. 매우 유의미합니다. 전두환이 1980년에 11월 30일자로 언론 통폐합을 단행합니다. 그러면서 신문·방송 겸영을 금했어요. 당시에는 〈중앙일보〉와 TBC, 〈동아일보〉와 DBS, 〈경향신문〉과 MBC가 한 몸이었거든요. 그런데 이걸 왜 다 떼어놓았느냐? 붙여놓으면 메가미디어가 된다는 거죠. 그렇게 되면 통제가 쉽지 않을 수 있다는 판단이선 겁니다. 요컨대 언론 장악을 위해서였어요. 그런데 2009년 MB는 신문·방송을 겸영할 수 있도록 합니다. 이것 역시 언론 장악이 주목적이에요. 거대한 부를 축적한, 기득권 세력의 영구 집권이 공동의 목표가 돼버린 언론사들을 집중 육성해 언제 표변할지 모를 공영방송과 맞서게 할 필요가 있었던 거죠. 그렇게 해서 조중동매의 방송 시장 진입을 허용한 겁니다.

민 약간 어려운 말로 하면 '1공영 다민영' 체제로 밀어붙이는 계획이었어요. 어차피 KBS는 사장 선임과 관련해 정권의 영향을 직접 받을 수밖에 없죠. 정권을 잡으면 KBS에 대한 영향력은 자연스레 생깁니다. 문제는 MBC였습니다. 당시 한나라당이 신문·방송 겸영이나 종편을 구상하면서 세웠던 골격 가운데 핵심이 MBC 영향력 약화라고 생각해요. KBS는 어차피 정권이 바뀌면 잡을 수 있잖아요. 그런데 MBC는 공영방송 중심 체제를 유지한 상태에서는 영향력 약화가 쉽지 않았습니다. 지상파를 약화시키려면 민영방송 여러 개를 만들어야 했어요. 정권은 채널 선택권이 다양하게 확보된다며 언론을 통해 홍보했지만, 사실상 공영방송 체제를 약화시키려는 게 핵심이었습니다. 그 방편 중 하나가 종편이었던 거고요. 그래서 언론계와 시민사회단체들의 격렬한 반발에도 불구하고 종편을 밀어붙였던 겁니다. 정권 입장에서는 일석이조였던 셈이죠. 조중동의 이해도 대변하고 눈엣가시였던 MBC의 영향력도 약화시켜 버릴 수 있으니까. 이 모든 것을 가능하게 하려면 반드시 방송법을 바꿔야 했습니다. 그것이 바로 신문·방송 겸영의 허용이었습니다.

김　미디어 악법이지요. 그 악법은 날치기로 통과됐어요. KBS 기자 출신의 이윤성 국회부의장이 사회를 본 회의에서.

민　그렇게 날치기 통과해놓고 현재 MBN 뉴스 앵커를 하기도 했죠.

김　그렇게 해서 만들어진 종편이 MBN인데 MBN 앵커를 한단 말이지요. 한마디로 얘기해서 노후 대비용 악법 처리였던 거예요. 그게 박근혜 씨가 열불 내며 적폐로 규정한 전관예우 아닌가요? 저같이 국회 문턱도 못 넘어간 공직선거 출마자조차 언론 무대에 다시 서는 것에 상당한 송구함을 갖고 있는데, 자기가 만든 종편의 뉴스 앵커를 한다는 게 말이 됩니까? 그리고 MB하고 2014년 송년회 할 때 옆자리에 있었더구먼요. 친이명박 인사 겸 전 새누리당 의원인 MBN 앵커, 이게 가능합니까? 저는 솔직히 얘기해서 모 당의 공직선거 후보이긴 했지만 지금은 탈당했고요. 그때나 지금이나 아무개 정치인의 사람이 아니었고 아닙니다. 제가 문재인, 박원순, 안철수의 이익을 위해 일하는 사람입니까? 아니거든요.

민　2009년 1월 2일 방상훈 〈조선일보〉 사장이 신년사에서 이런 얘기를 합니다. "방송 사업과 관련해서 이제 실험을 끝내고 실행에 옮겨야 할 때다." 홍석현 〈중앙일보〉 사장도 당시 신년사에서 "올해가 새로운 종류의 미디어에 진출하기 위한 기회이자 위기"라고 이야기했죠. 이 말이 뜻하는 게 뭐겠습니까? 2009년 신년사를 하면서 방송 진출 의지를 양 사주가 확실하게 다졌다는 겁니다. 이건 결국……

김　각하가 굽히지 않고 밀어붙인 거다?

민　왜 신년사로 공개적으로 밝혔겠습니까?

종편의 사기 행각

김　MB가 논리적 빈틈이 많고 도덕성 또한 개판인데, 그럼에도 불구하고 수구 기득권 세력으로부터 콘크리트 지지를 받는 건 기득권의 지키기 욕망만큼은 확고하게 지켜줬기 때문이라고 봅니다. 부동산 가격을 거품이나마 유지시켜준 것, 그게 주효해서 경기 인천권에서 박근혜가 문재인을 이긴 것 아닙니까? 지금 재산의 전부가 집인 분들이 적잖습니다. 야권이 이 현실을 간과한 면이 있어요. 그러나 말

그대로 거품인 거죠. 언제 빠질지 몰라요. 박근혜가 거품을 지탱해줄 거라고 믿고 있는 모양인데, 글쎄요, 통치권자의 의지만으로 감내할 수 있는 크기의 거품인지는 의문입니다. 이 얘기를 하려던 게 아닙니다. 우리 시장에 종합편성채널이 무려 4개 생긴 거 아닙니까? 방송광고 시장의 상황을 간과한 무리한 결정입니다. 종편들, 시청률이 얄팍하게 올랐다지만 그게 생존을 담보할 수준은 아니에요. 종편 무더기 허가의 핵심 명분은 일자리 창출이었습니다. 하지만 4대강 사업 일자리만큼 허망한 거짓말이었습니다. 그 창출한다는 일자리, 우리의 기대치는 무엇이었습니까? 질 좋은 정규직 아니었나요? 기대치를 줄이더라도, 그 자리가 비정규직이라 할지라도, 상근하면서 지속 가능한 업무를 담당하는 것 아닌가요? 그런데 하루 가서 몇 시간 하고 마는 그런 일자리도 n분의 1로 친 게 4대강 사업이었습니다. 종편 보도 채널 허가로 21,400명의 일자리가 창출될 거라고 했어요. 그런데 출범 1년이 지난 2012년 말까지 종편 종사자 수는 1,319명이었습니다. 저는 여기서 더 늘었을 거라고 보지 않습니다. 게다가 MBN 같은 경우 보도 채널 하다가 종편이 된 경우잖아요. MBN의 기존 종사자들이 있습니다. 388명. 이 사람들 빼면 순증가 일자리는 931명뿐이라는 거죠. 다른 방송들은 제로베이스에서 만들어졌으니까요. 이렇게 따지고 보면 종편 보도 채널 신설에 따른 일자리 창출 명분은 대국민 사기극에 불과합니다. 실제 종편 때문에 일자리가 창출돼 미디어를 선망한 젊은이의 취업 수요를 종편이 감당했다, 그런 얘기 하는 사람은 아무도 없어요. 천 명 안 되는 931명 중에 청년층이 얼마나 되는지, 그러니까 신입사원 수는 어떠한지 따져봐야 해요. 다른 방송에서 옮겨온 경우라면 여기서도 빼야 하는 겁니다.

민　종편이 출범 초기 약속했던 게 있습니다. 글로벌 미디어 기업, 콘텐츠 투자, 다양성 확보, 공적 책무와 공정성 확보거든요. 공적 책무와 공정성 확보, 이건 말 다 한 것 아닙니까? 방송통신심의위원회에 가장 많이 심의건수가 올라오는 게 종편입니다. 다양성? 종편 4사에 무슨 다양성이 있습니까? 보수 일색이죠. 콘텐츠 투자는 또 어떻습니까? JTBC를 빼고는 예능, 드라마도 별로 하지 않습니다. 콘텐츠 투자 없어요. 그냥 보수적인 평론가 데려다놓고 자기네들 이야기하고 있는 거죠. 글로벌 미디어 기업, 종편사 중에 글로벌 미디어 기업이라고 할 만한 데가 있습니까? 없습니다. 그런데도 4개 채널 모두 재승인 통과했습니다. 무슨 다양한 장르? 무슨 실험 정신? 공정성 확보? 다양성 확보? 말도 안 되는 얘기입니다.

김　종편은 결국 정권의 이익을 위해 탄생한 것입니다. 그런데 예기치 못한 돌발 변수가 발생합니다. 손석희의 JTBC 이적입니다. MBC 아나운서 출신의 손석희 성신여대 교수가 2013년 5월 9일 JTBC 보도 부문 사장직으로 자리를 옮기죠. 사실 2011년 12월 1일에 종편이 단체로 개국하고 나서 1년하고도 반이 지날 때까지 JTBC는 TV조선, 채널A와 다르지 않은 방송을 하고 있었어요. 손석희의 결행으로 JTBC는 조중동 종편 구도에서 차별화된 노선을 걷기 시작하죠. 시청률이 의미 있는 증가세를 보인 것은 아니지만, JTBC 보도 영향력, 매체의 신뢰도는 급격하게 신장됐습니다. 마치 참여정부 당시 MBC만큼은 아니라도 말입니다. 여기서 궁금한 거 하나 짚어보죠. 신뢰도 높은 뉴스임에도 JTBC 시청률의 의미 있는 상승세는 왜 없을까요?

민 시청률의 산정 방식에 근본적인 한계가 있기 때문이죠.

김 세대별 수신 행태를 반영하지 못한 시청률인 거지요.

민 제가 누차 얘기하지만 젊은 세대는 본방사수 안 합니다. 그런데 지금 발표되는 시청률 산정 방식은 브라운관 앞에서 기기를 가지고 하는 것이거든요. 모바일이나 PC, 심지어 뉴스를 유튜브로 보는 사람도 있어요. 이런 건 집계가 안 된단 말이죠. 그 집계를 하면 많이 달라질 거라고 봐요.

김 앞서도 한 이야기인데요, 부탁 안 했음에도 TV 수상기 앞에 앉아서 본방사수 하는 노년층이 많으니 TV조선, 채널A 시청률이 JTBC에 비해 돋보입니다. 종편 얘기가 나온 김에 이 질문도 던져봅니다. 그 '으르신'들, 뭐가 좋아서 종편에 '채널 고정' 할까요? 신뢰감이 있어서? 그건 아닐 테고. 혹시 늘 자녀 세대에게 무시당했던 자기주장을 종편에서 논리적으로 정당화해주니까 거기에 혹해서 그런 건 아닐까요?

민 제가 종편을 보는 이유를 물어봤어요. 물론 이게 보편적인 의견이지는 않겠지만, 재미있답니다. TV 출연자들이 이야기를 할 때, 우리가 통상 〈100분 토론〉이나 〈심야토론〉 같은 토론 프로그램을 보면 몇 년 전까지만 하더라도 교수나 평론가가 나와서 어려운 말도 많이 하며 약간 격조 있게 토론하지 않습니까? 나름의

격을 갖춰서요. 그런데 종편은 그게 아니라는 거지요. 흔히 말해서 술 마실 때, 밥 먹을 때, 시간 날 때, 명절 때 정치 얘기 하지 않습니까? 그 정도 수준의 이야기를 TV에서 평론가라는 사람이 나와서 하더랍니다. 그게 그렇게 재미있다는 거예요. 어떻게 보면 정치 평론의 하향평준화를 종편이 구현해낸 거죠.

김　'재미'에 급이나 질을 따질 필요는 없어요. 욕 들어가고 음담패설 섞여도 설득력만 있다면 보편적으로 용인됩니다. 그러나 종편의 재미는 농담도 아니고 사실(풍자)도 아니에요. 모략과 음해입니다. 그런 것들이 재미있다? 저는 이것을 사회 병리현상으로 봅니다. 사실 민동기 기자가 저보다 1년 '형님'입니다만, 저희 세대 구성원 다수는 대학에 진학했어요. 그 이후 세대로 갈수록 입학률은 상승해갔고요. 그런데 1983년대만 하더라도 대학 진학률이 33%였단 말이죠. 자녀 셋 중 하나만 대학 갔다는 말인데, 그 이전, 우리 아버지, 어머니, 삼촌, 이모 세대에는 더 낮았겠죠. 시대를 잘못 만나 등골 빠지게 희생만 한 분들이에요. 그렇게 해서 자식 대학에 보내 공부시켰더니 이 녀석들이 뭘 모른다며 나를 무시한단 말입니다. 그러다 보니 2040세대가 지지하는 정당, 나아가 정치 양태 모두를 싫어하게 되는 거예요. 그러다 가끔씩 싸가지 없는 녀석이 나와 염장을 지를 때는 더 열통이 나는 거고요. 김용민을 포함해서. 그러니까 이념과 사상적으로 아버지 세대와 아들 세대가 완벽한 대척점을 이루게 되는 겁니다. 종편은 이렇게 유혹해요. "아버지, 당신 말이 옳아요! 살면서 적응했던 그 모든 경험칙을 부정하지 마세요!"라고. 기회의 불평등에서 기인된 불의에 대한 수긍, 이것이 독재를 지지하고 기회주의를 용인케 했지요. 이런 아버지 어머니 세대에게 종편은 기생충처럼 파고들어 "그게 뭐가 틀렸습니까?"라며 세대 간 갈등과 이간을 더욱 조장하고, 더 반듯한 나라를 향한 일로에 바리케이드를 치는 겁니다.

민　조중동이 포퓰리즘에 대해 비난을 많이 했잖아요? 그 포퓰리즘을 몸소 체험해서 방송으로 내보내고 있는 데가 바로 TV조선, 채널A예요. 아주 대표적으로. 그렇다고 제가 노인분들이나 일반 대중을 폄하하는 게 아닙니다. 다만 정치나 여러 가지 방송에서 평론, 비평을 할 때는 기본적인 팩트를 바탕 삼아서 술자리나 식사 자리에서 하는 것과는 다르게 해야 하잖아요. 그것보다는 좀 더 의미성을 짚어내고 전망도 객관적으로 해야 하죠. 그런데 그런 것과는 상관없이 배설하듯 하는 평론인들이 많다는 겁니다. 객관성이나 공정성은 현저하게 떨어진 채 말이죠.

김　종편의 세대 간 편가름 문제는 간단치 않아요. 결국 적극적인 대처가 필요합니다. 답은 대화예요. 김두식 경북대 법대 교수는 사실관계가 엉망이며 설득력조차 없이 십수 분 만에 한 번씩 같은 이야기를 반복하는 아버지와 대화하기 꺼려졌답니다. 그런데 어느 날 몸이 안 좋았는지 대화할 힘이 없어서 아버지의 이야기를 끝까지 들었다네요. 그랬더니 아버지가 어느 순간 마음의 문을 열더라는 겁니다. "너도 할 말 있으면 해보라"며 발언권을 주시더라는 거죠. 전에는 발언권 얻기도 전에 치고 들어가 아버지를 논리적으로 포박했는데 말입니다. '싸가지 없는 진보'에 대한 문제 인식, 아주 터무니없지는 않아 보입니다.　대다수 어른 세대, 기회의 균등을 얻지 못했던, 자식을 위해 희생한 이분들이 이제는 무시당하기까지 하니까 화나신 겁니다. 그래서 새누리당에 대한 지지, 이와 상관되는 종편 등에 대한 열광적 의존으로 대립각을 세우는 거지요. 아버지 어머니 세대의 헌신을 토대로 해서 지적 기반, 사회의식을 구축한 후대 세대의 역할이 긴요합니다.

〈한겨레21〉, 2015년 3월 9일 기사 中

패널, 이 종편 저 종편 메뚜기처럼 뛰어다닌다

최근 한 시사평론가는 종합편성채널(종편)에 전문가 패널로 자주 나오는 인사의 출연 횟수를 듣고 놀랐다고 한다. 이 인사가 종편에만 한 달에 150회 이상 출연한 적이 있다고 말해서다. 종편 4개사와 뉴스 전문 채널 2개사의 시사 프로그램과 뉴스에 '마구잡이식 섭외 대상'이 됐다는 이야기다. 종편 내부에서조차 "어떤 패널은 주말도 없이 이 종편, 저 종편에 메뚜기처럼 뛰어다닌다"는 소리가 나오는 것이 괜한 게 아니다. (중략)

문제는 출연 횟수가 많아지는 '양의 증가'가 전문가 평론의 '질적 저하'를 동반한다는 점이다. 종편에서 패널들이 비전문 분야의 주제에까지 평을 늘어놓는 현상도 굳어지고 있다. (중략)

한 종편의 보도국 기자는 "지난해 어떤 패널이 종편에 나와 오전엔 유병언 전 회장 관련 주제, 오후엔 월드컵 주제, 저녁엔 야당의 안철수·김한길 관련 주제에 대해 말하는 걸 보고 '세상만사 모르는 게 없구나'란 생각이 들더라. 이건 저널리즘의 모욕이다"라고 말했다. 종편이 제작비를 아끼려고 주제에 맞는 전문가를 두루 섭외하지 않은 채 패널에게 '1인 다역'을 주문하는 제작 관행과 맞물린 결과란 지적도 많다. (하략)

비용이 적게 드는 방송 비율을 높여라

김　종편의 성장은 '가랑비에 옷 젖는다'는 속담을 일깨웠습니다. 지난 2012년 대선 당시 상당수 언론학자는 "종편이 과연 얼마나 여파를 미치겠는가"라며 평가 절하 했었지요. 때마침 팟캐스트 〈나는 꼼수다〉가 다른 방송을 압도했고요. 그러나 뚜껑을 열어보니 개별 매체의 영향력은 예상대로 미미했으나 열쇠는 '총량'이 었습니다. 뉴스가 가능한 (또 장악당한) 11개 TV 방송이 한 목소리로 같은 뉴스를 내보내니 당해낼 수 없었던 겁니다. 여러 매체가 같은 뉴스를 똑같이 여당에 유리하게, 야당에 불리하게 편집하니 이게 사실이 되고 진실이 되고 또 정의가 되는 겁니다. 그 종편들은 박근혜 취임 이후 채동욱 검찰총장 혼외자식 논란, 통합진보당 종북 시비, 세월호 참사 등 굵직한 국면에서 박근혜 대통령 입장을 대변했습니다. 종편은 사실 종합편성채널 아닙니까. 스포츠, 드라마, 오락, 예능 등 온갖 장르의 프로그램을 균형 있게 제작·송출하겠다고 약속하고 허가받은 거예요. 그런데 지금 종편 방송사들을 보면 보도, 뉴스에 쏠려 있지 않나요? 준뉴스 채널이라는 평가가 가능할 것 같은데.

민   사실상 보도 전문 채널 아니냐고 이야기하시는 분들도 상당히 많습니다. 윤성옥 경기대 언론미디어학부 교수가 2014년 11월 3일부터 11월 16일까지 종편의 편성 시간을 분석해서 토론회 때 발표했는데, 주간 보도 편성 시간이 TV조선이 5,100분, 채널A가 4,440분, MBN이 3,410분이에요. 일주일에 10,080분 정도로 조사됐습니다.

김   10,080분 중 5,100분이라, TV조선은 절반이 보도네요.

민   2014년 11월 3일부터 16일까지 언론정보학회가 조사한 바에 따르면, KBS 1, 2를 포함한 지상파 3사와 종편 4사를 비교해보니 보도 편성 시간이 가장 긴 방송사가 TV조선이에요. 그다음 채널A, 그다음이 MBN입니다. KBS 1TV가 그래도 가장 광고도 없고 교양, 뉴스를 많이 한다고 하는데 2,975분이고요. TV조선의 절반 정도밖에 안 되죠. MBC가 2,320분, SBS가 2,145분입니다. 그러니까 종편에서 보도 편성을 엄청나게 많이 하고 있는 거예요. JTBC는 2,725분으로 거의 KBS 수준이에요. 사실 JTBC에는 예능도 상당히 많이 분포하고 드라마도 제작했거든요. 종합편성채널이라는 이름에 걸맞게 편성을 하고 있는 데는 사실상 JTBC밖에 없다고 봐야 합니다.

김   사실 TV조선과 채널A에서는 할 말이 있을 것 같아요. 우리는 보도로 예능을 하고 보도로 스포츠를 하고 보도로 드라마를 만든다, 이런 거죠.

민　사실 그 말도 맞는 게 뉴스나 시사 프로그램을 보면 뉴스인지 예능인지 구분이 모호할 때가 많아요.

김　보도 편성 비율이 높은 이유로 저비용을 꼽을 수 있죠. 드라마 하나 만드는 데 적게는 수십억에서 많게는 수백억까지 어마어마한 비용이 들어가지 않습니까?

민　초창기 때 TV조선이 황정민, 김정은 주연의 〈한반도〉라는 드라마를 방영했어요. 그걸 왜 기억하느냐 하면, 드라마의 주요 캐릭터 중 하나인 북한군의 극중 이름이 '민동기'였거든요. 어마어마하게 제작비를 투입했다가 한마디로 망해버렸습니다.

김　나름 스케일이 있어 보이네요.

민　창사 특집으로 만든 드라마였기 때문에 상당히 돈을 많이 들였죠. 해외 로케이션도 가고.

김　제작 준비 기간이 총 4년이라고요? 방송은 2012년 5월에 됐잖아요! 그러면 2008년부터 기획했다는 말 아닙니까? 종편 허가 법은 2009년 통과되고, 종편 허가는 2010년에 했는데? '묵혀놓았다가 종편 나오면 틀어야지' 이랬다는 건가요?

민　이건 하나의 시나리오인데 종편에 납품할 생각은 아니었던 거죠.

김　그 드라마 성공했나요? 내 기억에 없는 걸로 봐서는 흥행 실패한 것 같은데요.

민　그 드라마가 망해버렸기 때문에 그 뒤부터 TV조선이 드라마를 제작하는 데 굉장히 신중합니다. 물론 최근에 상대적으로 저렴한 비용이 들어가는 로맨틱

드라마를 하긴 하던데……

김　그것도 십수 억이 듭니다. 그런 고비용 때문에 드라마 제작은 쉽게 선택할 수 없는 카드예요. 그래서 그다음으로 '때깔'이 나오는 장르인 예능을 선택하는 것 아니겠어요? 출연자들 집단으로 모아다 앉혀놓고 토크 방송하는 것 말입니다. 연예인이 나오니 비로소 지상파와 경쟁력이 생기는 거고요. 하지만 임팩트 있는 히트작은 없어요.

민　아마 했는지 안 했는지 모르시는 분들도 많을 겁니다.

김　드라마가 있어야 정녕 종편이라고 말할 수 있는 거 아닙니까? 게다가 종편에서 특정 장르의 비율이 50%를 넘는다면 이건 종편을 반납해야 하는 게 맞습니다.

민　아까 김용민 PD가 얘기했던 보도·시사가 사실상 예능하고 구분이 안 되는 상황이 됐다는 것도 데이터가 있어요. 한국언론정보학회가 집계한 데이터 인데, 2014년 1월부터 9월까지 종편의 보도, 교양 심의 제재 건수를 언론정보학회가 집계했거든요. 징계를 가장 많이 받은 곳이 TV조선으로 66건입니다. 압도적이에요. 채널A가 35건, MBN이 19건이고요.

김　사실 보도, 시사, 교양 프로그램에서 제재를 받는 비율은 보통 낮아요. 저널리즘은 사실은 당연하고 진실에 부합하다는 판단이 들 때까지 부단한 취재와 검증을 전제로 하거든요. 그러니 제재 비율이 낮을 수밖에 없어요.

민　그런데 그 내용을 보니까 문제가 있어요. 보통 방송심의규정 위반 조항은

품위 유지, 공정성, 객관성, 명예훼손, 이런 게 많이 걸리거든요. 그런데 종편의 심의 제재 사례를 보니 이들 4개 조항을 동시 위반한 경우가 많다는 거예요. 한마디로 정리하면 막말이나 인신공격, 사실 확인 없는 추측성 보도 때문에 심의 제재를 많이 받았다는 겁니다. 그중에서 TV조선, 채널A, MBN이 좀 많이 받았고 JTBC가 15건이었습니다. 그런데 JTBC 정도가 지상파 평균 수준입니다. KBS가 13건, SBS가 13건, MBC가 11건, JTBC가 15건, 보통 이러한데 TV조선과 채널A는 압도적인 수위를 차지하고 있는 거죠. 그러니까 그냥 떼로 토크를 많이 하다 보니까, 그리고 제가 봤을 때 검증이 안 된 분들이 나와서 토크를 하는 경우가 많기 때문에 이런 일이 발생하는 것 같습니다.

최근에 TV조선이나 채널A를 보면 탈북 여성들과 관련된 프로그램들이 진짜 많습니다. 왜 이렇게 북한을 좋아하는지 모르겠어요.

김 북 체제를 힐난하면서 섹시 마케팅도 병행하는 일종의 일거양득 효과 아니겠어요? 참, 채널A 홈페이지를 보니까 드라마 파트에 외화도 포함시켰네요. 외화를 드라마의 한 부류로 넣은 거예요.

민 채널A에서 외화도 해요?

김 〈The 빅C〉라는 미국 드라마예요. 이걸 드라마 파트에 엮는 건 일종의 꼼수지. 드라마 제작 비용에 비하면 형편없이 적은 액수인데요. KBS 홈페이지를 가보니 외화는 예능 오락으로 분류돼 있어요. 현재 거액을 들여 자체 또는 외주 제작하는 드라마는 2015년 1월 현재 없는 셈이지요. 이렇게 부실하게 운영될 종편이라면 허가를 하지 않거나 재허가 때 탈락시키는 게 낫지요. 방송 산업 발전을 위해서 말입니다. 시장의 상황으로 보나 제작 역량으로 보나 JTBC 하나 허가하는 것이 가장 적정했던 것 아니겠어요?

콘텐츠 경쟁력은 말뿐인 종편

민　　그렇죠. 제가 봤을 때 한국의 방송 시장을 고려했다면 2개도 많다고 봅니다. 하나 정도 허용하는 게 맞는다고 봤는데, 종편 영향력 얘기하셨잖아요? 사실 어느 누구도 예측을 못했습니다. 이 정도로 영향력이 커질 줄은. 그런데 저는 그게 콘텐츠 경쟁력이 아니라고 봐요. 왜냐하면 종편은 출범할 때부터 MB정부가 엄청난 특혜를 주었거든요. 만약 그 특혜가 없었다면, 하나의 가정이긴 합니다만, 이름 모를 케이블 방송 수준으로 영향력이 유지되지 않았을까 싶어요. 저는 가장 큰 특혜 중의 하나가 의무 전송이었다고 봅니다. 종편을 허가할 당시에 종합 유선 방송 사업자와 위성 방송 사업자가 의무 전송해야 하는 방송은 17개였어요. 그런데 그 17개 중에 지상파도 포함이 안 됩니다. 지상파 중에 포함되는 곳이 KBS 1TV와 EBS이고, KBS 2TV, SBS, MBC는 의무 전송 대상이 아니에요.

김　　KBS 1TV는 의무 전송 이전에 국가 기간방송이며 국가 재난주관방송이기에 모든 가구에 도달하도록 법이 강제하고 있다고 말씀드렸지요. EBS의 경우도 국민의 사교육비를 줄이고 대국민 보편적 교육 서비스를 확대하는 공공적 목적에서라도 의무 전송은 꼭 필요합니다. 하지만 KBS 2TV, MBC, SBS처럼 영리를 추구하는 상업 방송은 그럴 이유가 없어요. 물론 이들 매체에 대해서 지역 케이블 방송은 누가 뭐라 해도 꼭 내보냅니다. 대한민국 간판급 TV 콘텐츠의 산실 아닙니까?

민   일단 경쟁력이 있기 때문이에요. 요즘은 케이블을 통해서 많이 보기 때문에 채널 편성권을 가진 사업자들이 장사가 되고 콘텐츠 경쟁력이 있는 사업자를 의무 전송에 포함시킵니다. KBS 2TV나 MBC, SBS는 사람들이 많이 보고 즐겨 보니까 의무 전송에 포함시킨 건데, 출범도 하지 않은, 그래서 콘텐츠 경쟁력이 있는지 없는지도 모르는 종편 4사를 무조건 의무 전송 채널에 포함시켜버렸어요. 그러니까 시작도 하기 전에 엄청난 특혜를 안고 출범한 거죠. 제가 유선 사업자라면 아직 경쟁력이 검증되지도 않은 채널은 포함시키지 않았을 겁니다. 그러면 종편의 시청률과 영향력 또한 미미했을 가능성이 높죠. 의무 전송과 함께 종편에 대한 또 하나의 특혜는 바로 황금 채널입니다. 이게 결정적이라고 봅니다.

김   황금 채널이라 함은 지상파 채널 번호에서 멀지 않은 거겠지요?

민   지역마다 조금 차이가 있긴 한데 주로 6, 7, 9, 11번이 지상파 방송이죠. 11번은 MBC, 9번은 KBS 1TV, 7은 KBS 2TV, 6은 SBS.

김   서울 지역 지상파 채널 번호가 그렇지요. 케이블 등의 유료 방송은 이를 고

유 번호로 삼고 있고요.

민　그 중간중간 홈쇼핑 채널들이 들어가 있죠. 그때 당시 홈쇼핑 업체가 유선 사업자에 연간 지불하는 송출료가 대략 5천억 원 정도 됐습니다.

김　홈쇼핑 채널은 시청자가 쉽게 접근할 수 있도록 SBS 옆 5번, KBS 1과 2 사이 8번, 그리고 KBS 1과 MBC 사이 10번, 14번, 이렇게 앞뒤로, 또 가운데 넣어 달라고 합니다. 물론 공짜겠습니까? 이렇게 해서 홈쇼핑 회사가 지역 케이블 방송에 쓰는 돈이 연간 약 5천억 원이라는 말이죠.

민　지금도 그와 비슷하겠죠. 그런데 당시 종편사들이 방송통신위원회에 황금 채널 배정을 요구했어요. 최대한 그 라인에 가깝게. 이를테면 6번이 SBS니까 그러면 5번, 즉 홈쇼핑 하나 밀어내고 5번을 달라거나 15, 16, 17, 18 이런 채널 번호를 달라고 한 거죠. 그런데 앞서도 얘기했지만, 콘텐츠 경쟁력이든 채널 경쟁력이든 아무것도 검증된 것이 없는데도 결국 사실상 그들의 요구대로 된 거나 마찬가지 아닙니까? 지역마다 차이가 있지만 15번이 JTBC, 16번이 MBN, 18번이 채널 A, 19번이 TV조선이더라고요. 대부분 20번대 안쪽으로 종편 4사가 다 채널 배정이 됩니다. 이건 엄청난 특혜인 거죠. 그런데 이렇듯 황금 채널과 의무 전송이라는 특혜를 주지 않고 편성권이나 채널 편성권을 유선 방송 사업자가 자율적으로 선택하도록 했다면, 저는 지금의 종편 영향력은 불가능했다고 봅니다. 장담하건대 지금과 같은 영향력 확보는 분명 어려웠을 겁니다.

김　지상파의 드라마 제작비, 구체적으로 살펴볼게요. 〈이투데이〉 2013년 4월

30일 보도 내용이 있는데, 16부작 미니시리즈의 경우 회당 제작비가 약 2억5천만 원으로, 16부작 미니시리즈 한 작품 만드는 데 약 40억이 소요된다고 합니다. KBS 평PD협회가 내놓은 자료에 따르면, 미니시리즈가 있고 주말극이 있고 일일극이 있는데, 주말극 같은 경우 당시 저녁 8시에 방송된 〈최고다 이순신〉이 회당 1억5천만 원, 50부작이면 총 75억 원이 들고, 주말 밤 10시에 하는 드라마는 회당 2억으로 50부작이면 총 100억이 든다고 합니다. 이렇게 되면 연 단위로 제작되는 드라마는 수백억이 들겠죠. 이걸 종편사들이 감당할 수가 없습니다. TV조선 방상훈 사장이 예전에 그런 지침을 내린 바 있어요. "제작비가 하루 1억이 넘지 않도록 하라." 그렇다면 한 해 연 제작비를 얼추 365억 이내에서 끊어야 한다는 것 아니겠어요? 그렇게 본다면 솔직히 얘기해서 주말극 1년 제작비만도 못하거나 그에 준하는 제작비가 TV조선의 1년 제작비라는 얘기예요.

민 사실상 종합편성채널로서의 편성은 안 하고 있다고 봐야죠. JTBC를 빼고는요. 저는 MBN, 채널A, TV조선은 종합편성채널이라고 생각하지 않습니다.

김 이렇게 어마어마한 돈이 들어가니 드라마 제작은 엄두를 못 내는 것이고, 그렇다면 역량 안 되는 회사에다 왜 종편을 하라고 허가합니까? JTBC는 2015년 1월을 기준으로 주중 드라마 하나, 금토 드라마 하나 해서 2편을 제작하고 있네요. 작년 하반기만 해도 3편이었으니 점점 줄어드는 추이고요.

민 왜냐하면 드라마 제작비가 생각보다 정말 많이 듭니다. JTBC의 경우 〈밀회〉 말고도 드라마를 나름 꾸준히 만들어왔지만 평균작이거나 생각보다 시청률이 저조하게 나온 경우가 많았습니다. 드라마 제작에 지속적으로 투자를 하고는 있지만 부담스러운 건 분명한 거죠.

김　그래도 개국 이후 3년 되기까지 26편이 제작 완료됐어요. 기억에 남는 것은 〈인수대비〉와 〈밀회〉 정도예요.

민　〈밀회〉가 상당히 임팩트 있었죠. 그래서 JTBC가 드라마를 하고 있다는 걸 분명하게 각인시킨 계기가 되기는 했는데, 제작비가 너무 막대하게 들어가니 부담스럽기는 하겠죠. 어쨌든 그렇게 제작비가 들어가더라도 드라마는 제작한다는 홍석현 회장의 의지가 많이 반영되는 걸로 알고 있는데, 그래서 JTBC는 꾸준히 할 겁니다. 초창기에 비해 편수가 줄어들지는 모르겠지만 드라마 제작을 계속 이어나갈 것 같아요.

김　제작 편수가 줄고 있다는 것은 JTBC도 현재 '돈 먹는 하마' 같은 드라마에 대해서 버거워하고 있다는 판단 아니겠어요? 조용호 PD의 말이 불현듯 생각납니다. 조용호 PD는 TBC 시절 〈쇼쇼쇼〉를 만들다가 언론 통폐합으로 TBC와 병합되면서 KBS에 건너갔고 지금은 현역에서 물러난 상태인데, 그분이 JTBC 개국 특집 프로그램에 나와서 이렇게 말했어요. "옛 TBC의 영광이 재현되기는 어려울 것이다. 30년 전과 달리 채널이 많아진 방송 환경이 JTBC에 호락호락하지 않다." JTBC는 TBC 때의 매체 파워, 지금의 SBS 영향력을 구가할 수 있을 거라고 판단한 것 같아요. 솔직히 JTBC가 손석희 사장을 영입했지만 이렇다 할 시청률을 나타내는 건 아니잖아요.

민　그렇죠. 현재의 시청률 기준으로 놓고 봤을 때는 여전히 KBS, MBC, SBS에 비해서 훨씬 떨어집니다. 그런데 광고주나 오피니언 리더나 젊은 층들이 뉴스를 소비하는 행태를 종합적으로 봤을 때, 특히 모바일 등을 통해서 뉴스를 많이 소비하잖아요? 그런 층까지 고려했을 때 JTBC 뉴스가 가지는 잠재력과 파괴력, 영향력은 조금 다르게 따져봐야 할 문제라고 봅니다.

프로그램이 방송사보다 우선인 콘텐츠의 시대

김　JTBC 뉴스가 고전적 방식의 시청률 조사에서는 이렇다 할 존재감을 보여주지 못하고 있어요. 하지만 손석희 사장 영입으로 신뢰도가 상승한 것만은 분명해요. 손 사장이 앵커인 〈JTBC 뉴스룸〉의 온라인 시청자 수는 온라인에 국한했을 때 지상파의 최대 20배예요. 2014년 9월 〈JTBC 뉴스룸〉 개편 직후 일주일 동안 〈뉴스룸〉 동영상 조회 수를 분석한 결과 147만 2천여 회를 기록했는데, 〈SBS 8뉴스〉가 40만 2천여 회로 3.5배가량, 〈MBC 뉴스데스크〉가 5만 9천여 회로 무려 20배 이상 따돌린 셈이에요. 게다가 〈JTBC 뉴스룸〉의 전 프로그램이었던 〈JTBC 뉴스9〉은 2014년 8월 〈시사IN〉이 조사한 '가장 신뢰하는 뉴스 프로그램'에서 1위에 오르기도 했어요. 또 손 사장은 부동의 '신뢰하는 언론인 1위'의 지위를 유지하고 있습니다.

민　그런데 사실 그게 훨씬 설득력이 있는 게, 2014년을 놓고 봤을 때 사람들의 뇌리에 가장 임팩트 있게 남은 드라마가 〈미생〉이라고 하잖아요. 그런데 그 〈미생〉도 흔히 말하는 기존 시청률로 놓고 봤을 때는 별로예요.

김　텔레비전 수상기 위에 달려 있는 미터기로 조사했을 때 말이죠.

민　네, 굉장히 미미해요. 한마디로 정말 '미생'이에요. KBS 주말드라마는 시청률이 30~40%에 육박하거든요. 그러니까 그 시청률만 놓고 봤을 때는 사실 〈미생〉은 게임이 안 되는데 가장 뇌리에 남아 있지 않습니까? 그러니까 그건 시청률로 담지 못하는 무언가가 있다는 거죠.

김　그런 것들을 산정할 수 있는 데가 N스크린으로 볼 수 있는 tving과 pooq이 있어요. 스마트폰으로 실시간으로 시청할 수 있는 툴이죠. 그런데 이 업체들은 협조를 안 한다는 거예요. 사실 tving은 CJ 계열이고, pooq은 지상파 3사 계열이니 한마디로 선수입니다. 심판이 될 수 없어요. 여기서 자기들에게 그다지 유리하게 나오지 않을 결과를 오픈할 리는 없잖아요. 온라인 N스크린 상에서의 시청률을 산정하기 위해서는 방식을 새롭게 해야 할 텐데, 데이터를 확보할 방법은 없는 거예요. 만약 공개되면 치명타를 입을 방송사가 있지요. 바로 MBC입니다. 〈무한도전〉 말고는 볼만한 게 아무것도 없으니까요.

민　2015년 이후 관전 포인트 중 하나가 〈무한도전〉의 향배라고 생각합니다. 여담이긴 한데, 작년까지만 하더라도 김태호 PD의 JTBC 이적설이 계속해서 나왔거든요. 사실무근이라고 확인되긴 했지만, 2015년 이후에도 그 기조가 계속 유지될 것인가, 그건 조금 따져봐야 할 문제라고 생각합니다. 만약 MBC가 지금처럼 제작 능력이 있거나 뉴스를 잘 만드는 기자와 PD 들을 이런 식의 억압 체제에 놔둘 경우 김태호 PD도 사람인데 마음이 움직이지 않을까요? 저는 〈무한도전〉과 김태호 PD가 지금처럼 계속 MBC에 잔류할 수 있다는 생각은 안 하거든요. 저는 이게 2015년이나 2016년 MBC를 보는 가장 큰 관전 포인트라고 생각합니다. 만약 김태호 PD가 MBC를 떠난다면 그것은 여러 가지 의미가 있습니다. 유재석 씨가 지금 종편에 출연을 안 하거든요. 이건 가정이지만 김태호 PD가 MBC를 떠난다면 유재석 씨도 종편 쪽으로 나갈 가능성이 크다는 거고, 그렇다면 어디로 가겠습니까? JTBC로 갈 가능성이 굉장히 높습니다. 2014년에 JTBC와 MBC의 관계가 역전됐다고 평가하는 분들이 꽤 있습니다. 영향력이나 공정성을 놓고 봤을 때 그렇게 평가하시는 분들이 많더군요. 저는 MBC에 그나마 지지를 보내던 분들 중에 상당수가 김태호와 〈무한도전〉 때문이었다고 봅니다. 그런데 김태호 PD와 〈무한도전〉이 MBC에 남지 않는다? MBC는 점점 시청자로부터 멀어지는 거죠. 〈무한도전〉에서 '토요일 토요일은 가수다' 편으로 김태호 PD가 역작 기획을 해서 본방 시청률이 20%가 넘지 않았습니까? 시청률뿐만 아니라 90년대 음악에 대한 향수까지 불러 모았죠. 제가 봤을 때 이례적인 기록인데, 그 프로그램 덕분에 MBC가 그나마 영향력을 유지하고 있다고 보거든요. 그런데 그런 김태호 PD와 〈무한도전〉이 만약에 다른 쪽으로 간다, 특히 종편으로 간다? 저는 갈 가능성이 2014년도까지만 해도 많지 않다고 봤는데 2015년 이후로는 잘 모르겠어요. 특히 앞으로 1~2년 MBC에서 어떤 일이 벌어지느냐에 따라 상황이 바뀔 수도 있다고 봐요. 반드시 다른 곳으로 간다는 이야기가 아니라 김태호 PD의

향방이 그만큼 유동적일 수 있다는 말이죠.

김　　얘기가 나와서 말인데, 우리 민족이 노래를 참 좋아합니다. 한물 간 거라도 '기억'과 '스토리텔링'이 반추되면 언제든 다시 상품 가치를 회복하는 게 놀랍습니다. 〈전국노래자랑〉이 롱런하는 이유가 그렇고 〈슈퍼스타 K〉가 오디션 프로그램의 한 획을 그었고(아울러 아류 프로그램이 쏟아졌고), 〈나는 가수다〉가 먹어준 것도 한국만의 특성이 있는 것 같아요. 〈무한도전〉이 시도한 '토토가'도 실은 90년대에 청춘 세대를 보냈던 이들의 향수를 자극한 것 아니겠어요? 양적으로나 재생 수단, 확산 통로가 매우 부족했던 노년 세대에게 음악은 그리 친근하지 않아요. 통기타 세대로 불리는 50세 이하의 세대, 즉 생산계층이며 소비계층인 이들에게 노래는 일상과 연계돼 있어요.

민　　그리고 그들이 사회에서 안정적인 계층으로 되어가고 있죠.

김　　그러니까 노래가 시청률을 견인하는 것이지요. '진화론'의 주인공 찰스 다윈은 이렇게 말했습니다. "인간은 정서적 긴장감을 줄이기 위해 본능적으로 노래와 춤을 즐긴다." 열강의 틈바구니에 있던 이 나라 이 민족에게 가무歌舞는 그런 의미에서 본능적 몸부림일 수 있습니다. 시대적 변곡점마다 민중의 아픔을 달래는 노래, 동학농민운동과 무관치 않은 〈새야 새야 파랑새야〉, 한국 전쟁의 아픔을 담은 〈굳세어라 금순아〉, 호남에 대한 지역적 차별이 응축된 〈목포의 눈물〉, 광주민주화운동의 메타포 〈바위섬〉 같은 노래를 그 예로 들 수 있지요. 노래 교실이 끊임없이 성업하는 이유, 또 PC방은 망해가는데 PC방보다 먼저 생긴 노래방은 여전히 성업하는 이유, 고결한 종교의식에도 노래가 엄존하는 이런 현실, 한국적 특성이라고 봐야 해요.

민 저는 김태호 PD가 예능의 천재라고 생각했던 게, 본 무대에 서기 전에 기라성 같은 가수들에게 오디션을 실시하지 않습니까? 오디션을 본 장소가 노래방이에요. 3040세대들이 가장 많이 갔던 데가 노래방이거든요. 그러니까 굉장히 친숙하게 다가오고 추억이 확실히 되살아나죠. 감성 코드를 정확하게 짚은 겁니다.

김 창의력과 상상력을 발현하기 위해서는 선행될 것이 있어요. 자유로운 제작 환경이에요. MBC의 경우 자유로운 제작 환경은 개뿔이고 사내 게시판에 삐딱한 얘기만 해도 징계 조치가 들어오지요. 방송 현업에서 빼버리고 원거리에 있는 일터로 배치하고…… 이런 곳에서 김태호 PD가 오래 버틸 수 있을지, 아니 버티는 게 타당한지. 이걸 주목해야 합니다. 〈무한도전〉이라는 프로그램은 MBC 조직과 시스템이 만들어낸 것이지만, 〈무한도전〉은 이미 MBC를 뛰어넘어버렸어요. 이게 무엇을 의미하느냐, 1970, 80년대는 물론 90년대 초까지만 해도 방송사가 연예인들에게는 슈퍼갑이었어요. 전속 제도마저 있어서 어디 나갈 수도 없었고요.

민 그 당시엔 PD를 선생님이라고 해야 했대요.

김 십수 년차 지상파 라디오 방송 PD 얘기는 이렇습니다. 입사 직후 한동안 바닥에 발을 댈 수 없었대요. 이게 무슨 얘기냐, 연예인 소속 기획사로부터 로비를 받느라 차에 올라서 그렇다는 겁니다. 오늘 오찬은 A식당으로, 만찬은 B술집으로, 이게 일상이었다고 해요. 그런데 요즘 어디 그렇습니까? 연예인 섭외를 위해서

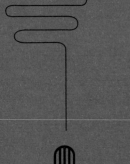

 N E W S

공영방송 중심 구조를 바꾸기 위해,

KBS는 어차피 정권이 바뀌면 장악이 되는 거고

MBC의 영향력을 철저하게 약화시키고 노조를 파괴시키는

전략을 쓰면서 보수 언론이 중심이 된 종편사들을 출범시키는 것,

그런 정치적 목적으로 종편이 태어났고,

그 종편을 출범시키기 위해서 제가 앞서 얘기했던

온갖 특혜를 준 겁니다.

PD가 고개 숙이는 시대인데요.

민   스트레스 엄청 받죠.

김   경쟁 방송에서는 유명인이 나오는데 같은 시간대에 유사한 급의 인사가 나오지 않으면 상당한 압박이 따르는 거죠. 프로그램이 방송사를 추월하는 권위와 무게를 갖는다는 건 결국 이 시대가 플랫폼이 아니라 콘텐츠의 시대라고 봐야 맞지 않겠는가 하는 생각도 들어요. 그런 의미에서 본다면 김태호 PD를 함부로 할 수 없는 MBC의 고민은 상징적인 면이 있다는 판단입니다. (이건 마치 포털 등장 이후 (기사를 생산한) 언론사는 뒷전으로 밀리고, (언론사와 무관하게) 인기를 모으는 기사만 부각하는 뉴스 시장의 변화와도 유사해 보입니다.) 방송 산업 발전을 위해서라면 방송사(종편)가 아니라 콘텐츠를 만들도록 뒷받침하는 게 타당하지 않았을까요? 또 다른 MBC를 만들 게 아니라, 또 다른 〈무한도전〉을 만들 수 있도록 뒷받침했어야 한다는 말입니다. 그런 점에서 참여정부식 접근이 적절해 보여요. 퍼블릭 억세스(public access) 채널을 지상파에 만들려고 했거든요. 그 모델은 지금 빈사 상태의 시민방송(RTV)인데요, "좋은 프로그램 갖고 와라, 사주고 틀어줄게" 이거거든요. 콘텐츠 중심으로 방송 산업을 활성화시킨다는 방향입니다. 보십시오. 방송사만 잔뜩 양산했지만 TV조선, 채널A는 드라마 한 편 제대로 못 만들고 있어요. 그나마 싼값에 만든다는 뉴스 프로그램은 편파 시비나 일으키며 공해公害가 되고 있고요. 그러니까 종편은 방송 산업 발전과는 무관한, 특정 정치 세력의 영구 집권을 위한 정략일 뿐입니다.

민　앞서도 말씀 드렸지만, 한나라당이 연거푸 2번의 대선 패배를 겪으면서 현재 공영방송 중심 구조를 바꾸지 않고서는 정권 재창출은 힘들다는 판단을 많이 했던 것 같습니다. 그래서 이른바 조중동 보수 언론이 중심이 된 종편이라는 괴물을 탄생시키도록 기획을 했고, 결국 출범시켰죠. 그런데 사실 종편사들이 출범 초기에 약속했던 것은 거짓말입니다. 글로벌 미디어 기업, 콘텐츠 투자, 다양성 확보, 공적 책무, 공정성 확보, 이런 걸 슬로건으로 내세웠거든요. 글로벌 미디어 기업? 그런 거 없습니다. 콘텐츠 투자? JTBC 빼놓고는 안 하잖아요. 다양성 확보? 무슨 다양성 확보입니까?

김　편향성 확보지.

민　공적 책무, 이건 더 없고요. 사실 김용민 PD가 얘기한 게 맞아요. 공영방송 중심 구조를 바꾸기 위해, KBS는 어차피 정권이 바뀌면 장악이 되는 거고 MBC의 영향력을 철저하게 약화시키고 노조를 파괴시키는 전략을 쓰면서 보수 언론이 중심이 된 종편사들을 출범시키는 것, 그런 정치적 목적으로 종편이 태어났고, 그 종편을 출범시키기 위해서 제가 앞서 얘기했던 온갖 특혜를 준 겁니다. 그래서 종편이 이렇게 된 거예요.

손석희로 이미지 개선된 JTBC의 한계

김　JTBC 이야기를 해보죠. 중앙미디어그룹 홍석현 회장이 오너 아닙니까?

양대 매체가 바로 JTBC와 〈중앙일보〉인데요, 저는 홍 회장의 뜻에 가장 부합하는 것이 JTBC라고 봅니다. 홍석현 회장은 네이밍이자 프레임인 '조중동'을 싫어해요. 〈조선일보〉, 〈동아일보〉와 〈중앙일보〉가 묶이는 걸 싫어한다는 말입니다. 1등이 아니라서? 그런 것도 있겠지요. 홍 회장의 지론은 구태의연한 수구보수가 '길'일 수 없다는 거예요. 그래서 끊임없이 차별화 노선을 취했지요. 그런 의미에서 종편 시장에서 JTBC가 다른 매체에 비해 독보적 위상을 유지하고 있는 것, 홍 회장 철학에 부합하는 것으로 봐야 합니다.

민　홍석현 중앙일보 회장이 2015년 신년사를 발표했는데 이런 내용입니다. 홍석현 회장은 "이념·인종·종교를 뛰어넘는 문화 개방성이야말로 우리가 찾아야 할 미래이며, 미디어는 그를 위한 소통과 통합을 바라보며 나아가야 한다"고 강조했어요. 그러면서 "보수와 진보를 아우르는 폭 넓은 스펙트럼을 포용하며 그를 위한 양식 있는 시민층 형성에 애써 온 중앙미디어네트워크의 미래를 우리 모두 열어가자"고 말했습니다. 재밌는 건 "정부와 시장이 다가 아닐 때, 공멸을 막기 위한 공존의 해법을 미디어가 찾아야 한다"고 강조했다는 점이죠. 저는 홍 회장의 이런 기조를 감안하면 2015년 JTBC와 〈중앙일보〉, 특히 〈중앙일보〉에 조금 변화를 기대할 수 있을 것 같습니다. 진보와 보수를 모두 포용하는 쪽으로 방향을 잡지 않을까 싶어요.

김　2014년 말에 〈중앙일보〉가 계급으로서의 '시민'을 주목하기 시작했어요. 전통적으로 시민은 기득권 세력의 지배 기반을 공고히 하려는 보수와는 상극이지요. 그런 의미에서 보면 확실히 〈조선〉, 〈동아〉와는 다른 컬러를 취하려는 것 같습니다. 또 때를 같이 해서 홍석현 회장의 아들 홍정도 씨가 〈중앙일보〉 대표이사직을 맡은 것은 〈중앙일보〉의 좌클릭을 도모하기 위함 아닌가 하는 판단도 하게 만듭니다.

민　　〈조선〉, 〈동아〉와는 다른 길을 걸을 가능성이 많다는 거고, 홍 회장의 2015년 신년사 기조를 놓고 봤을 때 JTBC에 손석희 보도 부문 사장의 영향력이 그대로 유지되거나 오히려 더 높아질 가능성이 많다는 거죠.

김　　강고한 보수색의 〈중앙일보〉 계열 JTBC에 손석희 사장이 들어와 홍석현 회장의 지지 아래 외연 확대를 꾀하고 있는 흐름이지요. 말 지어내기 좋아하는 사람들은 언론 지형 변화의 신호탄으로 봐요. 조중동에서 조동으로. 과연 그렇게 될까요? 〈중앙일보〉와 JTBC는 홍 회장의 개인 회사입니다. 손 사장이 이질적인 컬러를 갖고 있음에도 중앙미디어그룹 안에서 터 잡을 수 있었던 것은 홍 회장 1인 지배력의 소산 아닌가요? 따라서 당분간은 손 사장의 지배력이 일정 부분 유지되겠지만, 그러나 홍 회장의 신임이 예전만 못할 경우엔 장담 못하죠.

민　　저도 그 얘기를 김용민 PD와 해보고 싶은데, 우리가 〈미디어토크〉에서 '손석희 사장의 JTBC 내의 생명력은 언제까지 이어질 것인가?' 이걸 두고 참 많은 얘기를 하지 않았습니까? 그런데 저는 요즘 조금 다른 생각이 들더라고요. 홍석현 회장이 손석희 씨를 보도 부문 사장으로 영입했을 때 어떤 의도와 어떤 생각을 가지고 영입했는지는 솔직히 잘 모르겠어요. 그때 지방선거나 이런 걸 겨냥했을 때

선거 결과에 따라서 손 사장의 입지도 영향을 받지 않겠느냐, 통상 이렇게 해석을 했었는데, 저는 조금 다르게 느끼는 게 어쩌면 이게 홍석현 사장의 스탠스stance일지도 모른다는 생각을 했습니다. 김용민 PD도 아까 얘기한 것처럼 홍 회장의 기본적인 스탠스는 양극을 싫어하는 거죠. 극좌도 싫어하고 극우도 싫어해요.

김　홍석현 회장이 전 논설주간 문창극이나 논설위원 김진을 솔직히 마음에 안 들어한다는 설은 꾸준히 나돌았어요.

민　어찌 됐든 그런 스탠스나 2015년 신년사, 본인이 지금까지 피력해왔던 여러 가지 컬러를 고려했을 때 손석희라는 카드를 쉽게 안 버릴 수도 있다는 생각이 들어요. 장기전으로 갈 수도 있다는 거죠. 어떻게 보세요?

김　손석희가 재직할 당시 MBC는 KBS에 비해 신뢰도가 높았어요. 우선 활발했던 노동조합의 위력적 공정방송 투쟁의 결과 때문이겠고, 준 관료 조직이던 KBS에 비해 훨씬 유연했던 방송사 분위기도 한몫했을 겁니다. 또 '스타'가 많았어요. 솔직히 앵커 박성범보다는 엄기영이, 여성 앵커 신은경보다 백지연, 하다못해 도쿄 특파원 정용석보다 추성춘이 화제로 보나, 인기 면에서 보나 네임 밸류가 있지 않았나요? 손석희가 화룡정점이었어요. KBS에는 손석희에 필적할 만한 아나운서가 없었어요. 명망이 곧 매체 신뢰도를 견인하지죠. JTBC는 아직은 손석희밖에 없지만 손석희의 뒤를 이을 스타들이 줄줄이 배치된다면 뭔가 새로운 견인차들이 많이 생겨나지 않겠는가 생각도 들어요. 한편으로 MBC는 왕년의 또 현존하는 스타를 다 내쫓기 바쁘고, 새로운 스타 발굴도 게을리해요. MBC야말로 망조가 들었습니다.

민   손석희 사장이 JTBC 젊은 기자들 가운데 몇몇을 전략적으로 스타 기자로 키우기 위해서 고려를 많이 한다고 알고 있어요. JTBC를 출입하는 후배 기자로부터 들은 얘기예요. 아마 몇 년간 이런 스탠스를 유지하다 보면 JTBC를 상징하는 젊은 기자가 생각보다 빨리 나올 수도 있습니다.

김   홍석현의 신임이 손석희의 JTBC 연착륙을 가능케 하는 힘입니다. 중앙미디어그룹은 이미 1960년대부터 시작된 전통이 있어요. '굴러온 돌'이 안착하기 어려운 측면이 있죠. '신뢰도 1위' 손석희라도 기반이 취약했다면 그는 내부 암투에 휘말렸을 공산이 큽니다. 물론 다른 종편에도 스타급이 있긴 하지요. 채널A 같은 경우에는 이영돈 PD이나 박종진……

민   박종진은 TV조선으로 갔고 이영돈은 JTBC로 갔죠.

김   다 놓쳤군요. 박종진은 TV조선 직원으로 간 겁니까?

민   프리랜서인데 프로그램을 그렇게 하고 있죠.

김   채널A는 큰일 났네. 스타급이라고 하는 두 사람이 빠져나갔으니 사운이 기울었다고 봐야 하지 않겠어요?

민   이영돈 PD의 〈먹거리 X파일〉이 대표 프로그램이었는데 자세한 내막은 모르겠지만 이영돈 PD를 잡지 못한 것, 그건 채널A로서는 엄청난 타격이죠.

●   채널A에서 JTBC로 '이적'한 이영돈 PD는 〈이영돈 PD가 간다〉를 통해 언론의 주

목을 받았지만 방송 프로그램과 관련한 논란 때문에 하차했다. 이영돈 PD가 해당 프로그램에서 그릭요거트 제품을 비판하는 내용을 내보냈을 시기, 파스퇴르의 건강기능식품 '베네콜' 광고를 찍은 사실이 알려졌기 때문이다. 언론윤리 문제가 제기되자 JTBC는 이영돈 PD가 출연 중인 프로그램을 모두 중단시켰다.

이 책을 읽으시는 젊은 언론인이나 젊은 독자분들에게 저는 이런 얘기를 해드리고 싶습니다. 〈무한도전〉이 3040을 타깃으로 한 것처럼, 요즈음의 방송 콘텐츠, 뉴스, 시사는 물론이고 예능, 드라마가 젊은 층이나 현재 생산력과 소비력이 있는 3040들을 타깃으로 삼고 있습니다. 그렇다고 50대 이상의 계층이 보는 프로그램이 필요 없다는 이야기는 아니고, 적어도 채널의 집중과 선택을 할 때 그런 계층을 타깃으로 하는 콘텐츠가 주력이 되어야 한다는 거죠. JTBC는 미래를 내다보면서 프로그램 콘텐츠에 투자를 하고 있는 겁니다. 나머지 TV조선, 채널A, MBN 같은 경우는 철저하게 중장년층을 타깃 삼아 콘텐츠를 만들고 있거든요. 혹시라도 언론고시생이라면 미래를 내다보고 여러 가지 생각을 하시라는 뜻에서 드리는 말씀입니다.

김　TV조선과 채널A는 결국 중장년층에서 노년층을 기반으로 하는 방송을 할 수밖에 없어요. 새누리당 핵심 지지층이 아무래도 주 타깃일 테고요. 생각이 같지 않은데 거기 가서 고민하는 게 시간 낭비라는 말입니다.

민　네, 그런 선택은 하지 말라는 거예요.

성완종 파문과 JTBC

민   이 책의 초고가 마무리됐을 즈음, 이른바 '성완종 파문'이 터집니다. 성완종 파문은 그 자체로 한국 사회를 뒤흔들 정도의 엄청난 사건이죠. 그런데 한국 언론계에도 적지 않은 숙제를 던졌습니다. 이른바 JTBC의 '성완종 육성 보도 파문'이 발생했기 때문입니다.

김   〈경향신문〉은 새누리당 국회의원을 지낸 성완종 경남기업 전 회장과 생전 마지막 인터뷰를 합니다. 2015년 4월 9일 아침 6시경에요. 폭탄 발언이라고 해도 과언이 아닙니다. 친박 핵심 인사들이 자신의 검은 돈을 받았다는 주장입니다. 시신으로 발견될 당시 메모지가 발견됐는데 여기에는 허태열, 김기춘, 이병기 등 박근혜 정부 전현 청와대 비서실장의 이름이 모두 적혀 있고, 홍문종 새누리당 의원, 서병수 부산시장, 유정복 인천시장 등 세 사람 또한 이름이 올라 있습니다.

민   정가에 큰 파장을 불러왔죠.

김   인터뷰를 하고 몇 시간 안 지나 성 전 회장은 스스로 목숨을 끊어요. 그리고 〈경향신문〉은 수일에 걸쳐 '살라미Salami 전략' 같은 방법으로 보도를 합니다. 살라미란 소시지를 얇게 썰어서 조금씩 나눠 먹는다는 이탈리아어인데, '야마(톱의 날 끝이나 나사를 뜻하는 왜색 언론계 은어)'를 며칠에 걸쳐 나눠 보도하는 겁니다. 새누리당 대표 김무성을 비롯해 종편들은 속히 "모두 까라"고 했죠. 하시만 〈경향신문〉은 괘념치 않고 토막 내 내보냈고, 이완구 국무총리가 "돈 안 받았다"고 밝힌 그다음 날 "(이완구에게) 3000만 원 줬다"는 성 전 회장 발언을 보도했어요. 한마디로 제대로 '한 방'을 날린 셈이지요. 그러다가 4월 15일 디지털 포렌식(디지털 증거 문건을 첨삭 못하도록 하는 조치)를 하고는 검찰에 제출하지요. 그리고 〈경향신문〉은 전문 공개를 공언했습니다. 이런 와중에 디지털 포렌식을 도와준 인사가 JTBC 기자에게 파일을 넘겨요. 〈경향〉 보도 후에 보도하라면서요.

민　솔직히 저는 JTBC의 해명이 잘 이해가 안 가요. 관련 내용을 〈경향신문〉이 순차적으로 지면에 공개하면서 보도를 하고 있었기 때문입니다. 검찰이 수사 필요성을 이유로 육성 파일 전문 제출을 〈경향신문〉 측에 요구했고, 〈경향신문〉이 이를 제출한 것에 대해 찬반 논란이 제기되는 건 이해할 수 있어요. 하지만 그렇다고 JTBC 보도가 정당화되는 건 아닙니다. JTBC는 〈경향신문〉이 전문을 공개하겠다고 예고한 상황에서 몇 시간 먼저 육성 파일을 공개했는데, 이게 '국민의 알 권리'와 무슨 연관이 있다는 건지 솔직히 이해가 안 갑니다.

김　더구나 JTBC가 인터뷰 녹음 파일을 〈경향신문〉의 동의 없이 보도했죠. 뉴스 앵커 손석희 사장은 "국민의 알 권리를 위해서"라고 주장했지요. 그러나 불과 몇 시간 후면 나올 전문을 먼저 내보내는 것을 알 권리로 포장하는 것은 매우 졸렬하다는 평가가 비등합니다. 한편 급하게 내다 보니 어처구니없는 오타 오보가 속출했어요. "가지치기 수사"라는 발언은 "가로치기 수사"로 잘못 쓰였고, "대통령의 재가"는 "대통령의 죄가"로, "모함"이란 말은 "명암"으로, "한나절"은 "한 달"로, "페이퍼 컴퍼니(유령 회사)"라는 발언은 "○○회사"로 자막 처리됐다고 〈한겨레〉가

짚었어요. 게다가 성 전 회장 유족이 방송되기를 원치 않는다고 연락했지만 수용하지 않았어요. 논란이 커지자 손 사장은 "녹취록 파일이 검찰로 넘어간 이상 공적 대상물이라고 판단했고, 편집 없이 진술 흐름에 따라 공개하는 것이 공익에 부합하는 것이라고 봤다"고 했습니다. 공적 대상물이 됐으니 다른 언론과의 도의 때문에 국민의 알 권리를 도외시할 수 없다는 말이었습니다. 이 이야기는 솔직히 공감이 돼요.

민 저는 생각이 좀 다릅니다. 이번 사건은 복잡한 것 같지만 사실 단순하다는 게 제 생각이에요. 〈경향신문〉이 인터뷰 전문을 공개하겠다고 예고한 상태에서 〈경향신문〉 측과 성완종 전 회장 가족들의 동의 없이 JTBC에서 육성 인터뷰가 나갔다는 게 핵심입니다. JTBC는 국민의 알 권리를 위해 육성을 공개했다고 밝혔지만, 취재 경쟁에 따른 JTBC의 과도한 특종 욕심이 작용했다는 생각을 지울 수가 없어요. 논란이 불거진 이후 손석희 보도 부문 사장이 〈JTBC 뉴스룸〉을 통해 입장을 밝혔는데 〈경향신문〉 기자들은 손 사장의 입장 발표를 사과로 받아들이지 않았습니다. 물론 〈경향신문〉 기자들의 입장이 중요한 건 아니지만 JTBC 보도 이후 언론계에서 비판적인 성명이 연이어 나온 점을 주목할 필요가 있어요. 국민의 알 권리 차원에서 불가피했다는 찬성론도 있었지만, 특종 욕심에 따른 언론윤리 위반이라는 비판적 입장이 많았습니다. 물론 이번 논란이 어느 순간부터 방송과 신문, 즉 주류 플랫폼과 비주류 플랫폼 문제로 비화된 건 유감입니다.

김 이와 관련해 박중언 〈한겨레〉 기자가 쓴 글이 있어요. 요약하자면 "파일이 물건 자체가 아닌 성완종의 폭로를 말한다면, 단언컨대 그 음성 파일은 만들어진 순간 공적 자산이라고 나는 생각한다. 엄정하게 본다면, 유족 동의를 앞세워 공개를 미룬 〈경향신문〉의 태도는 독점 상태를 지속하기 위한 핑계에 가깝다. 물론, 〈한겨레〉가 같은 상황에 놓였더라도 그런 유혹을 뿌리치기는 어려웠겠지만. '음성 파일 가로채기'라는 수단은 비도덕적이지만, 이번 사태의 진실 찾기라는 궁극적 가치에는 도움이 된다는 손석희의 해명이 터무니없는 궤변이라고는 나는 생각지 않는다." JTBC 보도는 언론윤리 도마 위에 올랐고, 손 사장 또한 신뢰받는 언론인 이미지에 일부분 타격이 있었지만요. 그런데 이런 생각이 들어요. 어느 언론이라도 JTBC와 다른 선택을 했을까 싶네요.

민　그 글은 저도 읽었습니다. 그런데 저는 그 칼럼을 보면서 조금 고개를 갸우뚱했어요. JTBC 보도가 왜 비판을 받고 있는지 박중언 기자가 쓴 글에 충분히 나와 있기 때문이에요. 이를테면 이런 부분이죠. "몇 시간 빨리 독점 보도를 하려는 욕심에 비윤리적 행위를 마다하지 않고 '알 권리'라는 숭고한 단어를 들이댄 것 자체는 비난받아 마땅하다", "욕심을 줄이고 〈경향신문〉의 전문 공개 이후에 음성 파일을 공개했더라면 하는 것이 사후에 얻는 교훈이 아닐까 싶다", "잠깐이나마 손석희의 판단력을 흐리게 한 게 있다면, 언론의 과도한 욕심일 터이다"와 같은 부분입니다. 그런데 박중언 기자는 칼럼의 결론을 "손석희의 해명이 터무니없는 궤변이라고 생각하지 않는다"로 내리더군요. 저를 비롯해 JTBC에 비판적인 사람들은 손석희 사장과 JTBC의 태도가 터무니없는 궤변이라서 비판하는 것이 아니에요. 앞서 언급한, 박중언 기자도 지적한 문제들, 바로 그 이유 때문에 비판하고 있는 건데, 박 기자의 결론이 왜 '손석희 방어'로 가는지 이해가 가지 않더군요. 개인적으로 '손석희'라는 이름에 '저널리즘의 기본'과 '취재윤리'마저 잠식당하고 있다는 생각까지 들 정도였어요. 진보 언론에 '손석희 성역'이 있는 건가 싶기까지 하더군요. 만약 성완종 음성 파일 공개를 JTBC와 손석희가 아니라 다른 종편이나 조중동이 했어도 이런 식의 반응이 나왔을까요? 저는 그렇지 않다고 생각합니다. 자꾸 국민의 알 권리 이야기하는데, 〈경향신문〉이 전문을 공개하겠다고 입장을 밝힌 상황에서 몇 시간 먼저 음성 파일 공개하는 게 '국민의 알 권리'인가요? 저는 동의하기 어렵습니다. 〈한겨레〉가 똑같은 상황이 됐을 때 '국민의 알 권리'를 위해 '단독'을 포기하고 모든 언론사에 육성을 공개할 수 있는지 되묻고 싶더군요.

김　이런 글을 페이스북에서 봤어요. "손석희가 아나운서 출신 언론인의 한계를 보여줬다"라고 말이죠. 이 말을 접하면서 기자 사회 꼰대들이 손석희가 공격받는 것을 두고 얼마나 고소해할까 하는 생각이 들었어요. 손석희, 아시는 대로 아나운서로 입사했지요. 하지만 입사 10년차도 안 돼 수려한 마스크와 안정적인 전달 능력을 토대로 MBC 〈뉴스데스크〉 앵커에 발탁됩니다. 그리고 기자로 전직을 하죠. 하지만 엄청난 견제로 곤욕을 치릅니다. 그리고 다시 아나운서로 돌아와 출근길 라디오 시사 프로그램, TV 토론 프로그램 진행자로 명성을 쌓으며 대한민국 제1의 언론인이 됩니다. 여기에는 노조 간부로서 공정방송이라는 무형의 가치를 수호하기 위한 투쟁을 벌여 감옥에 다녀오는 고초도 마다않았던 패기도 개입돼 있었을 테고요. 손석희의 고민이 아나운서 출신이어서 얄팍했다? 아니, 그렇게 생각 많다는 기자들은 왜 청와대가 '콜'하면 그날로 이직합니까? 손석희는 최종 결정자였고, 보도를 위한 모든 실무 결정은 JTBC 보도국 간부, 즉 기자들이 했을 겁니다. 손 사장의 판단이 도마 위에 올라갈 수는 있어도 그의 출신을 갖고 논란을 벌일 일은 아닙니다. 저는 이 사건과 관련해 다시 한 번 마각을 드러낸 '손석희 견제 심리'가 가장 주목됐습니다. 아마 유사한 논란은 손 사장이 JTBC 사장으로 있는 한 반복될 것입니다.

민 물론 이번 사건으로 'JTBC와 손석희 보도 부문 사장의 모든 것을 부정하는 식으로 비난'하는 것은 경계해야 합니다. 손석희와 JTBC에 대한 과도한 비판은 저도 '방어'해야 한다고 생각해요. 하지만 이번 파문과 관련해 지금까지 손석희 사장과 JTBC가 보인 태도는 이들에게 신뢰를 보내온 사람 입장에서 보면 미흡한 것 또한 분명한 것 같아요. 다시 한 번 말하지만 저는 이번 파문은 JTBC 잘못이 더 크다고 생각합니다. JTBC의 해명이 설득력을 갖기 위해서는 〈경향신문〉이 관련 내용을 제대로 보도하지 못했거나 권력의 압력에 굴복하는 상황이 전제돼야 합니다. 하지만 JTBC는 〈경향신문〉이 육성 파일 전문을 공개하겠다고 예고한 상황에서, 가족들이 격렬히 반발하는 상황을 '외면하고' 육성을 공개했습니다. 만약 JTBC가 〈경향신문〉 입장이라면 자신들의 해명이 설득력을 가진다고 생각할까요? 저는 가능성이 낮다고 봅니다.

그럼에도 불구하고 이 문제가 법적으로 가는 건 신중할 필요가 있습니다. JTBC

는 이번 파문이 발생하자 "비판을 겸허히 받아들이고 감당해 나가겠다", "되돌아봐야 할 부분은 냉정하게 되돌아보겠다"는 입장을 밝혔지만 다소 모호하고 추상적인 해명이라고 생각해요. 이번 파문이 소모적인 논쟁이 아니라 저널리즘의 기본과 윤리를 확립시키는 쪽으로 매듭을 짓기 위해서라도 JTBC 쪽의 명확한 사과가 필요하지 않나 생각합니다.

정권이 바뀌면 이런 식의 종편은 위태롭다

김　현 정권에서는 채널A, TV조선이 안정돼 보이죠. 그런데 정치 언론에 혁신의 바람이 불고, 그래서 세력 교체가 이뤄지면 TV조선, 채널A는 존재의 기반을 상실할 가능성이 높아요. 종편의 정치적 위력이 크다, 적지 않다, 이런 얘기가 나오지만, 시장 상황이나 경영 측면에서의 발전 가능성은 '제로'예요. JTBC도 마찬가지고요. 종편이 지탱할 수 있는 힘을 '고품질의 방송'에서 찾을 수 있겠습니까? 종편이 유지되는 것은 MB가 부여해준 특혜 때문이죠. 이 특혜는 회수될 겁니다. 우선 의무 전송 혜택부터 없어질 거예요. 지역 케이블 방송이나 위성, IPTV에서 종편을 빼면 빠지게 됩니다. 또 황금 채널대에 고정된 채널 번호도 더 이상 유지하기 어려울 거예요. 심할 경우 70번대로 밀려나거나 혹은 돈을 더 내야 볼 수 있는 채널이 되겠지요. 광고 영업, 지금은 모체인 신문과 종편이 함께 영업할 수 있게 했는데 이런 불공정도 개선되지 않겠어요? 종편을 지탱하던 산소호흡기가 제거되면 경영이든 방송 내용이든 모두 부실해질 테고, (해당 정권의 의지여하에 달렸겠지만) 재허가의 문턱을 넘기도 쉽지 않을 겁니다.

민　지금 정치적 상황이나 종편 상황을 보시면 안 되고, 정권이 바뀌었을 때를 생각하면……

김　꼭 야당이 정권을 잡는다, 이런 차원의 것이 아니에요. 어느 정권이 들어서도 상당히 비관적으로 볼 수밖에 없는 구조예요.

민　앞서 얘기했듯이 종편 채널에서 '종합편성'을 안 하고 있습니다. 이것은 종편사가 심사를 받을 때 재허가 감점 대상이고 탈락의 요인이 될 수도 있습니다. 종합편성채널로 허가를 했는데 종합편성을 안 하면 당연히 문제 삼아야죠. 그 상황이 될 수 있다는 겁니다. 종편은 출범할 때 각종 특혜를 부여받았고 박근혜 정부도 그 특혜에 대해서 별다른 터치를 안 하고 있습니다. 그런데 정치적 상황이나 방송 환경이나 시장 환경이 바뀌었을 때 그 특혜를 회수할 수 있어요. 즉 황금 채널에서 빼버리고 의무 전송에서 빼버리면 상당수의 종편은 살아남지 못할 겁니다. 그러면 광고가 안 돼요. 생존 가능성이 낮아지겠죠. KBS와 EBS를 의무 전송에 포함시킨 이유는 최소한의 공익성을 담보하고 있기 때문이죠. 그런데 종편을 보십시오. 공익성? 중장년층을 타깃으로, 그것도 정치적인 시각이 굉장히 편협한 내용의 뉴스 콘텐츠나 시사 콘텐츠를 제작하고 있거든요. '이명박근혜' 정권이야 그런 편협한 콘텐츠에 대해서 나름 무신경하게 있지만, 그걸 부담스러워하는 정권이 여권 내부에서도 나올 수가 있습니다.

굳이 야당이 정권을 잡지 않더라도요.

김 저널리즘을 잘못 배우면 다른 데로 이직하더라도 한동안 고생합니다. 우리나라처럼 언론사 어디에 있었든 '언론고시'를 통과했다는 이유만으로 우대하는 경우는 없습니다. 나치가 파리를 장악했을 때 그 기간 동안에 신문을 낸 언론사의 기자들은 모조리 처벌을 당했습니다. TV조선, 채널A 등 저질 편파 언론 출신들은 그 이력이 흑역사로 작용할 겁니다. "입에 풀칠하려고 그랬다"는 말로 얼버무리기에는 TV조선, 채널A의 적폐와 만행은 도를 넘었습니다. MBN 얘기는 잘 안 했는데 MBN도 마찬가지입니다. MBN은 MB맨들의 Next job 방송이 되고 있어요. 이윤성, 김은혜 씨 등 MB 시대에 잘나갔던 사람들을 기용하는 것 보십시오.

민 보답을 한 거죠.

김 신문사의 종편 소유를 가능케 하는 미디어 악법 제정 당시 국회부의장으로서 통과시킨 사람이 바로 이윤성 씨입니다. 2015년 1월 초까지 MBN 앵커를 했습니다. 2014년 송년모임에서 MB와 건배까지 했죠.

민 그게 문제가 안 되는 것도 문제죠. 난리가 날 사안인데 별로 문제가 안 되더라고요.

김 그리고 김은혜 씨 같은 경우 청와대 제2대변인을 지낸 인물 아닙니까? MB 정권 요인이라는 권력 배경이 KT 전무직 영전을 가능케 했던 거 아니에요? 그런 사람이 이제는 MBN에서 새롭게 방송 인생을 시작한다, 이건 참 있을 수 없는 일이죠.

민 사실 종편은 여러 가지 상황을 놓고 봤을 때 어려움에 직면할 수밖에 없는 구조인데, 그런 구조일수록 조중동매의 종편에 대한 집착이 심해질 거라고 봐요.

김 신문으로는 길이 안 보이니까.

민 〈미디어오늘〉도 보도를 하긴 했는데, ABC협회가 2013년 신문 부수 공사 결과를 발표합니다. 그런데 이게 심각해요. 2013년 발표 자료에 따르면 〈조선일보〉 유료 부수가 129만 부, 〈중앙일보〉가 81만 부, 〈동아일보〉가 71만 부입니다.

김 어느 한 신문은 완벽하게 거짓말을 하고 있습니다. 누구보다도 이 상황을 잘 아는 분으로부터 유료, 무료 부수 합해서 50만 부인 신문이 있다는 증언을 들었거든요.

종편의 미래

—

민 그런 얘기가 많습니다. 그런데 어찌 됐든 ABC협회 공사 결과에 따르면 2013년도 유료 부수가 이렇답니다. 그런데 문제는 계속해서 하락 추세라는 겁니다. 그나마 가장 호황을 이뤘던 게 2002년이거든요. 2002년 ABC협회 공사 결과를 보면 〈조선일보〉가 175만 부예요. 2013년에 129만 부이니 팍 줄었죠. 〈중앙일보〉, 〈동아일보〉가 2002년에는 유료 부수가 153만 부였습니다. 그런데 12년 지난 지금은 세 자리에서 두 자리로 줄었어요. 더 심각한 것은 가구별 신문 구독률이에요. 이건 한국언론진흥재단이 조사한 건데 가구별 신문 구독률이 2002년에는 조중동이 52.9%였는데 2012년도에는 24.7%로 절반 넘게 줄었습니다. 가정에서 신문을 안 본다는 겁니다. 가구별 신문 구독률이 줄어드는 동시에, 이걸 만회하기 위해서 신문사들이 어떤 전략을 펼쳤느냐 하면 관공서나 기업과 같은 영업장을 상대로 부수 확장에 집중하는 겁니다. 이것 때문에 그나마 부수가 살아남고 있는 거거든요. 그런데 이것도 앞으로 가면 갈수록 줄어들 수밖에 없는 거죠.

김　신문 구독 여부를 떠나 하루에 단 1분이라도 종이 신문을 들춰보는 사람 손 들어보라고 하면 거의 없어요. 이렇듯 신문 시장은 갈수록 사양화하고 있어요. 방송 역시 변화의 파고를 체험하고 있지요. 지상파나 케이블이나 IPTV, DMB까지 '본방 사수', 즉 프로그램 방송 시간에 맞춰서 시청하는 그런 시대도 가고 있어요. 수년째 계속되고 있는 미디어 이노베이션, 어느 방향으로 갈지 갈피를 잡을 수 없을 지경이에요.

민　변상욱 CBS 대기자가 〈미디어토크〉에서 한 얘기 있지 않습니까? "매스미디어 시대는 갔다. 미들미디어 시대가 도래할 수밖에 없는데 그 흐름을 아마 대안미디어 쪽이 주도를 할 것이다." 저도 그렇게 생각하고 있습니다.

김　지금 종편은 중장년층 중심의 '본방사수족' 덕에 먹고살아요. 종편의 그 허접하기 이를 데 없는 방송을 다시 보고 듣기로, 팟캐스트로 챙겨 접하는 사람이 몇이나 있을까요? 그렇다면 종편의 본방사수족 의존도는 갈수록 심화될 것이고, 중장년층의 생물학적 소멸과 함께 역사의 뒤안길에 설 겁니다. 20, 30, 40대, 그리고 50대 초반의 생산 소비층, 그러면서 다수를 점하는 야당 지지층은 왜 종편을 소비하지 않을까요? 이들이 막연히 좌파 이념에 세뇌돼서? 종편 종사자나 그 아류들은 야당 지지층이 종북 사상에 투철해 자유민주주의 사상에 투철한 애국적 보수의 메시지를 배타한다고 넘겨짚습니다. 아닙니다. 이유는 '설득력이 없으니까'예요. 설득력이 없으니까 외면하는 겁니다. 이런 냉엄한 현실을 종편은 외면하고 있어요. 현대사 교과서 왜곡만 해도 그렇습니다. 독재자 이승만, 내란범 박정희를 '건국의 아버지', '경제성장의 대부'로 분칠하려다 보니 누락하고 과장하지 않습니까. 사실만 기록하는 교과서에다 종교 경전을 더덕더덕 붙여놓고 있어요. 뻔한 사실을 전하는 조동 종편 보도도 이런 식이지요. 2015년 3월 초를 강타한 리퍼트 주미대사의 피습 사건을 놓고 무리한 배후 의혹, 종북 시비로 화면을 물들였습니다. 이러면 본방사수족만 좋아하지 상식을 가진 대중이 곁눈질이나 하겠습니까.

민   저는 보수나 우파 진영의 논리를 설파하는 매체들도 잘 만들면 경쟁력이 있다고 봅니다.

김   그렇죠. 이젠 콘텐츠 시대예요. 종편이 그 숱한 잿빛 전망에도 불구하고 실오라기 같은 희망을 걸 수 있는 것도 실은 매체 수용자들이 '채널'보다 '콘텐츠 내용'에 더 집중하는 현실이기 때문이죠. 종편에서 재미와 유익함과 감동을 주는 프로그램을 한다면 사람들의 이목을 끌게 돼 있어요. 그런데 종편은 이걸 왜 못 만듭니까? 수구 우파 진영에는 '불편한 진실'을 수용하는 문화가,

아니 법이 없어요. '편리한 왜곡'만 있을 뿐이죠. 그러니 한국 사회 일상에서 갈구되는 인권, 자유, 평화의 가치를 다룰 수 없어요. 모든 것에 이념과 목적이 우선되고 거기에 부합해야 하거든요. KBS 〈일요스페셜〉, 〈시사투나잇〉 폐지, MBC 〈PD수첩〉 무력화, EBS 〈지식채널e〉 PD 교체 등, 우리는 우파가 자신들에게 불편한 방송을 어떻게 거세하는지 똑똑히 봤습니다. 또 〈미생〉이 지상파나 종편이 아닌 오락 채널에서 방송되는 것도 확인했고요.

민 사실 종편의 미래도 밝지 않지만, 아까 조중동 신문에 대해 이야기했듯 종이 신문의 미래야말로 밝지 않습니다. 가구별 신문 구독률은 물론이고 유료 부수도 감소하고 있죠. 조중동이 종편에 목을 거의 매다시피 할 수밖에 없는 상황입니다. 저는 본질적인 문제를 제기해야 할 것 같아요. 작년 연말 최고 이슈가 땅콩회항, 대한항공, 재벌 3세잖아요. 조중동도 이제 재벌 3, 4세 시대가 도래했습니다. 그런데 경영 능력이 아직 검증이 안 됐어요. 그렇기 때문에 과연 언론사주의 재벌 3, 4세들이 변화무쌍하게 진행되는 미디어 환경이나 젊은 층들의 콘텐츠 소비, 변화 패턴에 어느 정도 신속하게 대응할 수 있을지, 저는 굉장히 의문입니다.

종편 뉴스를 보기 전, 조중동 사주와 어떤 관계가 있는지 살펴보라

김　종편이 선거 시장에서 나름 역할을 했지요. 자식 세대들의 상당수가 "박근혜 뽑으면 1%만의 대한민국이 된다", "아버지 박정희 시대의 독재가 재현될 수 있다", "공약이 번지르르한데 말뿐이다" 등의 논리로 부모 세대를 설득했죠. 그러자 흔들리던 부모 세대는 공황 상태에 빠집니다. 그런데 종편을 보니 "아버지 어머니, 여러분 생각이 옳습니다" 하며 정당성을 일깨워줍니다. 식견에 기초하고 사실에 기반을 둔 주장이건 아니건 상관없어요. '방송에 나오니까 똑똑한 사람이겠거니' 하며 수긍하는 거예요. 이 층들을 결집시키는 효과, 이게 종편이 선거에서 수행한 역할이라는 겁니다. 다시 이야기해 젊은 층 계도 효과는 없다는 거예요. 여기에는 자신들이 애써 살아온 시대에 대해서 자식 세대가 평가절하 하는 것에 대한 상당한 배신감이 깔려 있는 것이고요. 〈국제시장〉이라는 영화가 중장년층에게 먹히는 이유도 그런 맥락이 아닌가 판단돼요. 〈국제시장〉, 그런데 젊은 세대에까지 그 '감동'의 여진이 이어졌나요? 태극기 하강식 부활 소동으로 실소만 자아내지 않았나요?

종편을 볼 때 이런 습관을 가져야 합니다. '이 기사, 이 기획이 도대체 종편의 모체인 조중동 사주의 이익과 어떻게 연관돼 있는지' 하는 의문을 가져야 한다는 말입니다. 조현아 대한항공 부사장 사건이 일어났을 때, 하루 종일 센세이셔널한 이슈들을 이 잡듯 잡는 TV조선이 한동안 전례 없던 침묵을 유지했단 말이죠. 그 이유는 TV조선 주주 명부에 나와 있습니다. 주요 주주

가운데 대한항공이 있거든요.

민　그때 대한항공이 300억인가 투자했었죠.

김　TV조선 주요 주주 중에 〈조선일보〉, 투캐피탈LLC, 대한항공, 부영주택, 삼흥, 이렇게 돼 있는 것 봐서는 3대 주주라고 봐야 되겠네요.

민　확고한 주요 주주입니다.

김　그러다 보니 조현아와 관련해서는 남들이 다 돌 던지고 나서 '뒷북'을 쳤죠. 그래도 놀라웠어요. '할 말을 하는 신문(의 종편)' 체면은 살렸잖아요. 이번만은 '남들 다 하고, 할 말을 하는 신문(의 종편)'이었지만요.

민　초반에 모든 언론들이 다 뛰어들었을 때는 이상하리만치 침묵을 지켰어요. 그래서 TV조선이 비판을 좀 받았죠.

김　센세이셔널한 거라면 없는 사실도 만들어내는 TV조선 아닙니까.

민　한동안 그렇게 침묵을 지키다가 나중에 보도를 하기 시작했는데, 그것도 타 방송사나 다른 신문사에 비해 그렇게 적극성을 띠진 않았습니다.

김　TV조선은 "이 땅의 진보는 종북이다", 이 편견 어린 가설이 정설처럼 느껴질 수 있을 만한 일말의 고리라도 있으면 없는 사실도 만들어 기사를 쏟아냅니다. 누군가 조금이라도 북한에 대해 온화적 태도를 취하면 그걸 캡처하든지 녹취를 따든지 해서 계속 투척하는 거죠. 관련한 영상이 있다면 몇 번이고 돌려 보여주고요. 그렇게 해서 "아버지 어머니, 여러분의 의심이 옳았습니다. 빨갱이는 나빠요" 이렇게 오도를 하는 겁니다. 믿고 있었던 것을 확신시켜주는 거죠. 그렇잖아요?

리퍼트 주미대사 피습 사건은 종편에게 가뭄의 단비 같은 떡밥이었지요.

민　TV조선 얘기가 나왔으니까 여담으로 한마디 더 하면, 신은미, 황선 종북 콘서트 논란이 벌어지지 않았습니까? 이때 19세 고등학생이 폭탄을 던졌잖아요. 그 폭탄을 던지게 된 사실상의 결정적인 계기가 신은미, 황선 씨가 북한은 그야말로 지상낙원이라며 침이 마르도록 찬양을 이어가는 말을 했기 때문이라며 격분한 분들이 굉장히 많았거든요.

김　그래서 그 친구가 가서 "지상낙원이라고 했다면서요?"라고 말했다지요?

민　아니라고 하니까 던졌잖아요.

김　혹시 아니어서 던진 건가? (웃음)

민　아니라고 했는데 안 듣고 던진 거죠. 그런데 경찰 조사 결과 그 말을 한 적이 없는 걸로 나왔습니다. 그런데 문제의 그 말을 TV조선이 보도했어요. TV조선이 2014년 11월 21일 아침, 〈뉴스9〉에서 앵커 리포트로 이렇게 얘기를 합니다. "이 두 여성이 묘사한 북한은 그야말로 지상낙원이라며 침이 마르도록 찬양을 이어갔습니다."

김　'지상낙원이라는 식'으로 보도한 게 아니네요. '지상낙원이라며'라고 했으니, 이건 '지상낙원'이라는 말을 분명히 했다는 보도 아닙니까?

민　나중에 문제가 되니까 그런 '취지'의 말을 한 것이었다고 음주운전 파문을 일으켰던 TV조선 간부가 〈미디어오늘〉 기자한테 이야기했습니다. 그런데 제가 봤을 때 그건 아닌 것 같아요. 종북 콘서트 논란의 핵심 키워드는 '북한은 지상낙원' 이거였는데, 이 말을 처음으로 만든 매체가 TV조선이었습니다. 이

것 때문에 파문이 확산된 거잖아요. 그런데 경찰 조사 결과 그런 얘기가 없었다는 것 아닙니까? 제가 나중에 영상을 다시 한 번 보려고 2014년 11월 21일자 뉴스 사이트에 들어가봤습니다. 그런데 이 리포트가 없어요. 경찰 조사결과가 발표된 이후에 리포트가 없어진 거죠.

김   TV조선 간부가 〈미디어오늘〉 기자에게 뭐라고 그랬다고요?

민   "황선, 신은미 씨가 지상낙원이라고 말했다는 게 아니라 그동안 그들이 콘서트에서 북한에 대해 해왔던 이야기가 마치 북한을 낙원처럼 묘사했다는 취지에서 그들의 발언을 지상낙원이라고 비유한 것이다"라고 해명했죠.

김   그 TV조선 간부, 그 말 하며 혀가 꼬이지는 않았던가요?

민   제가 그 리포트를 정확하게 말해볼게요. "이 두 여성이 묘사한 북한은 그야말로 지상낙원이라며 침이 마르도록 찬양을 이어갔습니다. 그러면서 한국과 자본주의에 대해서는 비하와 조롱을 퍼부었습니다." 앵커 멘트로 이렇게 처리를 합니다.

김   이게 바로 종편의 수준이자 현실입니다.

민   이건 절대 비유가 아니에요. TV조선 간부는 그렇게 해명을 했지만 리포트를 보면 비유가 아니죠. 그리고 자기들 보도가 정당했다면 이걸 왜 〈뉴스9〉 사이트에서 삭제합니까?

김   증거 인멸한 거 아닙니까?

민	그래서 내가 프린트를 해놨어요.

김	한심한 인간들입니다. 종편의 이런 보도 행태, 패턴이 있어요. 우선 질러놓고 문제가 되면 '아니면 말고' 식의 삭제를 합니다. 상대가 추궁하거나 소송을 걸면 해명 같지도 않은 해명을 늘어놓고요. 이게 무슨 언론입니까. 인터넷 댓글만도 못한 신뢰도의……

민	이건 문제의 리포트를 삭제할 게 아니라 그 부분에 대해서 사과, 정정을 해야 할 문제죠. 그런 것도 없이 슬쩍 넘어갔습니다.

김	언론사의 사과, 정정은 단순히 도덕적으로 송구해서만은 아니에요. 언론이 무슨 하느님도 아니고 항상 진실만을 말할 수는 없어요. 실수할 수도 있지요. 사실만 말하면 좋겠지만, 그렇지 못했을 경우 추후에라도 정정하는 이유는 사실만을 전하겠다는 본령에 대한 확인입니다. 진실 앞에서의 겸손과 존경의 표시입니다. 인지, 판단 능력이 떨어지는 고등학생이 TV조선의 '지상낙원' 보도로 오판을 했고, 그래서 테러를 자행한 것 아닙니까. 사태의 뿌리에 TV조선이 있었던 겁니다. TV조선 담당 데스크는 최소한 자신이 보직이라도 내놓는 책임성을 구현해야 하는 것 아닌가요? 그런 것도 하나 없이 대충 세 치 혀로, 변명으로 넘어가면 된다?

공정 보도의 방패막이가 없는 종편

민　내부 견제 세력이 없기 때문입니다. KBS, SBS, MBC에서 이런 문제가 발생했다고 가정해봅시다. 물론 전국언론노조 SBS 본부, 전국언론노조 MBC 본부, 전국언론노조 KBS 본부, 언론노조 산하에 있는 노조들은 예전에 비해서 영향력이 좀 약해졌다고는 하지만 그래도 활동을 하고 있거든요. 만약 노조가 있는 곳에서 사회부장이나 보도국 간부가 이런 논란에 휩싸였다면 당장 문제가 됩니다. 그런데 TV조선은 문제가 안 되죠. 왜냐? TV조선은 노조가 없거든요.

김　언론사 입사를 준비하는 분들에게 팁 하나 드리지요. 노조가 약하거나 없는 언론사에 들어가면 저널리스트로서의 자긍심을 보장받기 어렵다는 점, 잊지 마십시오. 적어도 한국 언론계에서는 확증된 정설입니다. 노조 없는 언론사, 대표적으로 〈세계일보〉는 공정 보도의 기초적 방패막이가 없다고 봐야 합니다. 대특종 '정윤회 문건' 보도 이후 몸을 낮추며 추가 보도를 자제했지요. 그 와중에 회장, 사장이 교체되는 파란이 있었습니다. "박 대통령, CEO외교… 제2 중동붐 길 열려" 사장 교체 후 1주일여 만에 나온 〈세계일보〉의 1면 제목입니다. 용비어천가 수준의 제목입니다. 또 노조가 있다 하더라도 이름만 있거나 자기들 복리에만 치중하는, 이를테면 조중동 신문 노조 같은 경우도 유명무실합니다. 한편 노조가 언론노조에 가입해 있고 노조 간부 파견까지 하면, 즉 산별 활동에까지 적극성을 띠면 언론으로서의 기본 기능이 살아 있다고 봐도 됩니다. 언론노조에 인력을 파견한 언론사 노조는 회사를 상대로 강력한 교섭 능력을 가지고 있거든요. 〈국민일보〉, 〈경향신문〉, 〈서울신문〉, 〈한겨레〉, 〈한국일보〉, KBS, MBC, SBS, CBS 등이 그렇습니다. 참 언론노조에 가입된 〈문화일보〉는 예외인 듯 보이는데.

민　〈문화일보〉는 언론노조를 탈퇴했어요.

김　거 봐요. 딱 수준이 나오잖아요. 물론 언론노조가 절대선이라는 이야기로 이해하면 안 됩니다. 사주 권력과 맞서 싸울 현실적인 힘이 언론노조에 있다는 말입니다.

민　기본적으로 KBS, MBC, SBS가 언론노조의 주축 세력이죠.

김　물론 KBS, MBC, SBS가 상당히 약해졌다고 할지는 모르겠습니다. 실제로 3년에 한 번씩 재허가를 받아야 하는 방송의 성격상, 정치권력이 쥐고 있는 인사권, 또 방송사 주변을 둘러싼 심의 허가 기구의 외풍을 피할 수는 없어요. 그래도 조중동보다는 낫습니다. 최소한 노조가 할 말은 하거든요. 흥미로운 점은 〈조선일보〉 노동조합이 발행하는 〈조선노보〉 2007년 1월 4일자에 이런 내용이 실렸다고 〈미디어오늘〉이 전했어요. "조합원들이 바라는 2007년 새해 소망을 들어본 결과 공정한 대선 보도, (중략)에 대한 요구가 높았다. (중략) 공정 보도에 대한 필요성, 그리고 이를 위한 제도적 기틀 마련에 대한 기자들의 요구는 안병훈 전 부사장을 비롯해 최근 조선 출신 간부들이 잇달아 한나라당 대선 캠프로 자리를 옮기면서 더욱 높아지고 있다. 편집국 한 기자는 '전직 간부들이 옮겨간 대선 캠프가 서로 다르기는 하지만 모두 한나라당 쪽 주자들이라는 점에서 기자들, 특히 정치 현장을 뛰는 기자들이 무척 곤혹스러워하고 있다'고 털어났다. 이 기자는 '새 편집국장이 취임 일성으로 '대선 공정 보도'를 꼽았음에도 간부들이 잇따라 자리를 옮겨 '조선이 대선판에서 꽃놀이패를 쥐고 있다'는 둥 '회사 쪽과의 교감이 있었던 것 아니냐'는 둥 외부로부터 곱지 않은 시선을 받고 있다'며 '이러한 의혹을 해소하기 위해서라도 공정 보도를 끌어낼 수 있는 제도적 장치 마련이 시급한 상황'이라고 말했다." 이런 바람대로 〈조선일보〉는 2007년 대선 때 공정했나요? BBK 소방수, 박근혜 고꾸라뜨리기, 노무현 때리기 등으로 신문 정치 개입의 전형을 보여주지 않았습니까? 이런 이야기 백날 해서 뭐합니까. 노조가, 또 노조원인 기자들이 심약한데.

족벌 체제로 움직이는 조중동

민 조중동 얘기를 조금 더 하면, 조중동에서 빼놓을 수 없는 게 족벌 체제 아닙니까? 〈중앙일보〉는 북한에 대해서 〈조선일보〉나 〈동아일보〉에 비해 유연한 입장을 가지고 있긴 합니다만, 특히 북한의 세습 체제에 대해 굉장히 많은 비판을 하고 있죠. 그런데 그렇게 비판을 하는 조중동이 세습을 아주 잘하고 있습니다. 제가 아까 말씀을 드린 것처럼 세습에 대해 찬반 논란은 있을 수 있는데 결국 경영 능력, 얼마나 젊은 감각을 가지고 있는가를 봐야 하거든요. 그런데 그런 측면에서 〈중앙일보〉나 JTBC는 논외지만 〈조선〉과 〈동아〉 쪽은 상황을 볼 필요가 있다, 저는 이렇게 생각합니다. 아마 지금 언론사 입사 준비를 하는 분들은 재벌 3세들의 경영 참여가 결국 본인들의 문제가 될 겁니다. 왜냐하면 〈중앙일보〉와 〈매경〉도 사실상 30대 오너 3세가 전면에 등장했고, 〈동아일보〉 사장은 2014년에 만 50세가 되는 김재호 사장인데 〈동아일보〉 창업자인 인촌 김성수 선생의 증손자, 그러니까 4세입니다. 〈동아일보〉는 지금 4세 체제가 됐어요. 또한 〈조선일보〉 방상훈 사장의 장남이 방준호 〈조선일보〉 경영기획실 이사대우입니다. 그리고 둘째가 방정호 씨, TV조선 마케팅실장을 담당하고 있다가 2014년 12월 29일 인사 때 승진을 했어요. 그래서 저는 2015년에 〈조선일보〉 체제가 신문 쪽은 방준호 장남이 맡고 TV조선은 차남 방정호가 맡는 방향으로 가지 않을까 생각해요. 방상훈 사장보다는 이들이 사실상 앞으로 〈조선일보〉와 TV조선을 이끌고 가게 될 겁니다. 그런데 이들에 대한 평가는 아직은 유보적이다, 이런 생각이 들죠.

김　더 잘 할 수 있는 여지가 있기 때문에 판단을 유보한다?

민　그런데 아직 방준호 씨나 방정호 씨의 경영 능력은……

김　전혀 검증된 바 없지요.

민　사실은 방정호 씨나 〈조선일보〉 방준호 씨 같은 경우에는 〈중앙일보〉 홍석현 회장의 아들인 홍정도 씨에 비해 실무 쪽에서 오래 있었어요. 홍정도 씨는 입사 10년 만에 〈중앙일보〉와 JTBC를 총괄하는 입지에 올랐거든요. 그리고 MBN, 〈매경〉 장대환 회장의 아들 장승준 부사장 같은 경우만 하더라도 2007년 5월에 〈매경〉 경영기획실 연구원으로 입사했는데 3년 만에 임원이 됐어요. 초고속 승진을 했단 말입니다. 그런 것에 비하면 방상훈 사장의 아들 둘은 수업을 오래 받은 케이스입니다. 장남 방준호 〈조선일보〉 경영기획실 이사대우는 2013년 2월 10년 만에 임원을 달았고, 2006년 4월에 입사한 차남 방정호 씨는 이번에 승진 인사를 하기 전까지는 직위가 국장이었어요. 그러니까 상대적으로 〈중앙일보〉나 〈매경〉에 비해서는 경영 수업을 오래 받았다고 볼 수 있죠. 초고속 승진은 해당이 안 됐습니다만, 그래도 앞으로 방상훈 사장의 뒤를 이어서 어떤 경영 실적을 내고, 신문사나 TV조선의 스탠스를 어떻게 가져갈지 하는 것은 전혀 다른 문제입니다. 그건 좀 지켜봐야 합니다.

김　3세 경영, 4세 경영이라면 앞으로 5세, 6세도 간다는 건데 그때까지 조중동이 존속할 수 있을지……

민　그것도 지켜봐야겠죠.

김　언론 환경의 변화도 변수겠지만, 저는 조중동 중에 조동은 이미 운명이 결정됐다고 봅니다. 이미 기득권 권력이 돼버려서 유턴을 할 외풍이나 내부적 혁신의 모멘텀 같은 것은 기대할 여지가 없어요. 그렇다고 망조가 들어 휘청거릴 때 망하게 내버려두지 누가 나서서 도와주겠느냐 이겁니다. 망가질 대로 망가진 양대 공영방송이지만 여전히 KBS와 MBC는 주인이 없는, 아니 정권이 주인인, 그래서 주인을 바꿀 수 있는 구조면서, 인력, 시설, 장비 등의 탄탄한 제작 인프라나 막대한 대사회적 영향력을 자랑합니다. 부패하고 사악한 집권 세력의 종막, 즉 앙시앵 레짐 이후에는 새 권력이 주인이 되는 것이 아니라, 다시는 퇴행하지 않게 공영방송을 온전히 국민에게 돌려줘야 합니다. 국민에게 돌려준다 함은 정치권력이 다시는 장악 못하게 제도적, 정신적 차단막을 만들어야 한다는 것이지요. 1세에게 아무리 철학이 있어도 자녀 세대에 가서 그 정신이 유효할 수는 없는 법이죠. 어머니 제사일인 여배우를 불러다 술시중시키는 멘털리티로는 신문사 경영 못해요.

1세라 할 수 있는 〈조선일보〉의 방응모나 〈동아일보〉 창업주 김성수 같은 경우 친일의 아이콘 아닙니까? 자기가 운영하는 신문 1면에 대문짝만하게 "천황 폐하 만세"를 실은 거 보세요. 그뿐입니까. 일제의 아시아 침략전쟁 때 돈 내라, 몸빵 해라, 이러면서 조선 민족을 사지로 몰아넣었잖아요. 그 '공로'로 『친일인명사전』에 한 페이지를 장식하고 있고요. 〈조선〉, 〈동아〉는 오늘날 "생존을 위한 타협이었다"고 슬쩍 발을 빼지요? 명명백백한 역사 왜곡입니다. 그러나 왜곡의 정수는 이거예요. 일제에 의해서 폐간당한 이유를 언급한 부분 말입니다. '항일 논조' 때문이라나. 그러면 저항의 흔적이라도 남겨야지, 자신들의 폐간 이유에 대해 1940년 6월 22일자 〈조선일보〉에서는 이렇게 말해요. "이와 같이 금년에 신문, 잡지 용지 배급량이 줄어들게 되는 것은 만주와 지나(중국) 방면에서 선무공작(전쟁 때 점령지를 안정시키기 위한 책략)에 쓰이는 용지가 격증한(크게 늘어난) 까닭이다. 이것은 국내 사정보다 더 긴급한 것이므로 만난(모든 어려움)을 배제하고 (우선)해야 될 일인즉 부득이 한 사정이라." 전쟁이라 물자가 부족하니 종이 아껴 쓰는 차원에서 폐간하라는 대 일본제국의 엄명을 군소리 없이 시행한 족적만 남아 있을 뿐이에요. 폐간사는 또 어떤가요? "조선일보는 신문 통제의 국책과 총독부 당국의 통제 방침에 순응(!)하여 금일로써 폐간한다… 지나사변(중일 전쟁) 발발 이래 본보는 보도보국(보도를 통해 나라, 즉 일본의 은혜에 보답하자는 뜻)의 사명과 임무에 충실하려고 노력하였고 더욱이 동아 신질서 건설의 위업을 성취하는 데 만의 일이라도 협력하고자 숙야분려한 것은 사회일반이 주지하는 사실이다." 이래놓고 무슨 항일에 따른 폐간 운운입니까? 일제에 순응해 폐간된 것임이 확인되는 부분은 해방 후 방응모의 〈조선일보〉 속간사에 잘 나와 있어요. "우리는 입을 가졌으나 생벙어리 행세를 하여야 하였으며 할 말은 많았으나 호소할 곳이 없었다. 우리는 죽으라면 말없이 죽는 시늉을 하지 않으면 안 될 환경에 놓여 있었다." 이런 내용이었다지요? 일제 때는 일제에, 독재정권 때는 독재에 머리 숙여 아부했던 〈조선일보〉, 또 그와는 결이 달라 유신 5공 정권에서 나름 언론의 기개를 보였지만 지금은 확실히 맛이 간 〈동아일보〉. 존재하는 것만으로 우리 언론사의 흑역사예요.

참, 최근에 밝혀진 게 있지요? 〈미디어오늘〉을 통해 소개된 6.25 한국전쟁 직후 〈조선일보〉 호외 말입니다. 1950년 6월 28일 〈조선일보〉는 호외를 통해 '김일성 장군 만세'라는 활자가 박힌 신문을 서울 시내에 뿌립니다. 당시에는 신문이 전날에 제작, 인쇄, 배포됐다고 하지요? 그래서 6월 27일에 만든 6월 28일자를 보면 180도 다른 내용이 실려 있어요. '제공권 완전장악'이라는 제목과 '국군, (경기도) 의정부(시)를 탈환… 장(하다)! 전면적으로 일대공세'라는 부제의 기사에서 〈조선일보〉는 "아 (우리) 국군 의정부부대는 10시 30분 의정부를 완전히 탈환하고 패주하는 적에 대하여 맹렬한 추격전을 전개. 또한 문산 기타 지구에서도 전면적인 반격으로 말미암아 적의 전열은 극히 혼란되고 있으며 38선을 향해서 속속 후퇴하고 있다"고 보도했어요. 국방부 발표라고는 하지만 인용 표시가 없거든요. 독자는 있는 그대로의 사실로 믿을 수밖에 없습니다. 그런데 이튿날, '김일성 장군 만세'를 받아든 겁니다. 일제가 강점하니 천황폐하 만세 외치고, 북괴가 강점하니 김일성 장군 만세 외치고, 미국이 사실상 강점하니 반미 사상 덮어놓고 짓밟고, 박정희가 강점하니 사설에서마저 박정희에게 각하라고 존대하고, 전두환이 강점하니 육사의 혼이 키워낸 신념과 의지와 행동 운운하고…… 사상과 이념, 체제와 정권을 뛰어넘어 강자에게만 달라붙는 쓰레기 신문의 민낯이 드러난 셈이지요. 물론 〈조선일보〉는 "우리가 찍은 신문이 아니다"라고 말합니다. 해명 참 편리합니다. 그렇다면 북괴가 당시 인쇄 기술로 〈조선일보〉 제호를 멋대로 절취해 호외를 냈다는 말일까요? 당시에 〈조선일보〉 제호의 호외를 발행할 절실한 필요성이 북괴에게 있었을까요?

중요한 대목이 있습니다. 사주, 즉 방응모가 당시 피란가지 않고 서울에 남아 있었다는 점입니다. 이 호외에 반발했다는 역사적 기록이 없지요. 알 수 없다고 칩시다. 방응모는 1950년 7월 6일 성동서 내무요원에게 압송된 이후로 소식이 끊겼고, 미군 폭격기가 쏜 포탄에 맞아 죽었다는 증언만 있습니다. 아마 피란을 못 가 서울에 남은 것 같은데 서울이 인민군에 의해 강점되니 김일성 체제에 안주하려 했던 것은 아닐까요? 그런 의심이 가능한 구술도 있습니다. 〈미디어오늘〉은 관련 기사에서 『방일영과 조선일보』(방일영문화재단, 1999)의 전택보 씨 증언 내용을 인용해 "방응모 씨가 피란을 가지 않은 것은 전체 상황을 잘못 판단한 원인도 있지만, 또 다른 이유는 자기가 은혜를 베푼 사람들을 지나치게 믿었기 때문이다. 방응모 씨는 〈조선일보〉를 경영하면서 '서중회'라는 장학회를 조직하여 성적이 우수

하지만 가정이 빈곤해 고생하는 학생 60여 명을 도왔는데, 그들 가운데 대부분이 좌익이 되었고 월북한 사람도 여럿 있었다"고 전했습니다. 또 『계초 방응모』(방일영 문화재단, 1996)의 저자인 이동욱의 말도 전했는데요, 방응모가 피란을 떠나지 않은 것을 두고 "그(방응모)는 자신이 키우다시피 한 계초장학회 학생들의 일부가 공산당에 가입하고 있었다는 점에 너무 기대를 하고 있었는지도 모른다"고 돼 있습니다. 확인 못하는 당시 현실을 〈조선일보〉는 방패막이 삼는 거 아닐까요? 흥미로운 것은 SNS 등에는 "〈조선일보〉 그럴 줄 알았다"라는 반응이 지배적이라는 점입니다. 부인해봤자 소용없다는 겁니다. 차라리 "생존하기 위해 어쩔 수 없었다. 그러나 마음만은 국군 수복을 앙망하고 있었다" 이러는 게 낫지 않을까요? 친일 반민족 전력 해명 매뉴얼대로 말입니다. 이렇게 해가 바뀌면 그 해에 충성하던, 지조와 결기라고는 눈곱만큼도 없는 신문이다 보니, 이 신문의 성장사에는 필연적으로 권력 특혜라는 그림자가 수반되는 겁니다.

민   종편이 특혜를 받은 것처럼 조중동도 특혜를 받고 성장한 거죠.

김   다만 다소 다른 평가가 가능한 사람이 있으니 〈동아일보〉 2대 사주 일민 김상만입니다. 이 양반은 기자를 성직자, 스승처럼 우대했다고 하더군요. 그래서 비교적 자유로운 언론 환경을 조성했다는 겁니다. 그러나 그것도 평시 때 상황이었고요. 사장으로 취임한 1971년 8월 이후 1974년 동아일보사 기자들과 동아방송 프로듀서들이 노조를 결성하고, 자유언론실천운동을 본격 전개하자, 처음에는 눈치 좀 보다가 이듬해 1백 명 넘는 언론인들을 단칼에 날렸어요. 정권이 바뀌고 시대가 변해도 〈동아일보〉는 이분들에 대한 명예회복과 복권, 즉 복직은 시도조차 안 했지요(결국 이분들은 〈한겨레〉 창간의 주역이 됩니다). 그러다가 3대 김병관 씨가 이어받으면서 〈동아일보〉는 이러한 저항의 DNA를 완전히 상실한 채 〈조선일보〉의 그림자 뒤에서 2인자 수구신문의 길에서 자족하고 있는 형편이고요.

민　　사주나 족벌 체제의 취약점 중 하나가 만약 사주의 도덕성이나 경영 능력 측면에서 심각한 문제가 생겼을 때 회사나 매체 자체가 흔들릴 수 있다는 것이거든요.

더 이상의 특혜를 바라지 마라

—

김　　〈뉴욕타임스〉나 〈워싱턴포스트〉도 소유주가 있어요. 족벌 체제인 셈이지요. 그런데 규약을 통해 편집권과 경영권을 분리시켰어요. 그런데 우리는 '경영권=편집권'이 돼버리는 구조가 되다 보니까 사주의 이익과 신문사의 이익이 일치되는 파행이 빚어져요. 그래서 노무현 전 대통령 말대로 이 땅에는 '언론의 자유'는 없고 '언론사주의 자유'만 남는 셈이죠. 앞서 〈조선〉, 〈동아〉 등이 더러운 결탁, 즉 권력에의 종속으로 기득권을 유지해왔다고 말했는데, 〈조선일보〉만은 스스로 권력이 됐다고 생각하나 봐요. 권력의 정점에 섰다는 말인데 이러다 보니 종속될 대상이 없는 거죠. 그러니 박근혜 정부를 상대로도 큰소리칩니다. 정윤회 문건 관련 보도를 보세요. 날 서기로는 〈한겨레〉 뺨칩니다. 이런 간 큰 착각을 하게 만든 건, 1993년 김영삼 대통령 만들기, 2003년부터 집권기 내내 이어진 노무현 정부 흔들기, 그리고 2007년, 2012년 연이은 우호 세력의 정권 장악 등이 계기였다고 봐요. 《조선일보》 출신 인사들이 새누리당 권력 요직에 진출하지요? '내선일체'와 어감이 유사한 '새선(새누리─조선)일체'의 한 단면인 거지요. 언론에서 권력으로 또 권력에서 다시 언론으로 넘어오는 전 과정에서 《조선일보》 구성원들은 저널리스트로서의 가책 따위는 느끼지 않는 것 같아요. 새누리당 국회의원을 했던 진성호, 새누리당 국회의원 후보였던 이진동을 보세요. 지금 TV조선 진행자, TV조선 사회부장으로 여당의 정권 재창출을 위해 뛰다시피 하잖아요. 직역만 바뀌었을 뿐, 그들의 업무는 '수구 기득권 세력'의 영구 집권이라는 목적 면에서 일체화돼 있지 않나 하는 겁니다.) 이런 믿음은 '정권이 어디로 넘어가든 우리의 위상을 건드릴 수 없을 것이다', '건드리면 전쟁'이라는 신호겠지요. 그러나 오판입니다. 반칙과 편법이 통하던 시대에나 가능할 권력과의 '밀당', 새 시대에도 가능하겠습니까? 가능하다면 이 나라는 희망이 없습니다.

민   그런 측면에서 봤을 때 《중앙일보》와 JTBC가 상당히 스탠스를 잘 취한 경우고, 《조선일보》와 《동아일보》는 재벌 3세들, 사주 아들들이 그런 유연성을 아직 보여주지 못하고 있다고 보거든요. 그래서 앞서도 얘기한 것처럼 도덕성도 아직 정확하게 검증이 안 됐고 경영 능력은 더더욱 검증이 안 됐고 언론 자유나 소유와 편집의 분리에 대한 미래 경쟁자로서의 비전, 생각, 철학도 아직 공개가 안 됐고, 여러 가지 종합해봤을 때 우려가 많아요. 사람들이 흔히 생각하기 쉬운 것이 '설마

망하겠어?' 이거거든요. 그런데 계속 변화하는 미디어 환경 속에서는 설마가 아니라 당면한 문제입니다. 저 역시 불과 수년 전만 하더라도 "그래도 MBC인데 영향력이 쉽게 무너지지 않는다"고 이야기했었고 수많은 미디어 전문가들이 그렇게 얘기했었는데, 웬걸, 한 방에 가지 않았습니까. 앞으로 몇 년 뒤에 어떻게 될지 모르는 상황이고 정치적 환경 같은 변수를 따져봐야겠지만, 엄격한 시장 논리로 봤을 때 생존하기 쉽지 않아요. 물론 뭔가 특혜가 있으면 살아남겠죠.

김　특혜는 거둘 수밖에 없을 거예요.

민　특혜를 주기에는 점점 어려운 시대가 되고 있는 거죠.

김　방상훈 사장이 혹시 대선후보로 출마해 당선되면 모를까, 〈조선일보〉의 이익을 위한 거국적, 거중적 지원은 MB 같은 대통령이 된 최초의 사기꾼이 아니고서는 불가능해요. 1년이 다르고 2년이 다른 IT 생태계에서, 허울뿐인 '1등 신문' 간판 앞세워 매체력을 유지하려 한다? 노무현 전 대통령이 "이젠 권력이 시장에 넘어갔다"고 했는데, 이젠 언론이 포털에 넘어갔어요. 엄중한 현실입니다.

민　그래서 한국신문협회가 움직이고 있는 거거든요. 한국신문협회가 협회 산하 회원사들과 공동으로 대응해서 네이버 뉴스 콘텐츠 가격에 대해 지금보다 훨씬 높은 가치의 '뉴스 콘텐츠 제 가격 받기' 이런 취지로 계속 다독이고 있습니다. 단일 대오를 형성해야 하는데 그게 형성이 안 돼요. 각 사마다 이해관계가 다 달라서 쉽지 않습니다. 왜냐하면 네이버를 통해 뉴스 콘텐츠를 접하는 사람들이 많기 때문에 조중동이 네이버를 공격하는 문제와 네이버를 통해서 뉴스 콘텐츠가 소비되는 현상 자체가 가지고 있는 문제점은 다르게 봐야 하거든요. 네이버가 가지고 있는 문제점이 분명히 있습니다. 그래서 비공식적이긴 합니다만, 2015년이 〈미디어오늘〉 창간 20주년이기도 해서 제가 〈미디어오늘〉 편집국장으로 있을 당시 〈조선일보〉 쪽에 비공식적으로 네이버와 관련된 토론회 같은 걸 공동으로 해보는 게 어떻겠느냐 이런 제안을 했는데, 〈조선일보〉 쪽에서 대단히 부정적인 입장을…… (웃음)

김　제안 내용이 마음이 안 든다기보다는 제안 주체가 마음에 안 드는 거겠죠.

민　맞아요, 주체가 마음에 안 드는 거죠. 사실 네이버에 종속되어 있는 한국 언론의 문제점은 〈조선일보〉와 〈미디어오늘〉의 스탠스와는 상관없이 공동으로 토론해볼 수 있는 사안이거든요. 그런데 여기에 컬러와 노선이 개입되니, 이래서 한국 언론은 안 된다고 봅니다.

5 장

경제 신문을
읽어드립니다

철저하게 기업친화적인 한국의 경제 신문

<hr>

김　이제 〈한국경제〉, 〈매일경제〉, 〈서울경제〉 등 경제 신문에 대해 간단하게 짚어볼까요? 간단히 짚어만 봐도 됩니다. 저널리즘의 무게가 가장 가벼운 신문들 아닙니까? 누가 주 독자층입니까?

민　경제 신문은 주로 기업 관계자들이 많이 읽죠.

김　기업 관계자들은 누굽니까? 노동자층도 많나요?

민　주로 홍보실이나 임원들이에요. 대기업 종사자들이 많이 읽는다고 봐야죠. 가정에서 경제지를 구독하는 사람은 별로 없습니다.

김　경제 공부를 하기 위해 의지를 갖고 읽는 경우가 더러 있다고는 하지만, 영어 공부를 한다며 영자지를 구독하면서도 쌓아두기 일쑤인 상황과 진배없어요.

민　쉽게 말씀드리면 업계 관계자들이 많이 읽습니다.

김　우리 기업에 대해 홍보를 잘해주는지, 혹시 우리를 씹는 건 아닌지를 살펴봐야죠. 지금 우리가 이야기할 수 있는 걸출한 경제 신문들, 대표적으로 〈매일경제〉, 〈한국경제〉, 〈서울경제〉 중에 기업에 대해서 각을 세우고 비판하는 신문은 전혀 없다시피 하잖아요.

민　없죠. 3대 주요 경제지뿐만 아니라 〈머니투데이〉 등 온라인 쪽의 경제 매체들이 많지 않습니까? 〈이데일리〉 이런 쪽은 물론이고, 요즈음 〈아시아경제〉도 생겼고 경제지들이 굉장히 많은데, 〈파이낸셜 뉴스〉도 그렇고 기업과 각을 세우는 경제지는 한국에 없습니다. 저는 단언컨대 그렇게 말씀을 드립니다.

김　기업 홍보지나 다름없고 자기들끼리만 보는 경제 신문에 뭐 하러 광고를 하는 걸까요?

민　정부 관계자들, 정부 기업 고위 공무원들이나 정책 결정을 하는 담당자들은 경제지를 봐야 합니다. 그리고 어찌 됐든 경제지라는 매체를 하나 만들면 그게 또 포털을 통해서 전송되는 경우가 많죠.

김　종이 신문을 찍는다는 이유만으로 권위를 인정받아서죠. 제가 들은 얘긴데 1만 부도 안 찍는 경제 신문도 있다고 합디다. 앞서 열거한 신문 중 하나예요.

민　아, 그 정도예요?

김　자기들이 먼저 발행 부수를 이실직고하기 전에는, 남몰래 윤전기에 나온 신문의 부수를 세보기 전에는 알 수 없는 거니까요. 진짜 1만 부도 안 찍는 신문이라는 게 드러나면 그 신문에 광고를 줄 이유가 없겠죠.

민　ABC협회 2013년 유료 부수 공사 결과를 보면, 〈매일경제〉가 55만 부, 〈한국경제〉가 34만 부예요.

김　〈한겨레〉가 한 15만 부 되죠?

민　네, 〈한겨레〉가 그 정도 됩니다. 2013년도 20만 부였죠. 〈경향신문〉이 17만 부, 〈한국일보〉가 16만 부예요. 그것에 비해서는 경제 신문 발행 부수가 굉장히 많은 거죠. 〈매일경제〉와 〈한국경제〉를 보는 상당수가 관공서나 기업의 포지션이 아닐까 생각됩니다.

김　ABC의 이른바 공사, 몇 부나 찍는지를 살펴보는 조사 결과는 신뢰할 만합니까?

민 단언할 수는 없지만, ABC협회가 발표하는 공사 결과에 대해서 각 지국에서는 회의적으로 평가하고 있습니다. 물론 ABC협회의 이야기는 다르긴 합니다만, 조사 결과가 정확하지 않다고 하는 사람들이 꽤 많고, 특히 조중동 지국을 담당하는 지국장들과 〈한겨레〉나 〈경향〉 쪽을 담당하는 지국장들의 평가가 다릅니다.

김 하여튼 이런 경제 신문은 권력 기관, 즉 관공서에 배달되지요? 기업이 신경 안 쓸 수가 없습니다. 이러다 보니 기업은 신문에 광고를 합니다. 그러면 신문은 그 기업을 띄워줍니다. 고차원적 사이비 언론 아닌가요? 그래서 이런 생각도 해요. 진보적 경제 신문은 어려울까? 기업을 맹목적으로 옹호, 두둔하는 게 아니라, 저널리즘 원칙에 기초해 성역 없이 비판하는 경제 신문, 아니 '경제 정의 신문'은……

민 불가능하다고 봅니다.

김 왜 그럴까요?

기업의 광고로 생존하는 신문 시장

민 한국 신문 시장 자체가 유료 부수나 독자들이 신문을 사거나 구독하는 걸로 운영되지 않아요. 기업의 광고가 절대적입니다. 물론 일시적으로 기업을 비판할 수는 있어요. 이를테면 광고를 안 준다거나 할 때 요즈음에는 포털에 검색만 되더라도 기업을 괴롭힐 수 있는 방법은 굉장히 많거든요. 가끔씩은 그런 게 가능할 수도 있겠지만, 결정적으로 기업을 항상 비판하고서는 신문사 운영을 할 수가 없습니다.

김　진보적 경제지를 표방해 나온 신문이 우리 언론 역사에서 전혀 없지는 않습니다. 〈노동일보〉라고 있지 않았습니까?

민　문을 닫았죠.

김　생각해보니 문 닫았군요. 제가 이야기한 '저널리즘이 있는 경제 신문'의 실패로 단정할 수 있을까요?

민　그런데 이런 건 생각해볼 수 있어요. 진보적 경제지를 현실화시킬 수 있는 생각을 해볼 수는 있죠. 이를테면 진보적 경제지가 탄생하면 민주노총이나 노동단체들이 구독을 하는 겁니다.

김　솔직히 민주노총 조합원이 60만 명이라고 하는데 10만 명만 그 신문을 구독해주면 무시 못하겠죠.

민　산술적으로는 그렇게 될 수 있지만 그게 잘 안 돼요. 지금 〈한겨레〉, 〈경향신문〉을 보십시오. 잘 안 되거든요. 〈미디어오늘〉도 그런 생각을 하고 있습니다. 민주노총에서 예산 배정해서 10만 부만 구독해주면 〈미디어오늘〉, 장난 아닐 겁니다. 그런데 현실적으로 그게 되지 않아요. 신문을 구독하는 것은 전혀 다른 문제더라고요.

김　사실 민주노총이나 전교조, 공무원노조 등 산별 노조라 하더라도 중앙 조직의 지도력이 강고하지 않아요. 개별 사업장 노조만 힘이 있지 다 모인다고 시너지를 내지는 않아요. 종교도 그러하지요. 개신교 쪽에는 한국기독교총연합회라는 단체가 있지만 뭘 모르는 사람 말고 두려워하는 경우는 없어요. 신도가 800만 명대라지만, 한기총 회장이 누군지 아는 개신교인이 한기총 종사자 말고 과연 몇이나 있을까요? 한기총과 민주노총을 비교한다는 건 무리일 수 있지만요. 세포 지역 조직이 결합해 만든 중앙 조직 중 권위를 극대화할 수 있는 곳은 새누리당밖에 없어 보여요. 한 지도자 아래 일사불란하게 돌아가는, 보스가 구심된 조직이죠. 다시 경제 신문 이야기로 돌아가봅시다. 자기들 홍보해주고, 불리한 정책이 있을 때는 대변도 해주는 등 '기업의 견제자'가 아니라 '벗'인 경제 신문, 하지만 기업들은 추가로 창간되는 걸 바라지 않을 거예요. 시장 상황에 비해 너무나 수가 많으니……

민　경제지뿐만이 아니라 다른 매체가 추가로 생기는 것도 기업들은 좋아하지 않습니다. 진보적 매체든 보수적 매체든 상관없어요.

김　〈매경〉 장대환 회장은 고 정진기 〈매경〉 창업주의 외동사위입니다. 아들은 없고 딸만 하나뿐이던 정진기 씨의 사업을 이어받아 장대환 씨가 1986년 미국에서 귀국해서 〈매일경제〉 기획실장으로 신문 경영에 발을 내디뎠고 그 후 이사, 상무, 전무를 거쳐서 88년에 대표이사를 하게 됐지요. 그러다가 DJ정부 들어서 총리로 발탁될 뻔했다가……

민　부동산이 되게 많았어요.

김 장상 전 총리 후보자와 비슷한 부동산 투기 의혹을 받았죠.

민 장상 전 후보자보다 더 심각한 의혹이었어요.

김 8학군 위장 전입 의혹, 탈세 혐의, 이런 걸로 의혹이 제기됐을 때 당시 〈매일경제〉가 어떻게 보도했느냐? 이때가 2002년 8월이었죠. 8월 23일자 〈매일경제〉는 "총리 임명 동의안 처리와 관련해서 청문회를 앞두고 일부 정치권과 언론에서 정도를 넘어선 비방과 모략이 나서고 있다"라고 했어요. 자기 신문 사주가 총리가 되는 상황에서 이런 여러 가지 의혹들이 제기되니까 비방과 모략이라고 단정하는 〈매일경제〉, 뭘 기대할 수 있겠습니까?

민 문창극 파문 때 〈중앙일보〉가 어떤 스탠스를 취했느냐, 그거랑 똑같은 거죠.

김 〈매일경제〉 기사에는 "회계 투명성을 높이기 위해서 은행 대출로 회사 돈을 갚았다"며 총리 후보자인 장 회장이 모범적인 경영인인 양 선전한 일도 있었다고 하는군요. 사주가 설치는 언론치고 독자에게 시시비비를 정확하게 가려주는 경우는 찾기 힘들어요.

전경련의 대변인인 〈한국경제〉

민 사주 없는 언론 가운데 사실상 문제가 있는 곳이 한 군데 있죠. 그게 바로 〈한국경제〉입니다.

김 거의 유일한 사례입니다. 여기는 전경련이 만드는 신문 아니에요?

민　전경련에 가입되어 있는 대기업들이 주요 주주로 들어가 있습니다. 그러다 보니 심지어 이런 얘기를 하시는 분들도 꽤 많습니다. 전경련 대변 기관지나 다름없다고요. 실제로 이렇게까지 대놓고 얘기하기 쉽지 않거든요. 그런데 작년 2014년 말부터 기업인, 기업 총수들을 사면, 가석방해야 한다는 얘기가 많이 나오지 않았습니까? 그런 분위기가 서서히 무르익고 있었는데 대한항공 조현아 사태 때문에 쑥 들어갔어요. 재벌 3세들이 저러고 있으니까 예전에 기업 횡령 등으로 들어갔던 총수들의 사면 이야기를 꺼낼 수가 없는 거죠. 그러다가 최경환 경제부총리나 최근에는 김무성 대표도 조심스레 한마디 했죠. 사면 등이 필요하다고. 그런데 전경련 기관지라고 혹평깨나 받았던 〈한국경제〉는 역시 다릅니다. 이 신문은 대놓고 말하죠. 2014년 12월 29일 〈한국경제〉가 특별 사설을 냅니다. 그런데 그 특별 사설을 어디에 배치했느냐? 1면에 배치합니다.

김　"기업 살려도 감옥 가고 망해도 감옥 가는 나라. 기업인 가석방이 왜 논쟁거리인가. 기업가에 대한 증오와 분노를 정당한 법 집행이라 부를 수는 없다. 업무상 배임은 징역 아닌 손해배상 문제일 뿐 범죄에 상응한 처벌이 법치, 유전중죄도 곤란." 이거죠? 아니, 배임이 형사상 책임져야 할 사안이 아니라고요? 〈한국경제〉가 입법까지 하는군요. 형법상 문제가 되니까 형사처벌하는 것 아닙니까? 그래놓고 "손해배상 문제일 뿐이다"?

기업 살려도 감옥 가고, 망해도 감옥 가는 나라

**기업인 가석방이 왜 논쟁거리인가
기업가에 대한 증오와 분노를 정당한 法집행이라 부를 수는 없다**

**업무상 배임은 징역 아닌 손해배상 문제일 뿐
범죄에 상응한 처벌이 법치, 有錢重罪도 곤란**

새누리당과 새정치민주연합이 기업인 가석방 문제에 전향적인 견해를 잇달아 밝히고 있다. 곧 여야 간 협의를 한다는 말도 들린다. 나라 경제가 침체 일로에 있고 오너가 있어야 투자도 늘어날 것이라는 정부의 솔직한 고백도 여러 번 나왔다.

경기 침체에 직면해 기업인들에게 가석방의 은전을 베풀어주자는 정치권의 최근 움직임을 우리는 환영해야만 할 것인가.

원천적으로 기업인들은 대체 무엇 때문에 이토록 여러 명이 한꺼번에 감옥에 들어가 엄동설한 냉기에 발을 구르고 있어야 하는가. 물론 그들은 죄를 지었을 것이다. 업무상 배임(형법 356조)이라고 하는 중대 탈법 행위다. 돈이 왔다 갔다 했으니 횡령죄도 더해졌다. 그들 중에는 가짜 장부를 만들어 투자자를 속인 자도 포함됐다. 그러나 준엄한 판결이기만 하면 법치주의적 조건들과 법 앞의 평등이 지켜졌다고 할 수 있을 것인가. 아니 '범죄에 상응한 처벌'이라는 대원칙이 준수됐다고 할 것인가.

냉정히 들여다보면 정치인들이 제멋대로 특정인을 석방하고 사면하는 것이라면 이는 법치주의라 할 수 없다. 감옥살이가 정치인의 은전에 달린 것이라면 이 역시 법치가 아니다. 국회의원이 사면권이나 가석방 권한을 가져본 적도 없다. 그런데 왜 정치인이 나서는가. 이것이야말로 한국 기업인 범죄와 처벌의 정치적 속성 및 성격을 극명하게 드러내고 있다. 반反법치주의적 과잉 처벌 말이다.

지금 감옥살이를 하고 있거나 최근까지 감옥살이를 했던 기업인들에게 적용된 주된 범죄는 업무상 배임이다. 그러나 돌아보라. 업무상 배임죄로 옥살이를 하는 나라는 한국뿐이다. 미국 등 대부분의 나라에서 업무상 배임은 민사상 손해배상 문제를 성립시킬 뿐이다. 독일과 일본 법에 업무상 배임죄가 있다고 하지만 주식법, 판례 등에 의해 경영 판단은 면책하고 있음을 직시해야 한다. (중략)

한국 기업가들을 감옥으로 끌고 가는 또 하나의 악법은 세계에서도 가장 악랄한 징벌적 상속세다. 이건희 회장이 이 때문에 근 10년을 허송했고(무죄였다!), 대부분 경영자들도 이 악법에 걸려 희생자가 되고 있다. 한국은 경영권이 있는 대기업 주식을 상속하면 무려 65%의 상속세를 때린다. 이런 상속세를 물고 나면 경영권은 상속이 불가능하다. 이 때문에 꼼수가 생겨나고 탈법 수단이 개발된다. 결국 감옥에 가거나 거액의 사회적 기부금을 바치고서야 정치권은 상속을 허용하는 것이다. 이 약탈적 세제를 유지하는 나라는 세계적으로도 드물다. 스웨덴, 호주 등 많은 국가가 상속세를 폐지했다. 미국은 과세이연으로 사실상 비과세다.

그렇게 대한민국의 법제는 기어이 모든 기업가들을 범죄자로 만들고 만다. 재벌만의 문제도 아니다. 작은 기업도 자칫하면 걸려든다. 거의 모든 기업가가 기업의 부도와 동시에 범죄자가 된다. 기업이 위기에 빠질 때 대부분 기업인은 사기죄와 탈세에 걸려든다. 마지막 단계에서의 필사적 자금 조달은 거의 100% 사기죄다. STX도 그렇고 LIG도 다를 것이 없다. 지금 SK는 형제가 옥살이를 하고 있고 태광은 모자가 징역형 재판을 받고 있다. 가족 공범의 경우 한 명만 감옥살이를 시킨다는 전통적 온정조차 모두 사라진 거칠고 황량한 법 집행이다. 기업인 범죄는 재판부부터가 조심 또 조심이다. 혹여나 국회 인사청문회에서라도 문제될 것을 극력 피하려는 심정 때문이다. 처벌은 범죄에 상응하는 것이라야 한다. 덫을 쳐두고 걸리기를 기다리는 그런 법률은 이미 법률도 아니다.

경제가 죽고 있기 때문에 기업인을 석방하는 것이 아니라 기업인도 보편적 법정에 세울 수 있기 때문에 인신구속을 조심하는, 그런 법 환경이어야 경제도 살아난다. 기업을 살려내도 감옥 가고 기업이 죽어도 당연히 감옥에 가는, 그런 법적 환경에서 과연 누가 기업을 할 것인가. 또 축적한 재산의 65%를 국가에서 빼앗아가는 나라에서 경제가 잘되기를 어떻게 바랄 수 있겠는가. 최근 정치권에서 기업인 처벌에 대해 전향적 태도를 보여주는 것은 모처럼 반가운 소식이다. 그러나 일회성 은전이 아니라 관련 법제를 충분히 재정비해 더는 애꿎은 범죄자가 양산되지 않도록 해야 한다.

김   타이틀이 특별 사설이군요.

민   특별 사설 옆에 '기업 살려도 감옥 가고 망해도 감옥 가는 나라'라는 제목과 '기업인 가석방이 왜 논쟁거리인가'라는 부제를 붙이고는 "손해본 사람(주주를 얘기하는 것이겠죠?)이 없는 구조조정이나 기업인 범죄는 처벌할 수 없다", 이런 논리를 전개합니다. 그러면서 김승연 한화그룹 회장 건, 효성그룹 사례를 들면서 "성공한 구조조정을 처벌하는 황당한 일이 일어나고 말았다"고 말하고, 이건희 삼성그룹 회장의 사례도 들면서 "세계에서도 가장 악랄한 징벌적 상속세도 문제고 경영권이 있는 대기업 주식을 상속하면 무려 65%의 상속세를 때린다"고 합니다. 상속세를 없애라 이거죠. 그리고 형제 옥살이 SK, 모자 재판 중인 태광그룹에 대해서는 "가족 공범의 경우 1명만 감옥살이를 시킨다는 전통적인 온정조차 모두 사라진 거칠고 황량한 법 집행이다." 〈한국경제〉만 이런 게 아니라 〈파이낸셜뉴스〉도 지난해 말에 역시 비슷했어요. 〈파이낸셜뉴스는〉 전국경제인연합회와 함께 2주 동안 실시한 공동 설문조사 결과를 2014년 12월 29일자 1면에 실었습니다. "국민 66% '경제 살리려면 기업인 사면이 필요'"라는 제목을 달고요. 다른 데도 아니고 전국경제인연합회하고 공동 설문조사를 하면 당연히 이쪽으로 나오죠. 전경련인데.

김   전경련 조사 결과가 설문이 엉터리였다는 얘기가 있던데요.

민   이 여론조사는 문제가 있습니다. 조사 대상이 서울·경기 지역의 경제활동을 하는 20세 이상 성인 남녀 100명이었어요. 전경련과 설문조사를 한 것도 문제인데, 표본이 100명이에요. 그것도 20세 이상 성인 남녀라니? 세대별 구분도 안 되어 있습니다. 그래 놓고서는 설문조사 결과 국내외 경제위기와 사회적 혼란 상황에서 국민 대화합과 경제 살리기 차원에서 대통령 사면이 필요하다는 여론이 높았다고 보도합니다. 상식적인 수준의 언론이라면 이 정도 표본을 가지고 조사를 했으면 이걸 1면에다 배치하지 않습니다. 이건 사실상 전경련의 입장을 그냥 내보냈다고 해도 과언이 아니에요.

경제적 이해관계에 따라 제작되는 경제 신문

김 결국 이런 거죠. 조현아 대한항공 부사장 구속으로 불붙은 '땅콩회항' 논란, 즉 전대미문의 재벌가 갑질 파문으로 인해 국민적 공분이 커지니까 기업인 사면권을 쥔 권력은 쉽사리 그 카드를 꺼낼 수가 없고, 그러자 경제 신문이 나서서 국민 여론은 그렇지 않다, 기업인들 속히 사면시켜야 한다는 쪽으로 바람몰이를 한 것입니다. 따라서 이런 경제지의 의도적 메시지를 무비판적으로 수용하게 되면 대기업 논리를 복창하는 것일 수밖에 없는 것입니다. 이런 분들 보면 개미가 생각납니다. 주식시장에서 번번이 당하는 그 개미 말이에요. 경제 신문이 절대 대변하지 않는 대상인 개미들이 경제 신문을 열심히 읽지요. 새로울 것도 없고, 자신들을 위하는 정보가 아닌데도요.

민 정말 철저하게 경제적 이해관계에 따라서 지면을 제작하는 곳이 경제지라

 NEWS

이런 경제지의 의도적 메시지를 무비판적으로 수용하게 되면
대기업 논리를 복창하는 것일 수밖에 없는 것입니다.
이런 분들 보면 개미가 생각납니다.
주식시장에서 번번이 당하는 그 개미 말이에요.
경제 신문이 절대 대변하지 않는 대상인 개미들이 경제 신문을 열심히 읽지요.
새로울 것도 없고, 자신들을 위하는 정보가 아닌데도요.

정말 철저하게 **경제적 이해관계**에 따라서 지면을 제작하는 곳이 **경제지**라고 봅니다.

노동, 시민단체, 비정규직, 이런 데서는 돈 안 나와요.
그런데 대기업, 전경련, 주요 기업들에서는 광고라는 걸 들이밉니다.
철저하게 그 논리에 따라서 지면이 제작되고 기사가 제작되는 곳이 **경제지**입니다.

고 봅니다. 노동, 시민단체, 비정규직, 이런 데서는 돈 안 나와요. 그런데 대기업, 전경련, 주요 기업들에서는 광고라는 걸 들이밉니다. 철저하게 그 논리에 따라서 지면이 제작되고 기사가 제작되는 곳이 경제지입니다. 그런 세계관과 철학을 가지고 있는 사람들이 그 신문사에 들어가는 것에 대해서는 제가 가타부타할 생각이 없습니다. 그런데 거기에 문제의식을 가지고 있는 사람이라면 언론사 입사 시 경제지를 선택해서는 안 된다고 봐요.

〈미디어오늘〉, 2015년 3월 17일 기사 中

매경·한경 '2차 지면대전 직전' 수습

매일경제와 한국경제 사이의 '2차 대전'이 매일경제의 사과로 발발 직전 일단락됐다.

17일 두 신문사 관계자들에 따르면 손현덕 매일경제 편집국장이 16일 오후 한국경제 편집국을 찾아가 이학영 편집국장과 경제·금융·증권 등 부장단 6명과 만나 사과했다.

발단은 한경 골프대회 스폰서에 대한 매일경제의 무리한 견제였다. 한경은 올해 6월 첫 대회를 치를 골프대회의 공동 타이틀 스폰서로 비씨카드로 한 '비씨카드·한국경제 오픈'(가칭)을 진행할 예정이다. 한경과 비씨카드는 후원 내용 등 구체적인 협상을 진행 중이며 4월 초쯤 조인식을 열 계획이다.

업계 소문은 빨랐다. 비씨카드의 한경 골프대회 후원 규모가 5억 원가량인 것으로 알려지면서 매경 쪽에서 나섰다. 매경은 11일 "삼성페이 등장에 날개 꺾인 BC카드" 기사에서 비씨카드에 대해 "시장 판도를 바꿔보겠다는 야심을 송두리째 날릴 처지", "직격탄을 맞았다" 등 비판적인 내용을 담았다.

골프대회 후원을 부탁한 한경은 입장이 난처해지자 매경을 견제하고 비씨카드를 보호하기 위해 매경 비판 시리즈 기사를 계획했다. 시리즈 첫 번째는 17일자 1면과 3면에 최근 논란이 된 MBN의 광고영업 행위를 비판하는 내용으로 준비됐다. MBN은 최근 광고마케팅국과 기자를 활용한 업무일지가 해킹으로 유출되면서 '구악'이라는 비판을 받은 바 있다.

한경은 또 매경의 부동산 사업 관련, 매경 소유주인 장대환 회장 일가에 대한 비판기사도 차례로 준비하고 전면전을 치를 태세를 갖췄다. 이를 위해 한경은 중견기자 중심으로 태스크포스를 꾸린 상태였고 기사 작성도 모두 마친 것으로 알려졌다.

손 편집국장이 한경 편집국을 찾아간 날이 16일 오후로 매경 비판 기사출고 하루 전날이다. 한경 한 관계자는 "매경의 광고 행태가 너무 괘씸해기사를 준비한 것으로 알고 있다"며 "그걸 듣고 매경 편집국장이 그 기사를빼기 위해 직접 편집국을 찾은 것"이라고 주장했다. (하략)

김   돈벌이와 관련한 공정한 정보를 접하고 싶다면…… 〈한겨레〉, 〈경향신문〉 조차 아니라고 봐요.

민   〈한겨레〉, 〈경향신문〉도 경제 기사는 선별적으로 봐야 합니다.

김   특히 진보 언론에서도 삼성은 최대 스폰서입니다. 그럼에도 삼성 비판 기사가 상당하지요. 그런데 착시 효과예요. 100을 비판해야 하는데 $(100-x)$%만 비판하는 거라고 봐요. 광고 의존도가 몇 %냐에 따라서 강도가 그만큼 약화되는 거죠. 2015년 3월 6일 스페인에서 열린 모바일 월드 콩그레스를 소개하며 〈한겨레〉가 별지 특집을 냈는데 헤드라인이 이거였습니다. '아름답다, 갤럭시S6'. 광고주와 연관된 기사에 특집 지면을 활용하면서까지 홍보성 기사를 써준 것 아니냐는 의혹이 일었지요. 〈한겨레〉 노조 관계자도 "별지 특집이라는 형식 자체가 대기업들이 광고를 주는 형태로 변했다"고 했습니다. 사실상 홍보성 기사임을 시인한 겁니다. 이뿐 아닙니다. 3월 10일자에서는 "뚜렷해진 주택거래 증가세… 집값 밀어올리나"는 제목의 기사도 실었잖아요. 선대인 선대인경제연구소장은 이렇게 탄식해요. "〈한겨레〉는 사설에서 '집은 사는 것이 아니라 사는 곳'이라고 주장하는데, 여전히 〈한겨레〉 지면에는 '집은 사는 것'이라는 관점의 부동산 기사가 계속 실립니다. 다른 건 몰라도 부동산 문제로 들어가면 이렇게 거의 차별화되지 않는 지면이 만들어지고 있으니 대한민국에서 부동산 문제를 제대로 다루는 언론은 거의 없다고 해도 무방합니다. (중략) 〈한겨레〉 종사자분들, 억울하시다고요? 한번 생각해보세요. 십수 년 동안 이런 지면을 꾸려오면서도 독자들에게 미안해하지 않았고, 내부적으로 담당 기자를 바꾼다든지 해서 보도의 변화를 꾀하지 않은 게 더 문제 아닌가요?"라고. 〈한겨레〉를 비롯한 신문들, 왜 그러겠어요? 광고 때문이지요. 광고주는 삼성만이 아닙니다. 부동산 경기가 한창 뜨겁던 2003년 10월 조중동 등 주요 일간지 광고의 절반을 부동산이 점했거든요. 하지만 건설 경기가 팍 꺾이면서 광고 비중이 그만큼 줄었겠지요. 원인과 맥락은 다르지만 부동산 경기만큼 신문 시장도 점점 축소돼갔습니다. 궁핍해진 신문 시장은 주술처럼 읍니다. "부동산 살아나라" 이렇게요. 그리고 건설사를 향해 팔 벌려 호객합니다. 〈한겨레〉라고 다를 리 없고요.

민　〈한겨레〉, 〈경향신문〉 경제면 기사도 일부를 제외하고는 사실상 기본적으로 보도자료를 바탕으로 하는 게 많고, 일방적인 제품 소개도 상당수입니다. 〈한겨레〉와 〈경향〉의 경제면은 다른 경제지나 종합일간지와 분명히 다른 부분이 있긴 하죠. 조중동이나 경제지와는 격이 다릅니다. 그렇지만 김용민 PD가 얘기한 것처럼 절대평가를 놓고 봤을 때는 문제가 좀 있어요.

김　순도 있는 경제 정보를 다루는 매체는 현존하는 메이저 중에는 없다고 봐도 됩니다. 방송도 마찬가지고요. 방송은 갈수록 더 심화될 것입니다. 방송사가 개별적으로 영업하는 시대가 열렸기 때문이지요. 방송광고의 공익적 완충 장치, 한국방송광고공사의 빈자리가 이토록 큽니다. 아직은 부동산, 제약 등 광고 품목 제한이 있어서 그렇지, 광고 규제를 대폭 없애면 TV는 잡화점이 될 겁니다. KOBACO라는 방파제가 사라진 바다에 자본의 쓰나미가 몰려오는 거죠.

민　옛날에는 정각마다 시간을 알려주는 시보가 있었죠. 그걸 삼성이 다 했거든요. 삼성 비판할 때 여러 번 나갔죠.

김   광고주의 입김으로부터 자유로운 방송은……

민   앞으로 점점 힘들어지는 겁니다.

김   단언컨대 경제 신문 읽지 마십시오. 경제지 없어도 대한민국 경제에 아무런 악영향이 없습니다. 도리어 불필요한 종이 쓰레기 양산을 줄인다는 점에서 환경 보호에 도움이 되며, 탄소 배출량을 절감함으로써 국가 경쟁력이 강화됩니다. 경제를 알고 싶다면 대기업이나 그 대기업의 이익을 대변하지 않아도 되는 매체나 단체, 지식인의 말에 귀 기울이십시오. 경제정의실천시민연합이나 선대인경제연구소는 아직 순도가 높습니다.

6장

〈한겨레〉, 〈경향신문〉을 읽어드립니다

재정적인 어려움을 겪고 있는 진보 매체들

—

김　우리 사회의 돈줄은 사실상 보수가 다 쥐고 있다고 봐야 합니다. 언론계도 마찬가지예요. 이 통계 맞혀보시겠어요? 2014년 기준입니다. 〈조선일보〉 35.3%, 〈중앙일보〉 28.2%, 〈동아일보〉 45.1%. 이건 무엇을 의미할까요? 규모 순으로 보면 조중동이 아니라 동조중이네요. 신문사의 자산 대비 부동산 비율입니다. 어마어마하지요? 3사 합산해보니 (부동산 자산이) 5,200억입니다. 〈조선일보〉와 부동산 하면 흑석동 방상훈 〈조선일보〉 사장 저택을 떠올리게 되지요? 총 3,748평입니다. 잠실야구장 그라운드 규모를 넘어서고, 청와대 관저, 이건희 삼성회장과 비교해도 넓습니다. 알부자 조중동에 비하면 진보 언론은 너무나 초라합니다. 진보 언론에는 돈과 땅 대신 말만 풍성해요. 운영에 아무 도움이 안 되는. 이번에는 우리가 〈한겨레〉, 〈경향신문〉 이야기를 해보려고 하는데……

민　돈이 없는 신문사입니다.

김　매우 없는 신문사이긴 한데, 이 신문사들은 그간 무엇을 먹고살았을까요? 민주 정부 10년 동안은 그런대로 살았습니다. 그 이전도 마찬가지였고요. 그런데 이명박근혜 정부 시대에는 광고 수주에 있어 상당한 불이익을 입었습니다.

민　민주 정부 10년, 그러니까 국민의 정부와 참여정부 때에 비해서 현저히 줄었죠.

김　MB정부 시기 정부 광고 수주 실적을 보니 〈한겨레〉가 19% 상승했고

〈조선일보〉 90%, 〈동아일보〉 88% 이렇게 올랐다고 해요. 확실히 자기들에게 우호적인 매체에 몰아줬다고 봐도 무리는 아닙니다.

민　왜냐하면 공기업 사장이나 정권이 교체됐을 때 공공기관들, 그 산하기관들에 대해 대통령이 인사를 하지 않습니까? 측근들, 아는 사람들을 내려 보내죠. 그러면 그 사람들이 정권에 호의적이지 않은 언론사에 광고를 많이 줄 리가 없죠.

김　〈경향신문〉의 증가율은 23%, 〈한겨레〉의 증가율은 19% 정도인데, 이건 %로 얘기하기보다 액수로 말하는 게 타당하겠죠. 이명박 정부 때 〈조선일보〉가 391억 5,380만 원의 정부 광고 수주 실적을 냈고, 〈중앙일보〉는 같은 시기 361억 1,382만 원, 그리고 〈동아일보〉는 374억 4,760만 원의 실적을 냈습니다. 〈한겨레〉는 이명박 정부 5년 동안 197억 4,780만 원이고, 〈경향신문〉은 171억 1,745만 원입니다. 정부도 할 말은 있겠죠. 발행 부수에 따라서 광고비를 차등할 수밖에 없는 것 아니냐, 이렇게요. 그러면 증가율만은 같아야 하는 것 아닙니까? 조중동이 80% 이상일 때, 〈한겨레〉와 〈경향〉은 20%에 그치는 것은 명백한 차별 아닌가요? 정부가 이러한데 기업들은 더 말할 나위가 없겠죠. 2007년에 이건희 삼성회장 비자금 사건과 관련해서 삼성이 2년 5개월 동안 〈한겨레〉와 〈경향신문〉에는 광고비를 전혀 집행하지 않았죠. 특히 〈한겨레〉는 이로써 2008년 61억여 원, 2009년 5억여 원의 영업 손실을 냈어요. 2010년 삼성이 광고를 재개하면서 반전돼 50억 원 영업 이익을 달성했고요. 광고 중단은 〈한겨레〉, 〈경향신문〉만이 아니었던 것 같은데.

민　〈미디어오늘〉도 들어갔습니다.

김　그런데 〈미디어오늘〉은 아직까지도 안 풀고 있어요. 이게 굉장히 무서운 애

6장.
〈한겨레〉, 〈경향신문〉을 읽어드립니다

긴데, 이렇게 광고를 갖고 언론을 핸들링할 수 있다는 것 아닙니까?

민   충분히 핸들링이 가능합니다.

삼성, 광고로 언론을 쥐락펴락하다

김   삼성의 광고가 일종의 무기가 되는 셈이죠. 〈한겨레〉나 〈경향신문〉으로서는 "언제 삼성이 광고를 뺄지 모르니 삼성 광고비는 따로 세이브해놓자" 이럴 재정 형편이 아니잖아요.

민   신문사들 입장에서 한국 언론에 대한 삼성의 영향력을 상징적으로 보여주는 몇 가지 사건들이 있습니다. 모든 신문사들이 신년호를 발행하지 않습니까? 대부분의 신문에 삼성 광고가 1면 아니면 백면 광고에 실립니다. 한마디로 삼성이 깔아요. 그게 뭘 의미하겠습니까? 신년호에 신문사 광고국 사람들이 요청을 하겠죠. 그리고 삼성 쪽에서도 신문사 광고비를 책정할 때 그런 걸 생각해서 하지 않겠습니까? 그 사람들이 자선사업 하는 사람들도 아니고 뭔가 의도가 있겠죠. 〈경향신문〉과 〈한겨레〉라고 다른 신문에 비해 그런 점에서 자유로울 수는 없습니다. 진보적 가치를 표방하고 나선 신문사인데도요. 하지만 그나마 최소한의 가이드라인 정도는 있는 신문사 같아요.

김   그러니까 100% 중 광고 수익 비중을 뺀 나머지 비율 정도로만 비판하는 거예요.

미디어협동조합이 창립 준비 시점인 2013년 2월에 "우리는 삼성 광고 받지 않겠다"는 광고를 〈한겨레〉에 실으려고 했는데 〈한겨레〉에서 거부했죠. "삼성 눈치 보여서 못 싣는다"는 말 빼고 동원 가능한 모든 수사修辭로 이유를 대더군요. 그래서 〈경향신문〉에 실으려 했는데 거기도 거부했습니다. 미디어협동조합의 광고는 이런 내용이었어요. "이건희 회장님, 죄송합니다. 국민TV(가칭)는 삼성 광고를 받지 않기로 했습니다. 삼성이 특별히 미워서 그러는 게 아닙니다. 삼성의 막대한 광고는 한국 언론을 살찌게 했으나 한편으로는 한국 언론을 우둔하게 했습니다. 비판적 국회의원 배지마저 앗아갈 수 있는 거대 권력으로서 삼성을 잊게 만들었습니다. 이름 없고 힘없고 가난한 노동자의 고통 또 죽음을 못 보게 만들었습니다. '광고 줄 생각도 없는데 국민TV(가칭), 웬 김칫국이냐'고요. 알 수 없는 일입니다. 국민은 삼성으로부터 독립하는 언론을 원하고 있거든요. 국민TV(가칭)는 성공을 확신합니다. 그때는 직접 광고를 들고 오셔도 정중히 사양하겠습니다. 광고 아닌 다른 방법으로 영향력을 행사하셔도 소용없습니다. 국민TV(가칭)는 모든 조합원이 사주이며, 편집 편성권 독립이 원칙입니다. 전혀 새로운 언론의 출현에 대한 최적의 대응은 삼성의 사회적 책임을 키우는 것입니다. 다만 회장님 개인의 국민TV(가칭) 모체인 미디어협동조합 가입을 환영합니다. 그러나 얼마를 출자하시건 지분은 삼성 비정규직 노동자 신분의 조합원과 같습니다. 순환 출자, 계열사 지분세탁, 총수 지배력 강화… 그런 거 없습니다. 미디어협동조합에서 참된 경제 민주화를 맛보십시오. 회장님의 건승을 진심으로 기원합니다."

민 〈한겨레〉와 〈경향신문〉의 입장은 충분히 이해합니다. 진보 언론 역시 삼성에서 자유로울 수가 없다는 거죠. 그리고 상징적인 사건이 하나 있었죠. 〈경향신문〉과 〈한겨레〉가 얼마나 삼성으로부터 자유롭지 못한지를 보여주는 상징적인 사건이 2010년에 발생합니다. 김상봉 전남대 철학과 교수가 삼성을 비판하는 칼럼을 〈경향신문〉에 보냈습니다. 그런데 〈경향〉이 그걸 안 실었어요. 그래서 그때 〈경향〉마저 자본 권력 삼성에 굴복하는가, 이런 비판이 쏟아졌습니다.

김 내부의 젊은 기자들도 문제 삼았죠. 그래서 〈경향신문〉이 2010년 2월 24일자 1면 알림란에 "대기업 보도 엄정히 하겠습니다"라는 제목의 알림을 냈는데 내용은 이러했습니다. "편집 제작 과정에서 대기업을 의식해서 특정 기사를 넣고 빼는 것은 언론의 본령에 어긋나는 것이지만 한때나마 신문사의 경영 현실을 먼저 떠올렸음을 독자 여러분께 고백합니다." 이런 걸 보면 〈경향신문〉이 염치가 있는 언론입니다.

민 그렇습니다. 저는 조중동과 〈한겨레〉, 〈경향〉의 가장 핵심적인 차이가 거기에 있다고 보는데요, 최소한의 내부 자정 능력과 젊은 기자들의 결기가 아직 있다는 거죠.

김 우리가 앞 장에서 줄기차게 이야기했던 언론사 지배 구조와 연결돼 있어요. 〈한겨레〉는 국민주고 〈경향신문〉은 사원주잖아요. 특정 개인이 언론사를 지배할 수 없도록 돼 있어요. 한마디로 얘기해 1인 지배 주주가 없는 거죠. 그러면

(한국적 기준에서) 자동적으로 진보 노선이 되나 봐요. 놀랍죠. 〈한국일보〉도 장재구 회장이 2013년 8월 법원에 의해 축출되고 한동안 법정관리 상태였죠. 그때의 논조, 모니터해보셨어요? 〈한겨레〉 〈경향신문〉과 구별되기 힘들 정도의 '야당색' 그 자체였죠. 이유는 간명합니다. 권력에 대해서 비판하니까. 신문은 비판이 기본 스탠스입니다. 특별한 제동장치가 없다면 언론은 힘 있는 자를 감별해서 그들을 감시합니다. 크게 흥행한 영화는 아닌데 미국 코미디 영화 〈앵커맨 2〉에 이런 대사가 나옵니다. "뉴스란 힘이 무엇인지를 알려주고 그 힘이 부패하지 않도록 하는 것이다." 법원이 관리했던 〈한국일보〉나 1인 지배 주주에 의해 좌지우지 되지 않는 〈한겨레〉와 〈경향신문〉은 가장 이상적인 언론 환경에서 신문을 만들어온 것입니다. 대통령이 방송사 사장에게 전화 한 통 안 걸었다는(즉 권력 작용이 없었던) 참여 정부 시기 KBS, MBC가 공영방송의 정수를 보여줬듯 말입니다. 제동장치라고 했지요? 조중동 등 1인 지배 주주에 경영권, 편집권이 집중된 언론사는 핸들링하기 쉽습니다. 그 1인을 흔들면 되거든요. 정치권력이든 자본권력이든.

점점 약해지는 내부 비판 시스템

—

민　그럼에도 불구하고 〈한겨레〉와 〈경향신문〉이 예전에 비해서 결이 약해지지 않았나 하는 우려가 드는 이유가 이상한 기사 같은 게 좀 실리거든요.

김　〈경향신문〉이 특히 그래요.

민　그렇습니다. 이상한 기사들이 굉장히 많습니다. 단적인 예가 이런 기사입니다. 이건희 회장이 작년에 쓰러진 이후 일단 기본적으로 생사 여부가 확인이 안되고 있잖아요. 그런 상황에서 〈경향신문〉이 지난 2014년 11월 9일 인터넷에 갑자기 이런 기사를 올립니다. '단독'이라는 타이틀을 달고요. "삼성 이건희 입원 6개월, 하루 19시간까지 깨어 있어"라는 제목으로 올렸는데, 한마디로 "이건희 회장이 최근 하루 최대 19시간까지 깨어 있을 정도로 회복된 것으로 전해졌다"는 내용입니다. 그런데 일단 19시간 깨어 있었다는 것을 기사로 쓸 정도면 담당 의사 인터뷰가 실리든지 기자가 의학적인 근거로 의료진의 판단을 제시하든지 해야 하는데, 이 기사에는 그런 내용이 전혀 없습니다. 코멘트를 해준 게 삼성그룹 관계자였어요. 그러니까 이건 삼성발 기사인 거죠.

김　그러면 삼성 관계자가 알려준 걸 여과 없이 그대로 실었다?

민　그렇습니다. 정말로 무책임한 기사라고 볼 수 있죠. 기사의 절반 정도는 "이건희 회장이 상당 부분 회복됐다"는 내용이었고, 나머지 절반은 뭔지 압니까? "이재용 삼성전자 부회장이 이 회장 공백 6개월 동안 부친을 대신해 글로벌 정·재계를 넘나드는 광폭 행보로 그룹 전면에 나섰다." 이런 내용으로 기사 나머지를 할애했어요.

김　그게 어느 신문에 실렸다고요?

민　2014년 11월 9일 〈경향신문〉 인터넷판에 실렸고 그다음 날 지면(경제면)의 주요 기사로 실렸습니다. 저는 2014년 11월 9일 정도에 삼성 쪽에서 가장 원하는 기사가 이런 종류의 기사가 아니었나 하는 생각이 듭니다. 이건희 회장이 살아 있고 부친을 대신해 이재용이 광폭 행보를 하고 있다는 내용 말이죠.

김　이재용이 이건희의 빈자리를 효과적으로 메꿨다?

민　이 정도 기사가 나갔는데 〈경향신문〉 내부에서 어떤 액션이 없었어요. 상당히 문제라고 생각되거든요. 예전의 결기가 시간이 지나면서 상당 부분 무뎌진 게 아닌가 이런 생각이 많이 들었습니다. 이런 기사 어떻게 보세요?

김　내부에서 아무 얘기가 없었다는 부분, 상당히 충격적이네요. 이해가 안 되는 건 아니에요. 왜 침묵하겠어요? 처음에는 침묵하지 않고 할 말 했겠죠. 그런데 말로 그치는 겁니다. 삼성에 잘 보이면 생길 실리를, 삼성과는 불가근불가원이어야 한다는 저널리즘적 수칙, 즉 명분이 압도하지 못하니까요. 전에도 비슷한 기사가 있었어요. 이건희 회장 차녀 이서현 관련한 기사입니다.

민　〈경향신문〉에요?

김　네, 그렇습니다. "이서현 씨가 신문을 열심히 읽는다", 이게 이른바 기사의 '야마'입니다.

민　신문을 열심히 읽는다는 게 무슨 기사거리입니까? CEO가 당연히 신문 열심히 봐야지.

김　그런데 그게 기사로 나왔다니까요. 그게 왜 나왔겠습니까?

민　그것도 100% 발주입니다.

〈경향신문〉, 2012년 5월 13일 기사 中

이건희 회장 차녀 이서현 제일모직 부사장
"종이 신문 정독하며 하루 시작"

이건희 삼성전자 회장의 차녀인 이서현 제일모직 부사장(39)이 직원들에게 '종이 신문 정독' 습관을 강조하고 나섰다.

　제일모직 관계자는 13일 "이 부사장이 매일 종이 신문을 정독하는 것으로 하루를 시작한다"고 밝혔다. 이 부사장은 회사와 관련된 기사 스크랩은 물론이고 신문을 가리지 않고 처음부터 끝까지 읽는다. 주중에 시간을 내지 못해 신문을 읽지 못했을 경우에는 주말에 짬을 내서 읽기도 한다.

　이 부사장이 디지털 시대에도 종이 신문을 놓지 않는 이유는 세상을 보는 폭넓은 시각을 잃지 않기 위해서라는 게 제일모직 관계자의 전언이다. 세상에 무슨 일이 일어나고 있는지 신문 속에 담겨 있다는 것이 그의 의견이다. 원하는 기사만 취사선택하거나 짧은 기사만 보는 인터넷 위주의 뉴스 읽기와는 거리가 멀다.

　젊은 직원들과 대화를 나눈 이후에도 "젊은 사람들은 신문을 잘 안 보는 것 같다"며 "어떤 사안에 대해 표면적으로만 알 뿐 다양한 의견을 나누는 일이 쉽지 않은 것 같다"고 말한 것으로 알려졌다. 이 때문에 직원들에게도 종이 신문 읽기를 장려하기도 한다.

　그는 서울예고를 거쳐 미국 파슨스 디자인스쿨을 나온 뒤 2002년 제일모직에 부장으로 입사, 상무·전무를 거쳐 지난해 부사장으로 승진했다. 의류 부문은 물론 전자 재료·케미컬 부문에서도 매출이 급증하면서 경영 성과를 보여주고 있다. 제일모직 관계자는 "이 부사장이 디자인을 전공했지만 그 장점을 살려 전자재료 부문에서도 강점을 보이고 있다"고 말했다.

민 거의 100% 삼성발 기사군요.

김 그렇죠. 이런 기사가 〈경향신문〉에 실렸어요. 〈미디어오늘〉에서도 문제 삼았네요.

민 당연히 삼았죠.

김 지금은 〈미디어스〉에 있는 박장준 기자가 기사의 내막을 취재했네요. 기사를 쓴 기자는 이렇게 말했답니다. "다른 의도가 있는 것은 아니다. 제일모직 관계자와 밥을 먹다가 들은 얘기다." 혹시 밥을 먹다가 오더받은 것은 아닐까요?

민 물론 〈경향〉, 〈한겨레〉 내부의 치열한 노력은 인정해야 합니다. 그런데 그런 생뚱맞은 기사가 실렸을 때, 저는 실릴 수도 있다고 보긴 하지만, 그 후 내부에서의 액션이 굉장히 중요하다고 생각하는데, 그 내부 액션이 점점 없어지고 있다는 게 조금 우려되는 상황이에요. 그 와중에 2014년에 또 하나의 상징적인 사건이 있었습니다. 삼성을 출입했던 〈한겨레〉 기자가 삼성으로 이직한 일이 있었죠.

김　홍보 담당으로요.

민　그렇습니다.

김　직업 선택의 자유가 있는 건데 왜 그걸 가지고 문제 삼느냐, 이렇게 생각하실 분도 있을 것 같아요. 그러나 그렇게 볼 문제가 아니죠.

민　그때 당시 삼성을 출입했던 기자가 삼성과 관련해서 쓴 기사를 잠깐 볼까요? 이건희 회장이 심근경색으로 쓰러진 이후에 2014년 5월 26일자에 "이병철-이건희-이재용 삼성의 굴곡사"라는 기사를 씁니다. 당시 이 기사에서 이건희 회장 체제에 대해 "이 회장에 대한 평가는 엇갈리지만 삼성그룹이 연 매출 300조 원이 훌쩍 넘는 초거대 기업으로 성장하는 시기 삼성을 이끌었다는 공론은 부인할 수 없다. (중략) 이건희 회장의 진가가 드러난 것은 역시 1993년 이른바 '신경영 선언' 이후이다." 이렇게 평가했습니다. 그러고 나서 정확하게 5개월 후 삼성으로 이직하죠. 더 충격적인 것은 삼성 이직에 대해서 〈한겨레〉 내부에서 찬반 의견이 엇갈렸다는 점입니다. 엇갈리면 안 된다는 이야기를 하는 게 아니라……

김　옛날 같으면 엇갈릴 여지가 없었겠죠. 다 비판을 했을 테니까요.

민　그렇습니다. 언론 운동을 하고 있는 원로급 인사, 신문·방송을 전공한 언론학 교수들, 진보적인 견해를 가진 교수들이 충격적이었다고 한 것 중 하나가 이겁니다. "밖에서는 찬반 논란의 의견이 있을 수는 있다. 하지만 〈한겨레〉 내부에서는 찬반 논란이 아니라, 100% 비판해야 한다는 얘기가 아니고 비판적인 내부 성명서가 나왔어야 되는 것 아니냐." 그런데 찬반 의견이 엇갈리고 있다는 〈미디어오늘〉 기사를 보고 더 충격을 받았다고 이야기를 하더군요.

김　　처음에는 지적과 비판을 했겠죠. 〈경향신문〉, 〈한겨레〉 모두. 지금은 강도나 빈도가 낮아요. 왜겠어요? 삼성은 실존하는 권력이고 따라서 견제돼야 한다는 원칙론이 대안 없는 수사가 됐기 때문이죠. 두려움도 도사려요. 삼성왕국 국민으로서 도태될 것이라는 염려가 들죠. "삼성 비판해서 광고 끊기면 책임질 수 있어?" 이런 이야기로 모든 논란에 종지부가 찍히는 한국 언론 상황, 자본에 의해 언론이 장악된 것을 상징합니다. 박근혜, 새누리당과 작별을 고해도, 이 나라는 이거니즘(이건희+ism)의 그늘 아래라는 얘기예요.

민　　저는 그런 상황에서 〈경향〉과 〈한겨레〉로 대표되는 진보 언론의 위기가 앞으로 더 심해지지 않을까 이런 생각이 듭니다. 그런 현실 자체를 부정하는 건 아니지만, 언론인이나 언론사로서 지켜야 할 가장 기본적인 원칙이 흔들렸을 때 현실 감각과는 별개로 내부의 자정 움직임이 보여야 하고, 또 앞으로 이런 일이 비일비재하게 벌어질 수 있을 텐데 최소한의 기준이나 규정을 마련해야 하거든요. 지금은 그런 게 없습니다. 우려스러운 것이 계속 이런 식으로 가면 〈한겨레〉, 〈경향신문〉이 가지고 있는 진보 언론이라는 가치도 약해질 수밖에 없다고 봐요. 앞서 언급한 〈경향신문〉의 기사, 〈한겨레〉 기자의 이직, 그리고 이직한 기자가 썼던 삼성 관련 기사들을 봤을 때, 〈한겨레〉나 〈경향〉이 삼성에 대해 쓰는 기사들(물론 곽정수 〈한겨레〉 대기업 전문기자 같은 기자들은 여지없이 삼성에 대해서 비판적인 기사를 많이 씁니다만)은 삼성으로부터 온전히 자유로운 상태에서 쓰는 기사라고 믿을 수 없는 거죠. 저 같은 사람들이 그런 생각을 가지기 시작한다는 건 독자들 사이에서도 충분히 이런 문제에 대해서 고민하는 사람들이 늘어날 수 있다는 거고요. 그 얘기는 즉 내부 구성원들이 이런 문제에 대해서 뭔가 기준을 마련하고 대안을 마련해놓지 않으면 한순간에 무너질 수 있다는 겁니다.

광고가 없으면 신문사 운영이 안 된다

김　〈한겨레〉, 〈경향신문〉에도 성역이 존재한다는 건 참으로 비극적인 일입니다. 우리 사회에 성역을 인정하지 않는 언론이 없다는 것 아닙니까? 〈미디어오늘〉은 어때요?

민　〈미디어오늘〉도 삼성과 불편한 관계에 있지만 광고나 마케팅을 하는 쪽은 기업홍보실과 네트워크가 있습니다. 그런데 〈미디어오늘〉은 아시겠지만 삼성은 물론이고 SK, CJ, 농협 등의 기업에 대해서도 비판합니다. 포스코나 그런 쪽과 〈미디어오늘〉 광고 마케팅 쪽은 다 안면이 있는 사이거든요. 그럴 때 광고 마케팅 쪽과 편집국 사이에 팽팽한 긴장감이 형성됩니다.

김　"우리 광고주인데 그 기사 하나 좀 내려주지" 뭐 이런다든지.

민　그런 요구가 〈미디어오늘〉에 전혀 없지 않습니다. 팽팽한 긴장감과 신경전이 굉장히 치열합니다.

김　그렇기 때문에 광고가 없고 매체를 소비하는 사람들이 비용을 대서 운영되는 협동조합 언론, 설계만은 이상적이지 않나요? 그러나 전체 지출 규모에 비해서 수입이 크게 모자라니 미디어협동조합 국민TV의 진로가 가시밭길이네요. 이게 유지만 돼도 한 획을 그을 거예요. 〈한겨레〉 창간 모토인 "민주화는 한판 승부가 아니다"처럼 참 언론은 한 방에 완성되는 게 아니니까. 하나 더 짚어봅시다. 종합일간지 같은 경우 신문의 지출 규모 중에 절반이 종이 값이라면서요?

민　그렇죠. 종이 값이 많아요. 사실 종이 값 얘기를 하기 전에, 신문사 경영이 정기구독이나 유료 구독으로는 운영이 안 됩니다.

김　그렇죠. 2015년 1월을 기준으로 종합일간지 구독료가 얼마죠?

민　한 달에 15,000원입니다.

김　서울이나 수도권 위성도시는 독자들이 많으니까 구독해주면 고맙겠지만, 이외 산간 지방에서 구독하려 한다, 신문사로서는 쓴웃음을 날린다고 하더군요. 고마워야 하는데 고마울 수 없다는 거죠.

민　배달하는 데 돈이 더 많이 드니까요.

김　그러니까 신문사의 수입을 보면 구독료, 광고료가 주축이잖아요. 구독료와 광고 수입의 비중은 각각 몇 %인지요?

민　회사마다 차이가 있겠지만, 통상 구독률이 아주 높은 신문사라 하더라도 광고와 구독의 비율이 7:3이나 8:2 정도라고 보시면 됩니다. 흔히 말하는 조중동도 제가 봤을 때 7:3 정도밖에 안 돼요.

김　조중동이 8:2라고 하더라고요.

민　빵빵하게 얘기했을 때도 7:3, 8:2가 맞고요. 나머지 신문사들은 뭐냐? 광고 수입이 더 된다는 얘기죠.

김　사실 구독자가 많으면 광고 수입이 증진되고, 탄탄한 신문사 재정 형편에서 좋은 콘텐츠가 나오는 것이고, 양질의 기사가 구독자를 모으는 선순환이 성립되던 때가 있었어요. 지금은 아니라는 얘기죠. 신문 시장 전체적으로 급비탈을 타고 있는 터라, 독자는 없고 광고주만 고려해요. 한마디로 이런 거죠. 구독자 수는 뻥튀기하고, 광고를 넘어 협찬 PR 등 온갖 형태의 스폰서십 기사가 기획되고, 광고주를 대변하는 기사 논평 등이 쏟아지는 겁니다.

민　쉽게 말씀드리면, 기업이나 정부 쪽에서 주는 광고가 없으면 신문사 운영이 안 된다는 말입니다. 한국 언론이 정치권력이나 기업 부분에 취약할 수밖에 없는 구조적인 문제가 바로 거기에 있습니다.

김　대기업을 견제해야 존재의 의미가 있는 〈한겨레〉, 〈경향신문〉조차 수입의 70~90%까지 점하는 광고비 비중 때문에 할 말을 못하는 거예요.

민　이 포인트에서 독자들, 시민들, 국민들에게 당부드리고 싶은 말씀이 있는데, 이를테면 김상봉 교수 칼럼 삭제 건이 불거졌을 때 많은 분들이 이런 반응을 보였습니다. "경향, 너마저.", "그렇지, 너희들이 정치권력은 비판해도 결국 삼성 앞에서는 굴복하는구나." 저는 그런 비판을 할 수 있다고 보거든요. 그런데 〈경향〉과 〈한겨레〉가 가지고 있는, 지금까지 해온 역할을 평가하고 기억하는 분들이라면 그 비판에서 그치지 않고 정기구독까지 나아가야 한다고 생각합니다.

김 　그런데 정기구독을 환영할까요?

민 　요즈음은 그런 구조가 됐죠.

김 　2008년 미국산 쇠고기 협상 반대 촛불집회 당시 구독 캠페인이 운위될 때, 정작 〈한겨레〉 관계자는 토막 의견 광고라도 광고비로써 도와주시면 감사하겠다고 하더라고요.

민 　이미 광고료와 구독료의 구조 자체가 이건 근본적인 혁명 없이는…… 구독이 최소한 의미를 가지려면 광고 수입과 구독료 비율이 6:4 정도는 돼야 합니다. 그래야 구독자 수를 늘려서 재정적으로 안정을 기할 수 있는 쪽으로 유지될 수 있는데, 8:2, 9:1 정도 되는 상황에서는 한계가 있는 거죠. 어찌 됐든 저는 〈경향신문〉이나 〈한겨레〉가 자본 앞에서 때로는 굴종적일 수 있는 상황도 있을 것이고 비판의 칼날이 무뎌지는 기사도 분명히 있을 텐데, 그럴 때마다 그 신문들을 일방적으로 비난하는 차원이 아니라 〈경향신문〉과 〈한겨레〉를 지킬 수 있는 방법은 무엇인가, 이런 부분에 대해서 독자들이나 시민들이 고민해야 하지 않을까 하는 생각이 듭니다. 또한 〈경향신문〉이나 〈한겨레〉 구성원들에게 당부를 하고 싶은 게, 그런 이야기를 내부 구성원들이 먼저 해야 한다는 것입니다. 이렇게 밖에서 이야기하는 게 아니라요. "우리 광고로부터 자유롭고 싶다, 어떻게 해야 하느냐?" 시민들과 대토론회를 하든 독자들과 치고받든 합의점을 만들려는 노력 자체가 언론사 입장에서 굉장히 의의가 있거든요. 그런데 지금의 현실은 광고주만을 고려하는 지면 배치나 기사를 당연시하는 분위기가 가랑비에 옷 젖듯 구성원들 사이에서도 뿌리내린 게 아닌가, 이런 생각이 들 정도로 너무 조용합니다.

비판만으로 그치지 말자

김　2010년 5월 31일에 기막힌 비보가 알려졌습니다. 문수스님이라고, 경북 군위의 조계종 지보사에서 수행하던 스님이 스스로 목숨을 끊으셨어요. 불교식 표현으로 소신공양, 즉 분신자살을 하신 거예요. 왜냐? 스님은 평소 4대강 살리기 사업이라는 미명 아래 생명과 환경이 파괴되는 걸 보고 자기 일처럼 아파하셨다고 해요. 주목되는 부분은 이 사찰에 배달되는 신문이 조중동뿐이었다는 점입니다. 그 세 신문 어디에도 4대강에 대한 비판적 문제 제기가 없었다는 거죠. 지보사 동료 스님 한 분은 〈오마이뉴스〉에서 이렇게 밝히셨죠. "만약 문수가 〈한겨레〉나 〈경향신문〉을 봤더라면 저리 가지 않았을기라. 조중동에서 보이는 4대강 관련 기사를 보면 아무도 4대강을 위해서 싸우는 사람이 없으니 문수가 그리 작심을 한 것이제." 그러니까 4대강에 대해서 아무도 관심이 없는 것으로 오인하고 스스로 몸을 태워서라도 4대강 살상의 실태를 온 세상에 알려야겠다, 그러면 기사 한 줄이라도 나오지 않겠느냐, 이랬던 겁니다. 조중동은 과연 문수스님 소신공양을 기사화했을까요? 검색해보니 안 보이네요. 이로써 〈한겨레〉, 〈경향신문〉 등이 경북 군위에 있는 이 사찰로 배달이 안 된 실태까지 고발됐습니다.

민　악화가 양화를 구축한다고 배달망에서도 〈한겨레〉, 〈경향신문〉은 조중동과 상대가 안 되죠.

김　〈한겨레〉의 경기도 배달 50%를 〈조선일보〉 지국이 하고 있어요.

민　지국을 같이하는 지국장들이 많죠. 이게 어떻게 보면 악순환이 계속되고 있는 겁니다. 여러 번 말씀드리는데, 물론 한국 신문사 가운데 〈경향신문〉과 〈한겨레〉만큼 역할을 하는 언론사도 없죠. 그 부분에 대해서는 높이 평가합니다만, 그렇지 못한 부분에 대해서는 당연히 비판을 해야 되겠죠. 그런데 조중동을 한마디로 비판하듯이 〈경향〉, 〈한겨레〉를 그런 식으로 비판하는 것에만 그쳐서는 안 되고, 도대체 그 언론들의 발전과 사세 확장을 위해서 뭘 해야 할까, 이런 부분에 대한 공론화가 있어야 해요. 진보 진영 내부에서도.

김　민동기 국장이 보시기에 종이 신문은 앞으로 지속 가능할 것 같습니까?

민　당분간은 지속될 겁니다.

김　당분간은? 종이로 찍어 배달해 각 가정이나 사무실에서 보게끔 하는 것이요? 그런데 〈한겨레〉는 당장 디지털 퍼스트 전략이라고 해서 종이 신문 지면도 줄이고 인터넷 보도에 방점을 두겠다는 식으로 미래 전략을 세웠어요. 2014년 말에요. 이런 걸 보면 종이 신문에 앞으로 추가로 투자한다든지 방점을 두는 식의 경영은 지양할 듯 보여요.

폐쇄적인 언론 문화가 개선되어야 한다
▬

민　저는 한국 언론의 디지털 퍼스트 전략에 대해서 굉장히 회의적입니다. 디지털 퍼스트 전략이라면 기자나 언론사 구성원들 마인드부터 바뀌어야 합니다. 그런데 보수건 진보건 디지털 퍼스트 전략을 이야기하는 구성원들의 여러 취재 행태나 마인드를 보면 기존의 취재 관행이나 방식에 많이 젖어 있어요.

김　그러니까 하드웨어적인 변화에만 관심 있지, 정작 중요한 소프트웨어적 혁신은 기하지 않고 있다?

민　제가 봤을 때 여전히 더딘 거죠.

김　예를 들면 어떤 겁니까?

민　단적인 예로 수용자가 편리하게 사이트나 콘텐츠에 접근할 수 있을 것인가, 이런 하드웨어적인 것은 상당 부분 논의가 되고 있어요. 실제로 모 경제지 같은 경우에는 하드웨어에 많은 돈을 투자하기도 했죠. 기존에는 언론사 홈페이지에 들어가서 보고자 했던 기사만 보고 나왔는데, 이제는 사용자 관점에서, 이를테면 이런 겁니다. 제가 국민TV 홈페이지에 들어갔어요. 그런데 국민TV 갈 때마다 제가 주로 많이 보는 뉴스들이 있지 않습니까? 연예 기사, 조간 브리핑 등이죠. 그걸 통계화하는 거예요. 그래서 다음에 사이트에 접속하면 비슷한 기사들이 옆쪽에 추천 기사로 뜨는 거죠. 그런 식의 발전된 디지털 퍼스트 전략이 상당 부분 진척된 곳도 있습니다. 문제는 기자들입니다. 예를 들어봅시다. 〈경향신문〉 온라인팀 기사를 보면 그냥 우라까이한 게 많습니다. 그게 뭐냐? 네이버 포털에 전송하고 어뷰징을 의식한 듯한 기사들이 많이 있다는 거죠. 본지, 종이 신문에는 그런 기사 절대 안 내보냅니다. 구성원들에게 여전히 종이가 우선이고 종이는 뭔가 품격 있고, 온라인은 그냥 그렇게 해도 된다는 이런 식의 마인드가 깔려 있지 않고서는 저런 매체 전략은 있을 수 없다고 보거든요. 마찬가지로 〈한겨레〉도 예전에 비해서는 나아졌습니다만, 여전히 낮 시간대에 연합뉴스 비중이 많고, 기자들이 종이 신문에 쓰는 기사들이 온라인 쪽에는 노출이 잘 안 되고 있어요. 그 얘기는 아직도 많은 구성원들이 종이 신문에 자기 기사가 실리는 걸 우선시하고 있는 게 아닌가 싶습니다. 여전히 그런 마인드로부터 벗어나지 못하고 있다는 생각이 들어요. 제 생각에 지금은 이미 기자가 가지고 있는 기득권은 끝난 시대입니다. 그런데 여전히 자기는 인터넷에 떠다니는 블로거와는 차원이 다른 기자라는 타이틀을 달고 있다, 이런 마인드가 있다는 거죠. 저는 디지털 퍼스트의 첫 출발점은 그 마인드부터 깨는 것이라고 생각해요.

김　〈경향신문〉 인터넷판 이야기를 했지요? 2014년 7월 27일 오후에 하도 기막혀서 캡처해둔 게 있어요. "호위무사 박수경 결혼 전 유대균 옆에서…", "7주간 27번 시도에 3번만 섹스리스 남의 비애", "서정희, 서세원 딸 나이 또래의 불륜녀 있다", "팬들, 수지 물총 축제에서 성추행 봉변… 허벅지…", "장자연 사건 여전히 진행중", "유대균 오피스텔에서 6월 영수증 발견… 제3의 조우…" 이게 뭡니까?

민　어뷰징이죠.

김　야한 키워드가 있어야 사람들이 클릭할 거라고 생각한 건데, 이건 디지털 퍼스트 전략이 아니라 디지털 라스트 전략, 즉 막장 전략이에요.

민　그런 부분에 대해서는 〈경향신문〉, 〈한겨레〉도 디지털 퍼스트를 계속 이야기하고 있는데, 물론 디지털 퍼스트에서 하드웨어적인 부분도 분명히 전략 논의를 해야 합니다. 그것 자체를 부정하는 건 아니지만 그게 굉장히 공허하다는 거죠. 종이 신문의 미래가 우울하다, 언론사들이 바뀌어야 한다는 위기의식에 대한 대책으로 디지털 퍼스트와 같은 전략을 마련하는 것 아니겠습니까? 출구 전략으로요. 그런데 더 근본적으로 언론 자체에 대한 신뢰가 무너지고 있고, 언론사 기자들, 흔히 말하는 주류 언론사 기자들은 여전히 기득권 유지에서 탈피하려고 하지 않아요. 아직도 기자실을 폐쇄적으로 운영하고 있고요. 백그라운드 브리핑에 자기들 주류 언론이 아니면 못 들어오게 하죠.

김　〈한겨레〉, 〈경향신문〉도요?

민　제 얘기가 그겁니다. 그런 기존의 폐쇄적인 기자 문화, 언론 문화, 기자 기득권에 대해서 진보적 가치를 주장하는 〈경향신문〉과 〈한겨레〉는 얼마나 비판을 해왔을까요? 디지털 퍼스트 다 좋다 이겁니다. 그런데 기자 기득권이나 개혁해야 할 기자 문화, 언론 문화에 대해 〈경향신문〉과 〈한겨레〉 기자들은 얼마만큼 목소리를 높여왔습니까? 저는 부족했다고 생각해요. 디지털 퍼스트 전략이라고 하는 것 자체가 굉장히 왜곡돼 있는 거죠.

김　여기서 또 한 가지 핵심적 화두를 내놓습니다. 엘리트주의입니다. 〈한겨레〉, 〈경향신문〉 기자들, "우리 10대 종합일간지 기자야", "우리가 조중동만큼의 위세는 아니지만 나름 그들과 차별화된 지점에서 신뢰도를 키우고 영향력을 확대하고 있거든." 좋아요, 이건 자긍심, 자부심의 영역이라고 하지요. 조중동처럼 돈과 힘에 줄서는 타락한 미디어를 거부하고 진보 언론에 몸담고 있는 것만으로도 존경받을 여지가 있어요. 그런데 같은 지향점을 바라보는 노선의 언론들, 쉽게 이야기해 자기 시야에서 볼 때 '마이너'라 판단되는 진보 미디어 종사자들을 깔보는 태도는 엘리트 의식이라는 열쇳말 아니고서는 납득이 안 됩니다. 초창기 〈오마이뉴스〉 기자의 기자실 출입 문제를 놓고 〈한겨레〉, 〈경향신문〉이 조중동과 한편을 먹고 저지하려 했던 것, 이거 전형적인 동류 집단의 패거리 의식이거든요. 자기들끼리는 서슴없이 "아무개야", "선배" 이러며 패당을 짓지요. 그런데 신생 마이너 언론의 진입 장벽은 그대로 둬요.

민　진보적 가치나 진보적인 우리 사회의 의제들에 대해서 〈한겨레〉, 〈경향신문〉이 사회적으로 의제화하는 데 큰 노력을 했죠. 그 부분은 충분히 인정합니다만 지금 일종의 관성화가 된 게 아닌가, 그런 생각이 듭니다. 물론 거기에서 〈미디어오늘〉도 자유로울 수는 없습니다.

지배 구조를 보면 언론사의 건강도가 보인다

김　〈한겨레〉, 〈경향신문〉의 당면한 문제점을 대략 다 짚어봤는데 그래도 이 두 신문이 종합일간지 중에 가장 낫습니다. 다른 신문에 비해 아주 현격하게.

민　그럼요. 그걸 부인하는 건 아니에요.

김　굳이 계량화하자면 80%는 믿을 수 있는 신문들입니다. 요컨대 신문사 건강도의 기본 척도는 지배 구조입니다. 이게 우선이에요. 예를 들어 이런 거예요. 정권이 "어랏, 까불어? 그러면 바로 밟아버려야지" 하면서 밟으려고 보니 대상이 너무 많아요. 국민주, 사원주가 그런 경우 아닙니까. 그런데 조중동의 경우 방상훈, 홍석현, 김재호 이 사람들만 선택적으로 공략하면 되거든요. 대상이 특정돼 있잖아요?

민　그리고 조중동을 비롯해 언론사주 '약점'과 관련해서 어지간한 자료는 방대하게 정리돼 있다고 봐야 합니다. 정권 차원에서 그동안 계속 누적된 정보만 해도 엄청나거든요. 국정원, 국세청을 비롯해 정보 라인들이 수집한 것까지 포함하면 더 많을 겁니다. 검찰도 있네요.

김　〈한겨레〉, 〈경향신문〉은 주도권이 분산돼 있다 보니 조직은 견제와 균형의 살벌한 기운으로 가득하지요. 이를테면 원칙이 위협받는 사건 사고가 발생하면 조직 내부에서는 상호 비판과 토론이 발현되면서 '정상'을 회복하기 위한 동력이 발생합니다. 독재적 1인 지배 구조 속에서는 상상도 못할 일이지요. 오너의 결정만 있을 뿐이니까요. 제가 오래전에 있던 직장의 바이스급 책임자가 어린이합창단 자모와 불륜 관계를 맺은 일이 발생했어요. 오너 없는 회사, 즉 민주적 의사결정 구조 아래에서는 스스로 사표를 내거나 얼굴에 철판을 까는 식의 초강력 멘탈로 버티지 않으면 설 자리가 없을 겁니다. 그러나 그 회사는 오너의 지배력이 각종 사규를 능가해요. 결국 그 책임자는 사장의 안수기도를 받고 용서를 받으셨어요. 그리고 정년을 맞으셨습니다. 주님이 용서한 건지, 아니면 사장이 용서한 건지, 아니면 사장이 주님이 돼서 용서한 건지 혼란스럽더라고요. 문제없는 조직은 없지요. 그래서 문제가 발생했을 때 어떤 수습 프로세스가 발동하는지 지켜볼 필요가 있어요. 〈한겨레〉와 〈경향신문〉은 적어도 지금까지 민주적 의사결정 구조였어요. 그러나 광고 자본 의존도가 커지면서 조직 건강성의 척도라 할 수 있는 토론에서의 원리 원칙 언급 빈도가 점점 낮아지고 있어요. 지적한 대로 삼성 홍보맨으로 인생 이모작을 시작해도, 명백한 취재 기사 형식인데 대놓고 삼성 스마트폰 홍보를 해도 조직 내에서 쉬쉬하는 분위기가 있죠. 위기는 시작됐어요.

민　그렇게 보세요?

김　미디어협동조합 산하 미디어에 대기업 광고가 들어온 일이 없어요. 미디어협동조합에 광고해서 효과를 얼마나 볼지 그걸 측정하는 단계까지도 가지 않아요. 여기와 금전적으로 얽히는 것 자체가 권력에게 밉보일 수 있다는 우려를 불식 못하고 있거든요. 이런 점에서 보면 〈한겨레〉와 〈경향신문〉은 야권 진영 신문이라는 선입견 속에서도 대기업이 상대적으로 가벼운 마음으로 광고할 수 있는 매체로서 자리한 점, 즉 자생할 여건은 갖춰졌다고 봅니다. 〈경향신문〉의 역사가 좀 파란만장해요. 앞서 이준구 사장 시대에 박정희가 강탈한 부분까지 언급했지요? 흥미로운 일화가 숨어 있어요. 이건 꼭 소개하고 싶네요. 박정희는 이준구 사장이 공산주의와 연결돼 있다는 누명을 씌워요. 정치 공작이죠. 물밑에서 중앙정보부, 오늘날의 국가정보원은 이준구 사장한테 지분을 매각하라고 압박을 가합니다. 공산주의자로 낙인 찍혀 영구히 사회적 매장을 당하고 싶은지, 순순히 신문사를 내놓을 것인지 선택하라는 겁니다. 이준구 사장, 기개 있어요. 주식 양도를 거부합니다. 그랬더니 중앙정보부에서 이준구 사장 부인을 찾아가 압박의 강도를 높여 겁박합니다. "사형당한 후에 정신을 차리겠느냐?" 이렇게요. 자, 그런데 부인이 이걸 녹음을 했네요. 그리고 까발렸어요. 물론 중정은 빅엿을 먹었지만 그뿐이었어요. 〈경향신문〉은 그렇게 1967년에 박정희가 접수합니다. 통반장이 보는 신문이라는 오명을 얻게 된 시점도 그 무렵이었지요. 그 와중에 〈경향신문〉은 1974년 MBC와 병합되면서 6년간 신방겸영회사로 유신정권 홍보의 나팔수가 됩니다.

민　그때만 하더라도 MBC보다는 〈경향신문〉 쪽으로 가려고 했죠.

김　그 당시는 방송기자는 쳐주지 않았어요. 그러다가 〈경향신문〉이 1980년 11월 30일 언론 통폐합을 기점으로 MBC와 분리됩니다. 이후 1988년에 김승연

한화 회장한테 매각됩니다. 일간지 하나 갖고 있으면 어지간한 위기도 모면할 수 있을 거라는 주변의 조언이 있었다고 하죠?

민　마치 어지간한 대기업들은 신문사 하나쯤은 가지고 있어야 하는 걸로 생각을 하셨나 봅니다.

김　오너 보위 용도지요. 정부가 특히 검찰이 한화를 턴다? 기자를 동원해 수사를 무력화한다든지, 혹은 수사 정보를 선수 쳐 입수한다든지 하며 위기에 대비하는 용도였을 거예요.

민　한화의 입장을 반영하는 기사들이 〈경향신문〉 지면에 꽤 많이 나갔죠.

김　하지만 나중에 내놓잖아요. '리스크 관리'라는 기대치가 있었는데 예상보다 효용성이 떨어져서 포기한 거 아니겠어요? 김승연이 떠난 〈경향신문〉, 백척간두에 홀로 서게 됩니다. 망하느냐 마느냐, 기로에 선 거예요. 직원들은 퇴직금을 다 쏟아붓고 회사 각종 자산을 매각합니다. 사원주 신문 〈경향신문〉은 그렇게 완성됩니다.

민　물론 중간에 굉장히 어려운 적이 있었습니다. 삼성 광고 끊기고 그랬을 때 어려움을 많이 겪었는데, 잘 극복하고 지금 단계까지 온 것 아니겠습니까?

진보 언론의 위기가 언론의 위기다
▬

김　그렇다 하더라도 〈경향신문〉, 앞으로 갈 길이 멉니다. 〈한겨레〉보다 재정 기반이 더 취약합니다. 그런 의미에서 본다면 언제든지 자본 권력에 의해 휘둘릴 수 있다는 점은 부인할 수 없어요. 〈경향신문〉에서 고위직을 지냈던 한 선배의 말은 "지금 구성원들 면면을 보면 경향이 맛 갈 위기는 상존한다. 끊임없이 견제하고 감시해야 한다" 이거예요. 〈한겨레〉는 진보 미디어 시장에서는 맏형이며 1등 아닙니까. 어느 정도 단단한 토대 위에 섰다고 볼 수 있을 거예요. 문제는 이제는 내부의 적이죠. 엘리트 의식입니다.

민　엘리트 의식은 진보, 보수를 구분하는 게 별 의미가 없다고 봅니다.

김　엘리트 의식이 뭡니까? 한마디로 보상심리 아니에요? 이만큼 공부했고 이만한 사회적 위치에 올랐으면 거기에 상응하는 대접을 받아야 한다는 거지요. 자기보다 학력이 보잘것없고, 언필칭 '정통 코스'가 아닌, 나아가 출신 지역마저 가리는 차별 문화가 진보 언론 안에 만연한 거예요.

민　자칫 진보 기득권이라는 소리를 들을 수가 있는 거죠.

김　이 엘리트 의식을 버리지 않으면 '그들만의 리그'로 그치게 돼요. 〈한겨레〉, 〈경향〉 보세요. 아무리 얘기해도 메아리가 없어요. 꽤 괄목할 만한 기사고 이 정도면 정치적 파장이 크고 게다가 단독인데, 반응이 없어요. 이른바 '아젠다 세팅'이 안 되는 거죠. 반면 새누리당 진영 보세요. 뭔가 대중적 의제 설정을 하고 싶으면 일베 등의 커뮤니티, 〈뉴데일리〉 같은 B급 보수 신문에서 '그럴 듯한 내용'으로 가공해 공론화합니다. 그다음에 〈조선일보〉 등이 받아 실어요. "논란이 벌어졌다" 운운하며. 그러면 새누리당 정치인이 이를 소개하며 반응을 보입니다. 그리고 박근혜 대통령이 국무회의 또는 수석비서관회의에서 한두 마디 거들어요. 나중에 검찰이 칼을 뽑습니다. 그러다가 근거 없는 것으로 드러나거나 또 정치적 역풍이 우려되면? '아니면 말고'가 됩니다. 반면 〈한겨레〉는 어떤가요? 보도를 합니다. SNS에서 반짝 화제가 돼요(물론 세 문장 이상 설명이 필요한 정책 등의 사안이면 트위터, 페이스북에서조차 그냥 묻혀버립니다). 야당이 씹힐 만한 것 외에는 보도되지 않는 세태라 정치권, 그러니까 야권 반응이 나와도 보도가 안 됩니다. 1990년대 초 있었던 일이에요. 인터넷 신문은 물론 인터넷 자체가 없었던 시절, A 라디오 방송에서 종합 뉴스 시간에 B라는 공기관을 비판하는 내용의 단독 보도를 냈어요. 그런데 이 공기관에서 반박이든 사과든 반응을 보여야 할 텐데 잠잠한 거예요. 아무도 모니터를 안 한 거지요. 또 청취자들이 B기관에 항의 전화 한 통 하지 않았고요. 그러자 이 A 라디오방송, 민망하게도 그 공기관 홍보실에 찾아가서 이런 보도를 했는데 왜 안 들었느냐며 따졌다고 하네요. 물론 A와 달리 관청에서 〈한겨레〉 기사를 점검 못했을 리 없습니다. 지면에 실렸고 언제 어디서든 확인할 수 있는 것이니까요. 제목만이라도 봤겠죠. 저는 이렇게 봅니다. 제2, 제3의 파장을 부를 수 있으니 확산을 막기 위해 의도적으로 무시하는 겁니다. 〈나꼼수〉 이후로도 이런 대응 전략은 전형이 됐어요. 보세요, 〈한겨레〉, 〈경향신문〉이 부수가 얼마냐 이 차원이 아니에요. 자기에게 유리한 이슈를 확산시키기 위한 조직적 역할 분담에서 친새누리당 진영을 따라갈 수 없는 겁니다. 이슈의 확산, 재확산, 〈한겨레〉 등은 SNS만을 바라보는데, 지향점이 같은 다른 언론과의 연대가 필수적입니다. 그러려면 '우리가 맏이다', '다른 데는 비정통이다'라는 무언의 자부심을 버려야 합니다.

민　　저는 그렇게 봐요. 하드웨어로 해결될 문제도 아니고, 계속해서 언론의 위기, 특히 신문의 위기라는 말이 나오는데, 그 위기는 조중동이라는 보수 언론보다는 〈경향신문〉, 〈한겨레〉와 같은 진보적 가치를 표방하는 쪽에 먼저 온다고 봅니다. 왜냐? 정치의 위기는 야당의 위기입니다. 야당의 존재감이 없을 때 정치가 위기가 오는 겁니다.

김　　각종 선거에서 제1야당 새정치민주연합이 줄줄이 패하고 있지요. 그러면 〈한겨레〉와 〈경향신문〉은 "야권의 무능과 나태함이 패배를 불렀다"고 한목소리를 냅니다. 이 말 자체가 웃겨요. 그렇다면 여권은 유능하고 부지런해서 선택받았습니까? '선거에서만'이라는 전제를 달면 그럴 수 있겠지요. 야당보고 환골탈태 운운하는데 교체할 뼈가 얼마나 남아 있으며, 바꿀 구태가 또 몇이나 잔존한다는 걸까요? 문제는 여당이 정치권력과 자본과 언론을 쥐어틀며 선거마다 총동원을 하니 맨날 지는 거 아닙니까. 정의당 당원인 유시민 작가가 자신이 진행하는 팟캐스트 〈노유진의 정치카페〉에서 했던 말이에요. "그런 식으로 하면 〈한겨레〉와 〈경향신문〉의 낮은 점유율은 뭘로 설명할 거예요? '〈한겨레〉와 〈경향신문〉의 경영진과 기자들의 나태함과 무능이 시장점유율 하락을 불렀다' 이렇게 말하면 인정하겠느냐는 겁니다. 왜 인정 못해요? 조중동이 지배하고 있는 이 미디어 시장의 기울어진 운동장에서 자기들이 아래쪽에 있으니까, 공정경쟁을 못하니까 못 올라가는 거 아니에요? 자기 문제에 대해서는 그렇게 객관적으로 보면서 정치 문제에 대해서는 간단히 부정하고 맨날 야당을 훈계하고 야단치고 비난하고, 저는 그걸 이해 못하겠어요, 솔직히." 그렇습니다. 언론의 위기는 뒤집어 이야기하면 진보 언론의 위기라는 거죠.

민   지금 〈한겨레〉, 〈경향신문〉이 잘하고 있죠. 그렇지만 엘리트주의, 언론 기득권 이런 부분에서는 다른 언론과 큰 차이가 없습니다. 지금 제가 왜 위기라고 이야기하느냐면, 앞서도 언급했는데 변상욱 CBS 기자가 〈미디어토크〉에 출연해서 한 말이 있죠. "매스미디어 시대는 가고 미들미디어 시대와 대안미디어 시대가 온다." 이 말은 기본적인 주류 언론에 대한 신뢰가 계속 무너지고 있는 상황에서 언론에 대한 신뢰를 가지려면 물론 정확한 보도를 해야 하고 정권 비판, 자본에 대한 비판, 기업에 대한 비판을 해야 합니다. 그리고 그것 못지않게 언론 스스로 가지고 있는 기득권을 내놓으려는 자세도 필요합니다. 그런데 그 부분에서 아직 〈한겨레〉, 〈경향신문〉은 너무 강고한 성 안에 들어가 안 나오려고 하죠.

김   여담입니다만, 언론계에 만연한 엘리트주의의 폐단을 절감한 것은 〈나는 꼼수다〉 때였어요. 저를 포함해 〈나꼼수〉 진행자들은 하느님이 아니기에 당연히 비판과 견제의 대상이었습니다. 게다가 저는 공직선거 출마자, 즉 권력을 달라고 한 사람 아니었습니까? 그런데 문제는 금도예요. 〈프레시안〉과 국민TV에 몸담았던 황준호 기자는 (〈한겨레〉, 〈경향〉을 특정하지는 않았지만) 당시 〈나꼼수〉에 대한 진보 언론의 보도를 이런 비유를 들어가며 비평했어요. "10을 잘못하면 10만 비판하면 된다. 그런데 100, 1000으로 비판한다. 악의적이라고 지적하지 않을 수 없다." 특히 〈경향신문〉, '비키니' 파문을 3일 동안 1면 기사로 다루며 사실상 성희롱 집단으로 모으는가 하면, 총선 이후에는 그 팬들마저 몰지각한 지지자로 규정하는 듯한 태도를 취했어요. 그 태도를 잊을 수 없습니다. 언론사ౢ에서 〈나꼼수〉를 실패 사례, 오점으로 규정하고 싶은 강렬한 의도를 표출한 거 아닌가요? 이제 와서 묻고 싶은 게 그래서 얻은 게 무엇인가예요. 정의로운 세상이 도래했나요, 하다못해 〈경향신문〉 독자 수가 늘었나요? 그들의 지적은 이런 것이었지요. "골방에서 네 남자가 떠드는 팟캐스트가 어느 날부터인가 권력화되었다." 최초 포문을 연 주체는 '곽노현 서울교육감을 죽여야 진보가 산다'는 지론을 〈나꼼수〉에 의해 반박당한 진중권 씨였지요. 피리 부는 소년 추종자처럼 지식인연하는 이들이 그 뒤를 따라가고, 진보 언론은 복창 확성하고. 이 와중에 조중동은 손 안 대고 코 풀듯 중계방송만 해도 정략적 목적을 완성하죠. 김어준 씨 말대로 '국공합작'이 이뤄져요. 아니 '국공엘리트합작'이라고 해야 정확한 표현이겠네요. 이게 비단 〈한겨레〉, 〈경향신문〉만의 태도인가요. 이런 엘리트에게 줄서며 정통이라 여기는, 주체성은 물론 자존심조차 없는 추종자들도 한심하기는 마찬가지예요. 이렇게 해서 〈나꼼수〉 네 사람이 망하고 죽은 거야 그게 무슨 대수겠습니까만, 앞으로도 유사한 게릴라 운동이 등장할 때 죽이기에만 급급할 것인지 묻고 싶어요. 중요한 것은 〈나꼼수〉가 아니라 민중의 동력이에요. 〈나꼼수〉를 매회 수백만에서 천만 넘게 다운로드하며 들은 청취자, 게릴라 콘서트를 열면 모이는 십만의 인파, 그들의 여망이 무엇입니까? 〈나꼼수〉에 대한 낮은 수위의 팬심인가요? 천만에요. 왜곡된 언론 지형의 변화와 실효성 있는 정치 혁신에 대한 여망 아닐까요? 이런 비전을 〈나꼼수〉 네 사람이 수렴할 자격이나 조건을 충분히 갖췄다고 보지는 않습니다. 다만 〈한겨레〉, 〈경향신문〉 등은 〈나꼼수〉와 더불어 용기를 발산한 사람들, 어찌 보면 당신들의 독자이기도 한 그분들의 꿈을 폄훼하지 말기 바랍니다. 혹시 "김용민, 〈나꼼수〉가 정녕 옳았다고 보는가"라고 묻고 싶은가요? 안도현의 시로 대구합니다. "너에게 묻는다. 연탄재 함부로 발로 차지 마라. 너는, 누구에게, 한 번이라도 뜨거운 사람이었느냐."

대안 언론도 함께 가는 동반자다

김   엘리트 의식을 버리는 것, 곧 기득권을 포기하는 것, 실천 과제는 무엇일까요? 기자실 문제가 전부는 아니겠죠?

민   기자실 문제도 포기해야 할 테고, 대안 언론에 대한 편협한 시각도 버려야 하죠.

김   모종의 경쟁의식이 있어요.

민   인정하기 싫다고 보는 게 맞겠죠.

김   우리가 100% 다 독식해야 할 파이를 '이자'들이 잠식한다고 보는 거겠죠?

민   그런 측면도 없다고는 못해요. 그런데 저는 사람에 대한 이미지나 편협한 시각이 바탕에 더 깔려 있다고 봐요. 이를테면 김용민 PD, 서영석, MBC 해직 기자 이상호에 대한 불편한 시각들. (웃음)

김   딱 까놓고 얘기해서 어떻게 뉴스타파만 대접하나?

민　뉴스타파는 〈경향신문〉, 〈한겨레〉 등 이른바 제도권 개혁 언론 쪽에서 그래도 조명을 좀 해주는 것 같아요. 나머지 대안 매체들은…… 뭐라 그럴까, 아직 '정식 언론'으로 대접해주기 싫다는 마인드가 깔려 있다는 생각이 들어요. 물론 지금의 대안 언론, 부족한 점 많죠. 하지만 단순히 부족하다는 것 이외에 어떤 '시선'들이 있는 것 같아요.

김　그런 문화와 기류가 있죠. '선수'들끼리는 모두 그렇게 느끼고 있는 거고 외부에서도 그렇게 평가하고. 그 심리를 노골적으로 한번 얘기해보죠. 대체 왜 그런 거예요? 일단 그 사람들은 '정통' 지상파 출신이어서 밀어주는 건가? 그런 면도 있겠죠.

민　저도 있다고 봅니다. 대안 매체 내부에서도, 대안 매체에 종사하고 있는 분들 사이에서도 그런 의식이 전혀 없다고는……

김　그런데 MBC 기자였던 이상호도 야인 대접을 받는 이유는?

민　이상호 기자는 주류 언론사 출신임에도 불구하고 본인이 주류에서 철저하게 배제가 된 사람입니다.

김　왜 그럴까요? 이상호 기자는 조건만은 확실히 엘리트예요. 이른바 3대 명문대 출신이지, 게다가 정치학 박사 아닙니까? 미국 조지아 대학교 국제문제연구소에서도 있었고요.

민　제가 MBC에 오래 출입했거든요. 삼성 X파일 사건 터졌을 때 밖에 있는 사람들은 MBC 보도국 기자들이 보도해야 한다고 생각하지 않았을까, 이렇게 추측하는 분들이 꽤 많습니다. 그런데 제가 그때 분위기를 알아요. 보도하면 안 된다는 게 압도적이었습니다.

김　최문순 당시 사장도 막았다면서요?

민　이상호 기자는 철저하게 고립된 기자였습니다. 몇몇 기자 빼고는 X파일 보도에 대해서 굉장히 부정적이었고, 더군다나 이상호 기자 개인에 대해서 조직에 적응도 못하고 혼자 잘났다고 설치는 놈, 이런 인식이 팽배했다니까요.

김　또라이로 취급 받았구면.

민　기자 사회는 정말 강고한 기득권 집단입니다. 기자실이라는 나름대로의 테두리가 있고, 출입처와 취재원이라는 나름대로의 네트워크도 있고, 그런 식으로 쳐놓은 기자 기득권 사회에서는 네트워크가 굉장히 촘촘합니다. 여기서 거의 대부분이 그 질서를 지키면서 기자 생활을 합니다. 그런데 그걸 흔들려는 기자들이 일부 있습니다. 그게 바로 이상호 기자, 〈시사IN〉 주진우 기자, 〈미디어오늘〉 기자들이에요. 계속 조져대거든요.

김　이상호를 보면 사도 바울 같다는 느낌이 들어요. 바울은 당대 최고의 지식인 율법학자 가말리엘에게 사사한 엘리트고, 유다인이며, 로마 시민권자였어요. 바울은 사람의 급을 나누고 격을 따지는 문화, 즉 차별에 대해 죽을 때까지 맞서 싸우면서 예수의 진의를 전파하고자 했지요. 엄청난 질시와 따돌림을 당했지요. 물론 이상호가 신자가 아닌 이상, 어디까지나 캐릭터로 봤을 때 유사하다는 말입

그렇게 전철을 밟아온 진보 개혁 언론이기 때문에

대안 언론에 대해서도 따뜻한 시각을 가져야 하는 거죠.

대안 언론이 앞으로 보강해야 될 점이 많지만,

가끔 보면 애정 어린 비판이 아니라 적대적인 비판을 하고 있는 게

아닌가 하는 생각이 들 때가 있습니다.

그 이유를 곰곰이 생각해보면, 아까 얘기했던

**엘리트주의, 언론의 기득권,
나름의 질서를 해치는 것에 대한 반감,**
이런 여러 가지 복합적인 이유가
작용하는 것 아닌가 싶습니다.

니다. 그나저나 이런 다양한 군상의 언론인과 마주할 〈미디어오늘〉 기자들은 어때요? 언론인의 엘리트 의식을 염려하는 저와 인식이 같은가요?

민　〈미디어오늘〉은 언론 개혁을 표방하고 출범한 신문이기 때문에 계속 그런 문제에 대해서 의제 설정을 해왔어요. 물론 〈미디어오늘〉 기자들 전부가 그렇다는 건 아닙니다. 하지만 대부분 그런 생각을 많이 가지고 있죠.

김　표현을 잘해야 하는데, 제 주장은 뉴스타파 언론인 디스가 아니에요. 지상파 방송이 구축한 취재 인프라와 임금이라는 최고의 기득권을 포기하고 나와 무형의 가치인 공정 언론을 위해 싸우겠다는 분들은 언론인의 사표師表가 될 분들이지요. 성원과 지지를 받을 충분한 자격이 있습니다. 요컨대 뉴스타파만 대안 언론이라는 식의 주장에 담긴 엘리트 의식, 또 엘리트 의식에 안존해야 손해 안 본다는 비주체성, 이게 문제라는 겁니다.

민　대안 언론이 부족한 게 왜 없겠습니까? 부족한 것 많죠. 인적, 재정, 물적 토대, 이런 게 당연히 취약할 수밖에 없습니다. 그런데 저는 그런 말씀을 드리고 싶어요. 〈한겨레〉가 어떻게 출범했습니까? 초창기에 기자 생활했던 분들 얘기 들어보면 기자로 안 쳤답니다. 초창기 〈한겨레〉 기사를 두고 "저게 성명서지 기사냐?" 이렇게 말하는 사람도 있었다고 합니다.

김　〈한겨레〉도 처음 나왔을 때 어마어마하게 박대받았죠.

민　출입처에서 기자로 인정해주지도 않았죠.

김　변상욱 CBS 콘텐츠본부장 말씀도 그런 거 아니에요? 1987년 CBS가 뉴스를 재개했지만 당장 높은 기자실 문턱 앞에서 좌절했고, 여당인 민주정의당에서는 인터뷰 요청을 묵살했잖아요. 그런 CBS와 〈한겨레〉가 (KBS, 〈조선일보〉 정도는 아니나) 이제는 누구도 무시할 수 없는 언론 반열에 선 거 아닙니까?

민　그렇게 전철을 밟아온 진보 개혁 언론이기 때문에 대안 언론에 대해서도 따뜻한 시각을 가져야 하는 거죠. 대안 언론이 앞으로 보강해야 될 점이 많지만, 가끔 보면 애정 어린 비판이 아니라 적대적인 비판을 하고 있는 게 아닌가 하는 생각이 들 때가 있습니다. 그 이유를 곰곰이 생각해보면, 아까 얘기했던 엘리트주의, 언론의 기득권, 나름의 질서를 해치는 것에 대한 반감, 이런 여러 가지 복합적인 이유가 작용하는 것 아닌가 싶습니다.

엘리트 의식에 빠지기 쉬운 주류 언론

—

김　민동기 기자는 어때요? 미디어 비평 저널리스트로 십수 년 동안 활동하면서 주류 언론인의 엘리트 의식에 대한 문제 인식이 남다를 거라 보는데.

민　제 개인적 이야기를 해보자면 저는 MBC를 많이 출입했습니다. 언론사에 들어오기 전, 지금은 전국언론노조 MBC 본부가 된 MBC 노조에 대해서 저는 한국 언론 노동 운동사에 선두 진영에 있는 조직이라고 생각했었어요. 그런 조직에 제가 출입 기자로 가게 되다니 영광이었죠. 그런데 제가 MBC 출입을 시작하고 5개월이 안 돼서 MBC 노조로부터 출입 정지를 당합니다.

김　민동기 기자가요? 왜요?

민　출입 정지와 더불어, 〈미디어오늘〉이 각 언론사 노조에 배포되는데, MBC 노조가 〈미디어오늘〉의 배포도 거부하고 반송해버렸어요.

김　원래는 언론 노조가 최대 주주인 신문이다 보니 〈미디어오늘〉이 발행되면 가맹 언론사 노조에 배부가 될 텐데, 당시 MBC 노조가 배달 온 신문을 펴보지도 않고 뭉치째 돌려보냈다고요?

민　MBC 보도국 모 기자가 취재하는 과정에서 경찰서에 가서 행패를 부린 사건이 있었습니다. MBC 노조 입장에서는 자기네 조합원이니 보도를 하지 말았으면 좋겠다고 얘기했어요. 그때 당시 MBC 노조는 〈미디어오늘〉의 2대 주주였습니다. 1대 주주가 언론 노조였고요. 그래서 MBC 노조가 상당한 압박을 했습니다. 그런데 당시 김종배 편집장은 "이 기사는 나가야 한다"고 주장하며 그 기사를 3면 톱기사로 실었습니다. 거기에 MBC 노조가 강력 반발한 거죠. MBC 사측은 〈미디어오늘〉 MBC 출입 기자에 대해 아무런 조치를 취하지 않았는데, 오히려 MBC 노조가 MBC 출입 기자를 노조 들어오지 말라고 출입 정지를 시켰어요. 저는 어떻게 보면 굉장히 운이 좋았던 건데요, 이른바 개혁 진보 진영의 민낯을 1년차 때 본 겁니다. 〈미디어오늘〉 기자를 하면서 알게 된 개혁 진보 언론과 기자들의 '한계' 등에 대해 일찍 깨우친 거죠. 개혁 진보 진영 기자들도 다른 언론사 기자들과 마찬가지로 기득권으로부터 자유롭지 않음을 일찌감치 깨닫게 된 겁니다. 그때 당시 MBC 내에서 기자들이 저를 비롯해서 〈미디어오늘〉에 대해 굉장히 비판적이었습니다. MBC 노조 분위기도 마찬가지였고요. 그런데 그때 유일하게 MBC 노조의 행태를 공개적으로 비판하고 나선 몇몇 PD들이 있습니다. 그 선두 그룹에 있었던 사람이 한학수 PD였습니다. "이게 지금 뭐하는 짓이냐? 당연히 비판받을 짓을 했는데, MBC 노조가 그러면 되느냐?" MBC 내부에서 개혁 PD들이 MBC 노조를 공개적으로 비판했습니다.

김　2012년 MBC 노조 지도부가 해고된 후 MBC 노조가 힘 못 쓰는 페이퍼 유니온으로 전락한 지금, 성명서 한 장 내는 걸로 싸움을 대신하는 이런 참담한 현실과 당시 민동기 초임 기자의 경험 사이에 뭔가 교통하는 면이 있어 보여요.

민　전혀 없다고는 할 수 없죠.

김　뭐가 있을까요? 구체적으로.

민　MBC 기자로서 느끼는 유혹이 있습니다. 일단 연봉이 굉장히 셉니다. 일단 그걸 포기하기 쉽지 않겠죠. 그냥 조용히 있으면 1년에 적지 않은 돈이 나옵니다. 저는 그것도 기득권의 일종이라고 봐요.

김　최저생계비만 쓰고 나머지 모두를 저축해오던 습관이 있는 가구라면 모르겠습니다만, 과연 몇이나 그러겠습니까? 억대의 연봉을 받으면 그만한 소비 사이즈가 있을 거 아닙니까. 그런데 파업하며 근 6개월 동안 '제로 급여'를 받으면 진이 빠지지요. 파업의 ㅍ자도 못 꺼내게 돼요. 인지상정입니다. 이해됩니다.

민　그걸 기득권이라고 단정은 못하지만 MBC 기자로서 누릴 수 있는 여러 가지 한국 사회의 기득권, MBC 기자로서 누릴 수 있는 여러 가지 층위, 이런 것에 대한 안주로부터 과연 MBC 구성원들은 자유로운가? 이런 질문을 한번 던지고 싶긴 하죠.

김   중요한 지적인데, 언론사 구성원이라면 모든 종류의 권력을 견제하는 게 본령 아닙니까? MBC도 권력이잖아요. 한 번 보도하면 그 파급력이 엄청나니까. 같은 이유로 〈나꼼수〉마저 권력으로 치부된 거잖아요. 그런데 자기들이 견제하는 입장에서 당하는 처지로 바뀌니까 "어? 〈미디어오늘〉 이것들 봐라. 2대 주주인 우리를 비판해?" 이렇게 나온 거 아닙니까? 그러면서 어떻게 남을 비판해요? 이건 바닥을 보인 거죠. 이명박근혜 정권을 통해 이른바 이 시대 가장 힘 있다는 언론들의 민낯을 적나라하게 보게 됐어요. 결론적으로 진보 언론이 이른바 기득권 언론을 앞지르지 못하는 이유는, 여당의 갈지자 국정 운영에도 불구하고 야당이 거기에 대안이 되지 못하는 맥락과 맞닿아 있어요. 기본적으로 '보수와 대척점에 선 세력은 그 똑똑한 두뇌와 언변으로 우리를 기만할 수 있다'는 경계심이 밑바닥에 깔려 있는 거예요.

민   저도 그렇게 생각합니다.

김   MBC의 한 해직 기자가 인터뷰에서 했던 말이 있습니다. "한 간부는 기자회장인 나를 두고 '야당과 손잡은 좌빨'이라고 했다(그 말을 들은 여당 의원이 전달해준 내용이다). 한 진보 인사는 MBC 기자들이 정권과의 싸움에 앞장서야 하는데 풀 죽어 있다며 다그쳤다. 진보 매체의 한 후배는 나를 조금 겪더니 '좌파가 아니어서 실망'이라고 했다. 우리의 저항이 갖는 의미를 보수는 위협으로, 진보는 도구로 해석한 듯했다." 이 발언은 자신의 공정성 투쟁은 여야, 보수, 진보 어느 한편을 위한 것이 아니었다는 뜻입니다. 그러나 이 발언에서 반박된 한 진보 인사의 입장("MBC 기자들이 정권과의 싸움에 앞장서야 하는데 풀 죽어 있다")은 그 맥락이 무엇인지는 알 길이 없지만 '당신들이 진보 진영의 논리를 대변하지 않아서' 지적한 것은 아닐 겁니다. 우리 사회 여론구조가 진보 보수 간 첨예한 갈등과 대립입니까? 아니지요. 보수가 여론시장을 모두 장악하고 있고 기득권 세력의 이익을 대변하는 것 아닙니까? 이럴 때에 '쓴소리'가 본령인 언론은 누구를 향해 날을 세워야 합니까? 공정성은 본질적으로 상황과 권력 지형에 따라서 어느 한편을 들 수밖에 없는 성질이 돼요. 왜 야당 진보의 바닥난 힘을 부풀려 여당 보수의 왕성한 힘과 균형을 맞추려고 합니까? 전제 군주 시대에서 우리는 전제 군주 편도 아니고 민중 편도 아니다, 이런 말을 해야 합니까? 약자에게 상대적으로 이익이 될 수 있다 하더라도 그런 맥락의 상황적 편파마저 두려워하면 기울어진 운동장 구조에서는 결국 가진 자 편이 됩니다. 그건 결국 자기 지위를 유지하기 위한 엘리트 의식이기도 하고요.

그렇다고 조중동에는 엘리트 의식이 없느냐? 있지요. 더 심하지요. 하지만 그들은 쉽게 용인돼요. 왜냐면 '정서적 교통점'이 있기 때문입니다. 그게 바로 욕망입니다. 십수 년 전 예비군 동원 때 기억이 납니다. 훈련 중이었어요. 부대 경계선 넘어 한 여고생이 지나가자 옆에 있던 한 남자가 휘파람을 불더라고요. 이 남자와 3일 지내며 친해졌는데 알고 보니 여고 교사였어요. 남자는 군복을 입혀놓으면 교사부터 조폭까지 다 '균질화homogenization'가 됩니다. 같은 원리예요. 명분은 위선, 욕망은 실리라는 관념이 투철한 민초는 조중동 새누리와 묘한 동질감이 형성돼 있어요. 지난 대선, 거품이나마 집값 유지해달라는 염원이 수도권 박근혜 몰표로 나타났던 거 아닙니까. 물론 〈한겨레〉, 〈경향신문〉도 조중동 따라해야 한다는 말이 아니에요. 우군이어야 할 중산층 서민에게 '우리는 당신 편'이라는 신뢰를 줘야 해요. 현실과 동떨어진 이념과 명분을 강조하더라도, 이런 가치의 천착이 결국 당신과 우리 공동체를 위한 실리적 선택임을 보여줘야 해요. 엘리트 의식을 벗기는 모든 것에 선행될 가치입니다.

민 저는 언론 기득권 문제에 〈경향신문〉이나 〈한겨레〉가 계속 감각이 무뎌진다면, 지금처럼 무뎌진 상태로 계속 간다면 위기는 가장 먼저 온다고 봅니다. 그 부분에 대해서 계속 날을 세워야 해요.

김 그 말을 다른 맥락에서 보자면, 위기 발생 시 디폴트 상태까지 최대한 시간을 벌 여력이 조중동에는 더 있는 거예요. 하지만 형편이 어려운 〈한겨레〉, 〈경향〉은 미풍에도 흔들릴 만큼 위기에 취약하죠.

민 저는 이 문제는 굉장히 조심스럽게 꺼내고 싶은데, 기자 언론인들은 월급이 너무 많으면 안 된다고 생각합니다.

김 중요한 말씀을 하셨습니다. 저도 그래요. 생활할 만큼만 받는 게 맞지 않겠는가 싶어요. 기자 급여가 폭등한 게 전두환 집권기였죠.

민 정권 특혜, 88올림픽 특수 등으로 각 신문사가 증면 경쟁에 들어가면서 기

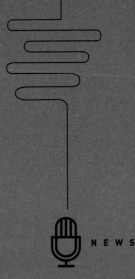

〈한겨레〉, 〈경향신문〉을 볼 때는 다른 건 신뢰해도 되는데,

적어도 삼성 관련 기사마저 **믿지는 마십시오.**

윤색이 가해져 포장됐거나 혹은 광고와 연관돼 오더받은

기사일 가능성이 매우 높습니다.

그리고 삼성의 문제점을 100% 싣는다고도 보지 마세요.

이 두 신문에서는 삼성 광고 의존 비율을 뺀 나머지만큼은 믿어도 됩니다.

그리고 언론사 기득권 문제에 있어서는

〈경향신문〉과 〈한겨레〉도 너무 믿지 마십시오.

그들도 **주류 언론 기득권 의식**에서
결코 자유롭지 않습니다.

자들을 새로 뽑고 경쟁이 치열해졌죠. 또한 독자 수가 굉장히 늘었기 때문에 기자들이 월급을 상당히 많이 받았어요. 그런데 생각을 해보십시오. 연봉이 1억 원인 언론인이 있습니다. 대한민국에서 연봉 1억이라는 건 기득권 계층입니다. 그 기득권 계층이 사회를 비판적으로 바라볼 수 있겠습니까? 없습니다. 연봉 1억 받고 누릴 기득권 다 누리는데 무슨 비판적인 견해가 생기겠습니까? 언론인은 사회 비판적인 의식을 기본적으로 가져야 합니다. 그렇다고 노동력 착취를 말하는 것은 아닙니다. 중산층 정도의 월급만 받으면 충분하다고 봅니다.

김　리영희 선생도 2009년 12월 〈한겨레21〉 인터뷰에서 "식민지 시대의 기자처럼 지사가 될 필요도, 그런 걸 요구할 수도 없지만, 지금의 기자들이 받는 월급도 상당한 수준이에요. 한국의 여러 직종 중에 결코 낮지 않은 수준의 돈을 받고 있지"라고 했어요. 급여 수준이 자신의 몸값으로 인식되는 세상 아닙니까? 이것도 전형적인 보상 심리인데요. 〈조선일보〉 기자가 예전에 이런 말을 했더군요. "기자들의 자존심은 월급에서 나온다. 〈중앙일보〉가 우리보다 더 많이 받아간다." 기자의 자존심이 급여 수준에서 결정된다니, 〈조선일보〉 기자다운 인식입니다. 이 친구 눈에는 〈한겨레〉, 〈경향신문〉 기자가 얼마나 우습게 보이겠어요. 돈이 곧 격이고 급이니.

정리하겠습니다. 〈한겨레〉, 〈경향신문〉을 볼 때는 다른 건 신뢰해도 되는데, 적어도 삼성 관련 기사마저 믿지는 마십시오. 윤색이 가해져 포장됐거나 혹은 광고와 연관돼 오더받은 기사일 가능성이 매우 높습니다. 그리고 삼성의 문제점을 100% 싣는다고도 보지 마세요. 이 두 신문에서는 삼성 광고 의존 비율을 뺀 나머지만큼은 믿어도 됩니다.

민   그리고 언론사 기득권 문제에 있어서는 〈경향신문〉과 〈한겨레〉도 너무 믿지 마십시오. 그들도 주류 언론 기득권 의식에서 결코 자유롭지 않습니다.

김   하지만 권력에 대한 비판만은 믿어도 됩니다. 왜냐하면 내외부의 통제 장치가 없기 때문이죠. 이명박근혜 정부조차도 〈한겨레〉나 〈경향신문〉을 드러내놓고 탄압하지 않아요. 왜일까요?

민   이미 〈경향신문〉, 〈한겨레〉가 신문 시장은 물론이고 한국 사회에서 주류로 자리 잡았다고 인정하는 겁니다. 그런데 만약 여기를 세게 쳐버리면 한마디로 새정치민주연합을 쳐버리는 것과 똑같은 거죠. 새정치민주연합도 기득권이잖아요.

7장

대안 언론을
읽어드립니다

뉴스타파, 국민TV, 고발뉴스 등

———

누구든 비판할 수 있는 자세가 중요하다

김   앞서 〈경향신문〉, 〈한겨레〉 이야기하다가 대안 언론도 언급했는데요. 진영 논리를 경계하는 정서가 보편적으로 있어요.

민   맞습니다. 그건 언론의 기본이죠.

김   저는 진영 논리와 관련해서는 전통적 견해와 결을 달리합니다. 제가 특정 정당 총선 출마 경력이 있어 그런다고 해도 할 말은 없습니다만, 이를테면 일제 강점기에 독립운동을 했던 사람들, 그분들을 옹호하고 지지하는 것도 진영 논리 아닌가요? 광주 민주화운동 때 계엄군을 상대로 싸웠던 그분들을 응원하는 것도 진영 논리고요. 그렇죠? 6월 항쟁 당시 학생과 그 학생을 응원하러 나선 넥타이 부대도 그렇고, 경적을 누르면서 시위에 동참했던 택시기사들, 그 입장을 대변하는 것도 진영 논리예요. 〈조선일보〉와 〈동아일보〉, 하지도 않은 '항일'이건만 앞장서서 민족 '진영'을 대변했다고 주장하는 거 보세요. 4·19 당시 부산 MBC와 CBS가 시민 항쟁을 보도했다고 말씀드렸지요? 5·18 때는 광주 CBS가 서울에서 내려오는 방송을 끊고 찬송가만 내보내는 소극적 저항을 했었어요. 이 방송사들이 당시 역사를 두고 진영 논리에 휘말렸던 부끄러운 역사로 자성하던가요? 김재철 사장의 주구 노릇만 한다며 MBC 기자회로부터 제명당한 문철호 씨가 2015년 3월 현재 부산 MBC사장인데, "(부산 MBC는) 3·15 부정선거에 맞선 마산 학생시위를 생중계하여 4·19를 촉발시킨 '민주방송'의 전통을 계승하고 있습니다"라고 홈페이지 인사말에서 밝히고 있어요. CBS도 50년사에서 "CBS는 4·19혁명을 전후하여 민의를 심도 있게 대변하였고"라고 언급했고, 광주 CBS는 홈페이지에 기재된 연혁에서 "5 · 18 광주민중항쟁 기간 동안 방송 중단"이라고 표시하고 있어요. 진영 논리에 의하면 부끄러운 역사 아닙니까? 어느 한편에 섰으니까요.

민　그건 그렇게 단정할 수 없죠.

김　그런데 그렇게 단정되는 현실 아닙니까? 아직 재판에 계류 중인 사건입니다만, 2014년 7월 재보선 새정치민주연합 광주서구을 국회의원 후보로 나섰던 권은희 후보에 대한 뉴스타파의 부동산 관계 의혹 보도는 진영 논리에 관한 전통적 주장과 시민적 감정이 충돌한 사건이라고 봐요. 뉴스타파 보도의 숨은 취지는 "우리는 누구라도 깐다" 이거 아닙니까? 지상파 공영방송 출신 저널리스트다운 멘털리티예요. 반면 이에 대한 반대 주장은 이래요. "가뜩이나 한쪽으로 기울어진 운동장으로 상징되는 언론 상황에서 불이익과 차별에 시달리는 야권 후보에게만 엄중한 잣대를 들이대느냐." 여기에는 어디까지나 의혹에 지나지 않는 사안을 뉴스타파가 침소봉대했다는 인식, 또 조중동이 이 보도를 대대적으로 인용해 확산시켜 정치적 파장을 야기했다는 평가가 담겨 있었던 겁니다.

민　저는 진영에 상관없이 누구든 비판할 수 있다는 자세는 중요하다고 봅니다. 우리 언론의 문제점 중 하나로 지적되는 게 진영 논리에 빠져 있다는 거, 이걸 부인할 수는 없습니다. 뉴스타파는 그런 점에서 권은희를 비판했고, 이른바 '우리 편'이라고 하더라도 비판의 대상에서 예외가 아니라는 스탠스를 나름 보여줬다고 봅니다. 물론 뉴스타파의 권은희 보도를 두고 논란이 제기된 것도 분명하죠. 저는 논쟁을 한번 해볼 부분이라고 생각하는데, 제가 뉴스타파에 가지고 있는 근본적인 문제의식은 조금 다릅니다. 뭐라 그럴까, 뉴스타파는 데일리 뉴스를 하지 않고 탐사 보도를 표방하기 때문에 기존 주류 언론들의 취재 방식과는 차별화된 지점을 분명 보여줬어요. 그건 정말 분명하게 평가해줘야 할 부분이고, 한국 언론사에서도 한 장으로 기록될 사건이죠. 그런데 그런 긍정적인 평가와는 별개로 스스로 자신들이 여전히 주류다, 이런 의식을 가지고 있는 게 아닌가 하는 생각이 들 때가 있어요. 비록 지상파에 근무하고 있진 않지만 우린 다른 대안 언론 콘텐츠와는 질적으로 다르다는 인식. 뉴스타파는 콘텐츠도 좋고 탐사 보도에 대한 자부심도 필요하지만, 그게 심할 경우 자칫 잘못하면 엘리트 의식으로 발전될 수도 있다는 생각이 듭니다. 조심스럽게 한번 얘기하는 거예요.

김　대안 언론으로 같이 묶이는 게 국민TV, 고발뉴스인데, 어떻게 걔네들하고 우리가 한 묶음이냐, 이런 건가요?

민　나름대로 프라이드라고 볼 수는 있는데, 그게 자칫 엘리트주의가 될 수 있다는 거죠.

김　대안 언론 카테고리 안에 있는 국민TV는 특정 진영, 이를테면 '친노'를 대변한다는 인식이 강해요. 실측한 통계는 없습니다만, 현 정부를 용인할 수 없다는 조합원 간 정서적 공감대가 있어요. 하지만 이는 맹목적인 정서가 아니에요. 정치 혁신, 경제 민주화, 보편적 복지 확대, 남북 관계 개선, 환경 정의, 공동체 정신 구현 등의 가치를 송두리째 부정한 채, 낡고 부패한 인사를 중용하고 지역 차별하며 정권 비판하면 옥죄는 총체적 퇴행을 보이는 박근혜 정부에 대한 구체적이고 냉철한 비판 의식인 겁니다. 무슨 근거로 그걸 '친노'라고 도식화하는지. 물론 특정인의 정치적 이익을 대변하느냐도 따져봐야겠지요. 이 부분에 대해서는 국민TV를 친노라고 확언하는 자들조차 사례를 들지 못해요. 그런 적이 없거든요. 결론적으로 협동조합은 어느 한 사람이 "야, 걔 조져!" "야, 걔 띄워줘!" 이런다고 그렇게 돌아가지 않아요. 국민주, 사원주 신문보다 더 강합니다. 일전에 김종철 동아자유언론수호투쟁위원장이 국민TV 개국 무렵인 2014년 3월 30일에 와서 이런 치사를 했어요. "우선 해야 할 일은 정권 교체고, 그런 다음에 그 정권을 견제하라." 저는 이게 만약 일제 시대라면 먼저 광복하고 그다음에 광복 이후 들어선 정권을 견제하라는 취지로 이해했습니다. 당연히 저도 언론의 외피를 쓴 채 특정 정치인의 정치적 이익을 대변하는 것은 타락이라고 봅니다. 그러나 기본이 안 돼 있고 불법적인 체제에서는 이 구조를 청산하고 민주 정권이 들어서도록 하는 것, 이것이 진영 논리에 우선해야 한다고 봅니다. 정의로운 절차와 방식으로 당선되는 지도자가 새누리당 소속이어도 상관이 없어요. 문제는 단언컨대 지금 정권이 불법 체제라는 점, 정신적 일제 강점기라는 거죠. 운전기사가 정신 이상자면 차를 세우게 해야지요. 아니면 다 같이 죽는데요. 이 국면에서 언론은 심판이나 보고 있으면 안 됩니다. 함께 플레이어로 뛸 수 있다고 봅니다. 저는 그런 의미에서 보면 이상호 기자의 전투적 세월호 취재를 저널리즘의 새 모델로 봅니다.

민   저도 굉장히 훌륭하게 평가하고 있습니다.

김　팽목항 현장에 직접 뛰어들어 "연합뉴스 개새끼"라며 왜곡 보도를 규탄할 때는 전율을 느꼈습니다. 취재하고 보도하는 정도가 아니라 아예 당사자 사이에 뛰어들어서 장관을 압박하고 실종자 가족을 대변해주는……

민　그때 유족들이 원했어요. 이상호 기자가 사회를 봐달라고.

김　이게 바로 대안 언론, alternative media죠. 유사 언론과 대안 언론의 선이 그어지는 부분이에요.

민　맞습니다. 그런데 만약 기존의 언론 기자 중에 그때 당시 실종자 가족들로부터 그런 요청을 받았다면 "기자가 그런 데는……" 이렇게 했을 겁니다. 이상호 기자라고 그런 생각이 안 들었겠습니까? 기자이기 이전에 자기가 뭘 해야 하는지, 여러 가지 고민 끝에 수용했다고 생각하는데, 그걸 가지고 "쟤는 말이야, 기자가…… 지가 뭔데?" 기자들이 실제로 이렇게 생각하고 그런 말도 했습니다.

김　주진우 기자도 그런 의미에서 본다면 '현장'에 뛰어듭니다. 본인이 플레이어로 뛰어요. 품격 없어 보이죠? 경솔해 보이죠? 아닙니다. 그게 바로 얼터너티브 정신이에요.

공정하게 편파적인 것이 가장 공평한 것

▬

민　제가 가장 싫어하는 단어가 뭔지 아십니까? '공정한 기사를 쓰는 기자'입니다. 저는 그런 기사는 없다고 봅니다. 제 기사요? 제가 쓴 기사 중에 공정한 기사는 하나도 없습니다. 다 편파적입니다. 당연히 편파적일 수밖에요. 누군가를 조지고 누군가를 비판한 건데 다 제 견해가 들어가 있죠. 편파적인 기사이긴 하지만 편파에 이르는 과정을 최대한 공정하게 하려고 한 겁니다.

김   시시비비를 가리는 거죠.

민   하나의 사안에 대해서 "A는 이렇게 주장했고 B는 이렇게 주장을 했습니다" 이렇게 기사 쓰면 사람들은 그게 공정한 줄 알아요. 하지만 저는 그렇게 생각하지 않습니다. A가 나쁜 놈이라면 그렇다고 이야기하는 게 공정하다고 봐요.

김   유시민 전 장관이 『노무현은 왜 조선일보와 싸우는가?』라는 책에서 누군가의 말을 인용했는데 이 말이었어요. "공정하게 편파적인 것이 가장 공정한 것이며, 편파적으로 공정한 것은 가장 편파적인 것이다." 대표적으로 이런 겁니다. MB가 국고를 들여 자신의 퇴임 후 사저를 짓기로 했습니다. 주진우 기자의 첫 보도가 있었지요? 한 지상파 뉴스가 야당의 문제 제기에서 시작합니다. 여당이 여기에 반박합니다. 그리고 청와대가 입장을 밝힙니다. 그러고는 바이라인이 나와요. 여야청 각 입장 소개가 이 기사의 골간입니다. 표피적으로는 공정해 보입니다. 그러나 야당 1, 같은 편인 여당과 청와대 2 해서 1:2가 되는 거예요. 이게 뭐가 공정합니까? MB 때는 이랬는데 박근혜 정부 들어와서는 어떤지 아세요? 정권에 불리할 이슈를 야당이 제기합니다. 여당이 여기에 맞받아칩니다. 이쯤에서 "여야가 정쟁을 벌인다"는 코멘트가 나와요. 막판에 박근혜의 '낡은 정치 걱정' 드립이 나옵

NEWS

제가 가장 싫어하는 단어가 뭔지 아십니까?
'공정한 기사를 쓰는 기자'입니다. 저는 그런 기사는 없다고 봅니다.

제 기사요?
제가 쓴 기사 중에 **공정한 기사는 하나도 없습니다.**

다 편파적입니다. 당연히 편파적일 수밖에요.
누군가를 조지고 누군가를 비판한 건데 다 제 견해가 들어가 있죠.
편파적인 기사이긴 하지만 편파에 이르는 과정을 최대한 공정하게 하려고 한 겁니다.

니다. 정쟁을 벌이는 정치권, 이 정치권을 바라보며 탄식해 마지않으며 국가대계 걱정만 하는 대통령. 어떻습니까?

민   형식상으로도 공정하지 않죠.

김   편파적으로 공정하다는 말이 바로 여기에 적용되는 것이 아닌가 싶은데, 지금 체제가 극도로 사악하다고 했습니다. 일제 강점기에 비유했어요. 언론은 존재를 걸고 권력에 맞서야 온당합니다. 적극적 공정, 이것을 편파라고 볼 수도 있겠죠. 그러나 악한 체제에서는 불가피합니다. 지금이 그래요.

민   그렇습니다. 어떻게 자기가 쓴 기사가 공정하다고 얘기합니까?

김   참 위험한 말이죠.

민   관점이 있는 것이고 특정 상대를 비판할 수도 있는 기사인데, 어떻게 공정하다고 할 수 있습니까? 그 과정을 최대한 공정하게 가는 거죠. 그리고 저는 기존 기자들이나 PD들한테 이런 얘기를 드리고 싶습니다. 폼 좀 그만 잡으라고. 자꾸 폼 잡으려고 하지 마세요. 언론인은 폼 잡으면 안 됩니다. 어떤 분은 그러더라고요. 〈미디어토크〉나 이런 거 정통으로 좀 가라고. 제가 싫다고 했더니 약간 충격을 받더군요.

대중과 진솔하게 소통할 수 있는 능력이 필요하다

김   정통으로 가라는 게 KBS의 〈미디어리서치〉, 〈미디어비평〉 이런 프로그램

형식으로 하라는 말인가요?

민 그러니까 정통 시사 프로그램 하듯이 하라는 건데, 제가 그걸 싫다고 한 건 정통으로 안 가고 야매로 하겠다는 게 아니라, 콘텐츠는 정통으로 가되 그걸 전달하는 방식은 B급으로 가겠다는 거죠. 기존 시사 프로그램, 그걸 왜 합니까? 그게 뭐 그리 충격적이라고. 물론 주류적 시각에서는 당연히 충격적이겠죠.

김 정통이 왜 있습니까? 비정통이 있어서예요. 정통을 비정통의 대조, 반대 개념으로, 또 빛낼 목적으로 두는 거예요. 순수도 그래요. 순수국민, 순수예술, 순수학문, 순수복음, 그런 말이 왜 있겠어요? 불순한 아무개가 있다는 말이죠.

민 그거야말로 불순한 거죠.

김 그 자체가 대중이 우매하다고 판단하는 거예요. 우매한 대중에게 순수와 불순, 정통과 비정통을 나눠 보여주는 거지요. 그리고 아무개가 정통이요 순수라는 점을 일깨워주려는 거고요. 정통 언론이 이른바 진영 언론에 하는 훈계 중에는 "선과 악, 이분법을 탈피하라"가 핵심이에요. 저는 정통, 비정통의 이분법 탈피를 주문합니다.

민 자꾸 그렇게 폼 잡고 주류 의식, 기득권 의식에 젖어 있으면…… 지금 저널리스트에게 가장 필요한 것은 대중들과 진솔하게 소통할 수 있는 능력인데, 그런 식의 기득권 의식을 가져서야 무슨 소통이 가능합니까? 대중은 그저 계몽 대상일 뿐이고 자신의 잘난 콘텐츠나 소비해라 이겁니다. 그건 아니죠.

김 "우리를 도와주고 싶으면 그냥 지지하고 후원금만 보내. 뭐 아는 체하며 참견하지 말고."

민 "우리가 할게" 뭐 이런 거죠.

김 이게 바로 엘리트 의식의 종말입니다.

민 만들면 그냥 소비만 하라는 건데 정말 잘못된 생각이죠.

김 대중은 똑똑해졌습니다. 시대 변화를 읽지 못하면 도태됩니다. 저는 이럴 때 꼭 비유하고 싶은 직업군이 있어요. 바로 목사입니다. 안 그런 목사도 많지만, 신학교 때 쌓은 얄팍한 학식을 관 들어가기 직전까지 써먹고 있잖아요. 얼마나 사고가 후졌느냐면, 박정희를 넋 놓고 찬양하고, 정권에 비판적이면 덮어놓고 북한 추종자라고 단정하고, 지식은 고사하고 상식의 업데이트도 안 된 거죠. 그래 놓고 남을 가르쳐요. 이름만 대면 알 만한 어떤 '유명한(!)' 목사의 성추행 사실이 드러났습니다. 선배 목사들이 걱정하는 마음에 자숙하라며 외국의 거처를 알아봐줬는데 1년도 안 돼 돌아와요. "나는 설교를 하는 사람이다(그냥 조용히 있자니 미치겠다)." 이러면서요. 가르치는 것도 중독인가 봐요. 부단한, 또 성실한 노력은 없이 남 계몽하기 바쁜 사람들, 똑똑히 보세요. '목레기'가 여러분의 미래일 수 있다는 점을.

8 장

언론사 취업을
꿈꾸는 사람들에게

———

어렵지만 앞으로를 내다봐야 한다

김 마지막 장은 취업준비생을 위한 어드바이스입니다. 우선은 모든 언론사에 공히 통할 수 있는 취업준비생 필수 덕목에 대해 얘기해보죠. 첫 번째는 상식에 밝아야 합니다.

민 그렇죠. 세상 돌아가는 것에 관심이 있어야 합니다.

김 요즈음에는 상식을 많이 물어보잖아요? 국어, 영어보다.

민 꼭 그렇지도 않은 거 같아요. 아무리 상식, 상식 하지만 사실 우리가 취업준비생들한테 기준을 어디에다 맞추어야 할지 솔직히 잘 모르긴 해요. 왜냐하면 요즈음 매체가 굉장히 많이 생겼는데, 이 취업준비생들의 주된 포인트는 아무래도 기존 언론 아니겠습니까? 이른바 주류 언론이죠. 전국 단위 종합일간지를 비롯한 지상파 3사, 최근에는 종편까지, 언론사 취업준비생들은 아무래도 그런 데 관심이 많겠죠. 그러다 보니 저는 이런 얘기를 하고 싶어요. 그런 곳만이 언론사가 아니다.

김 요즘 대학에 취업 반수생들이 어마어마해요. 본인이 다니는 학교가 급이 낮고 따라서 취업에 별 도움이 안 된다고 판단하는 풍조가 만연한 탓이겠죠. 반수생으로 인한 사회적 비용을 추산한 게 있더군요. 〈한국일보〉 2015년 1월 16일자를 보니 3조 원이에요. 재수·편입을 위해 한 해에 14만 명이 대학을 그만두는데, 이 과정에서 지출된 비용, 그러니까 쓸데없이 낸 등록금, 뭐 이런 것들의 총합이라고 하더군요. 직장도 마찬가지예요. 요새 언론사 이직률이 높아요. 더 나은 곳에 자리가 생기면 가차 없이 옮기잖아요. 하고 싶은 걸 하겠다는 거야 뭐라 하겠어요. 문제는 그게 아니라는 점이죠.

민   그렇죠.

김   그만두는 사람만 뭐라 할 순 없어요. 사실 이 현상, 외환위기 지나며 정당화된 신자유주의의 배설물이에요. 생산성이 떨어진다고, 또 회사 사정 어렵다고 노동자를 마구 자르는 세상에서 사용자에 대한 의리 따위는 존재할 수 없는 거죠. 좋은 조건의 회사에 다닐 테니 '평생직장'의 관념 따위는 나에게 강요하지 말라는 거예요. 〈한겨레〉에서 삼성으로 넘어간 그 사람도 같은 입장인가 하는 점이 궁금해요. 보편화된 '돌연 이직' 트렌드가 중소기업, 특히 이른바 마이너 언론에는 큰 타격이에요. 합격 후 초기 트레이닝을 받은 다음 갑자기 사표를 내놓는 그런 얌체들, 폭력이 처벌 대상이 아니라면 한 대 선사해서 집에 보내고 싶어요. 기껏 다 가르쳐놓고 현장에 투입하려고 하니까 "저 그만둬야겠는데요" 이러는 겁니다. 나름 미안한 마음에 퇴사 이유는 에둘러 말하지요. "인생의 새 길을 찾고자 한다." 무슨 인생의 새 길을 찾아요? 새로 들어갈 데가 있으니까 그런 거 아니겠어요?

민   그렇죠.

김   "이게 내 적성이 아닌 것 같아요"라는 말을 '선수'는 "사실 딴 데 취업 일보 직전입니다" 이렇게 듣습니다.

민   보통 대부분은 기존 다니던 회사보다 규모가 좀 더 크거나 연봉이 좀 더 많은 회사로 가죠.

김 더 좋은 곳을 향해 날아가는 건데, 한편으로 자기가 욕망의 화신으로 비춰지기는 싫은 겁니다. 그러니까 알아들을 수 없는 형이상학적이고도 관념적인 수사로 포장하는 거지요.

민 저는 이런 사람은 인정해요. 이를테면 주류 언론에 있다가, 혹은 좀 괜찮은 언론에 있다가 요즘 말하는 대안 언론으로 이직한다, 이러면 그런 사람은 인정할 수 있어요.

김 "탁 까놓고 얘기해서 제 꿈은 더 큰데 이 회사는 좀 좁은 것 같습니다" 이런 식으로 솔직히 얘기하면 누가 뭐라 그러나?

민 "주류 언론에서 대접 받으면서 한번 뽀대나게 일하고 싶다", 그리고 가면 솔직히 뭐 마음에 안 들긴 하지만 적어도 그것은 뒤통수는 안 치는 거죠.

김 누차 이야기했지만 보상 심리예요. 나름 열심히 달려왔는데 output이 시원찮다는 심리죠. 만난을 겪고 꿈을 펼칠 큰 바닥으로 갔다고 칩시다. 이 보상 심리가 다음에는 또 어떻게 표출될까요? 고재열 기자가 한참 전 페이스북에 쓴 글을 보니까 이런 게 있어요. "요즘 젊은 기자들이 빠르게 주류 기득권에 편입되는 것 같다."

민 그러니까 자기를 고용할, 이른바 고용주에 대한 성향 분석을 끝낸 다음 안테나를 그곳에 빠르게 맞추는 이런 선수들이 굉장히 많습니다.

김 그렇죠. 여당 대표와 식사를 한다, 그러면 심리적으로 같은 급이 되는 거죠.

민 맞습니다.

김　그래서 어느새 그 정치인의 주장과 논리에 동조하는 정도가 아니라 아예 대변을 해요. 이런 정서가 독버섯 같은 겁니다. 인생의 목적이 언론의 정도正道 추구보다는 주류 사회로의 편입으로 기울게 되는 거죠. 어느 날 갑자기 김용민처럼 출세를 위해 출마를 하고 그러다가 기득권의 노예가 되는 겁니다. 언론사 취업준비생 여러분, 여러분은 절대 저와 같은 불운한 정치 지망생이 되지 맙시다. (웃음) 취업준비생에 대한 코치, 시작해볼까요?

민　저는 이 이야기를 꼭 하고 싶습니다. 지금 언론사 취업을 준비하시는 분들은 향후 10년 정도는 내다보고 이제 움직이셔야 합니다.

김　그렇죠. 미디어가 변혁된 환경 위에서 재편된다는 거죠!

민　10년 뒤면 미디어가 많이 달라질 겁니다.

김　지금이야 여전히 지상파가 힘이 있는 것 같지만 예전 같지 않다는 말이죠. 사실 케이블, 위성TV의 도래로 2000년대 초부터 급격하게 쇠잔해갔어야 할 지상파였는데, 성장했어요.

민　그렇죠.

김　때를 같이한 참여정부 시기, 지상파는 공정성 면에서 가장 돋보였지요. 그 같은 신뢰의 기반 위에 자금과 인력을 흡인할 수 있었어요.

민　맞습니다. 제 역할을 제대로 했던 그런 시기였던 거죠.

김　이명박근혜 정부가 좀 더 일찍 시작됐고, 권력을 주군으로 아는 지상파의 민낯이 진작에 폭로됐다면 KBS, MBC 다니는 게 자랑인 시대는 금세 종식됐을 겁니다.

민 MBC 기자 중에 지금 이름 기억날 만한 누구 있습니까?

김 다 경인지사 가고 좌천되고 뭐 그렇죠.

민 네, 없습니다, 지금은. PD도 TV 화면에서 사라졌고, 대표 시사 프로그램도 지금은 없습니다.

김 이런 일화가 있더군요. 얼마 전 MBC가 조중동 기자에게 러브콜을 했는데 거부당했다고요?

민 그렇습니다.

김 이제 조중동조차 오늘의 MBC를 우습게 보고 있다, 이런 얘기 아니겠어요?

민 〈미디어오늘〉에서 조중동을 담당하는 정철운 기자가 가끔씩 그쪽 기자들을 만나면 편하게 그런 얘기를 한답니다. "제안이 왔다. 그런데 가지 않을 생각이다." 사실 대우만 놓고 보면 조중동에서도 스트레스는 많이 받겠지만 쏠쏠한 대우를 받고 있을 텐데, 어쨌든 지상파가 연봉이 또 만만치 않기 때문에 한 번쯤 유혹을 느낄 만도 하거든요? 그런데 조중동 기자들이 굉장히 영악한 거예요. 지금은 괜찮을지 모르지만 박근혜 정권이 끝난 후 정치 지형이 어떻게 변할지는 아무도 모릅니다. 그 얘기는 지금 경인지사로 밀려나 있는 분들, 비제작부서로 밀려나 있는 분들처럼 자기가 그렇게 될 수도 있다는 거죠. 냉정한 현실 인식입니다.

김 김재철 사장 시절에 '특정한' 목적으로 선발됐던 그 기자들, 지금은 날마다

TV 화면에 뻔질나게 나오지만, '비정상의 정상화'가 되는 세상에서도 그 면상을 드러낼 수 있나 두고 봅시다.

앞서도 이야기했지요? 콘텐츠가 제작사를 압도하는 미디어 생태계가 조성될 것이라고. 〈MBC 무한도전〉이 아니에요.

민   그렇죠. 프로그램은 그냥 〈무한도전〉이지.

김   '신나라레코드 신승훈'이 아니라 그 자체로 '신승훈'이듯이요. 80~90년대를 거쳐온 방송인들은 아마 격세지감을 표할 거예요. 방송사가, 즉 PD가 대중예술인의 슈퍼갑이던 시대에서 그 위치가 뒤바뀌었으니. PD 눈 밖에 나면, 국장 눈 밖에 나면 연예계에서 매장되던, 그래서 돈으로 몸으로 로비하던 시대, 호랑이 담배 피우던 시절의 일 아닙니까? 지상파 방송과 연예기획사 사이의 권력관계가 뒤바뀌었잖아요?

민   완전히 역전됐죠. 그런데 말씀하신 것처럼 10년, 15년 전에는 이렇게 될 것이라고 상황을 예상 못했어요.

김   팟캐스트 시장은 그런 의미에서 함의하는 바가 많습니다. 슈퍼스타가 진행하는 방송도 팟캐스트 순위 100위권 안에 들기가 쉽지가 않습니다. 지상파식 논법과 진행 방식에 대해 수용자가 외면하기 시작한 거예요.

민   그렇죠.

김　지상파와 팟캐스트의 차이를 소개하죠. 지상파는 고기 요리를 다 만들어 와서 손님상에 진상합니다. 반면 팟캐스트는 생고기와 불판, 불을 갖다 주며 알아서 먹으라고 합니다. 지상파는 결론만 있고, 팟캐스트는 결론에 더해 경과까지 있습니다. 금기를 두려워하는 지상파는 '위기를 극복한 행복한 부부'만 보여줍니다. 반면 팟캐스트는 자신을 심리적으로 고문하는 시어머니, 조루에다 폭력까지 행사하는 남편 때문에 자살 시도까지 하는 주부의 결혼생활 전체를 소개합니다. 제가 제작한 〈정영진의 불금쇼〉에서는 불륜 현장을 덮치기까지 한 남편이 나와 아내에게 이혼을 호소하는 내용을 방송했어요. 지상파에서는 상상도 못할 일이죠. 민감한 정치 사안은 축약되거나 누락되는 일이 허다하다 보니 '지상파에서는 파편의 사실만 나온다'는 인식이 번지고 있는 겁니다.

민　맞습니다.

김　'국민에게 진실을 알리면 사회 혼란이 야기되니 통제해야 한다'는 마키아벨리즘에서 비롯된 듯한 통제 기법이 작동하는 겁니다.

민　그렇죠.

김　포털 다음에서 김제동, 주진우가 하는 프로그램이 하나 런칭했다면서요?

민　뉴스펀딩이에요.

김　〈애국소년단〉인가? 그것도 있고요. SK텔레콤도 팟캐스트 시장에 진출하고 있고, SBS 역시 눈독 들이고 있는 것으로 압니다.

민　그 얘기도 얼핏 들은 것 같습니다.

김　SBS가 팟캐스트, 팟빵 같은 걸 한다는 겁니다. 또 다른 대기업의 움직임도 심상찮습니다. 이게 뭘 의미하겠어요? 레드오션이 된 방송 시장에서 마지막 활로는 팟캐스트라는 이야기입니다.

민　그렇습니다. 그래서 취업준비생들에게 저나 김용민 PD가 가장 먼저 당부하고 싶은 것 첫 번째는 미디어 시장은 지금 이 시간에도 변화하고 있고 그 변화의 흐름을 주류 언론에서만 발견하는 시대는 끝났다는 겁니다.

김　그렇죠. MBC나 KBS에 입사해야 방송인으로서의 정점에 선다는 판단은 이미 물 건너갔어요. 그러면 여운혁, 나영석 PD가 뭣 하러 종편, 케이블로 갔겠어요? 스스로 미디어 브랜드가 되라는 이야기입니다.

민　기존 주류 언론이 전체 미디어 시장에서 차지했던 비중과 역할, 영향력, 이게 약해진다는 것은, 그만큼 (변상욱 CBS 대기자가 얘기했듯이) 강소미디어, 미들미디어들이 많이 생겨날 수밖에 없다는 말입니다. 미디어 환경 변화와 구조 변화는 필연적으로 채용의 변화를 가져올 수밖에 없습니다.

김　당연하죠.

민　기존 주류 언론의 공개 채용 방식, 이거 반드시 변화합니다.

김　언론사 공채의 실상을 알아야 합니다. '당신의 꿈을 열어줄 등용문'이 맞는지 경험자들에게 물어보세요. 주류 언론사일수록 스카우트를 거의 안 해요.

민　그렇습니다.

김　신입을 뽑죠. 왜냐하면 언론사, 특히 기자 그룹에서 서열은 곧 질서니까.

민   맞습니다.

김   10년 이상 경력자가 다른 데서 온다? 어느 기수와 동등한 경력일지 가늠하는 것 자체가 난감해요. 경력 또는 나이가 엇비슷한 상대를 "선배"라고 부르기도 그렇고요.

민   약간 삐거덕거리고 있긴 합니다만, 실제로 그런 문화가 주류 언론에 자리 잡고 있죠. 하지만 채용 시장에 변화가 진행되고 있는 상황이에요. 지금은 〈한겨레〉든 〈경향신문〉이든 〈조선일보〉든 KBS든 지상파 3사든, 주류 언론의 신입사원 공개 채용 방식이 거의 비슷해요. 필기시험에 합격하면 실습, 실기, 이렇게 해서 최종면접까지 가죠. 이 방식은 머지않아 전혀 다른 형태로 바뀔 가능성이 높습니다.

김   어떻게 바뀔 거 같아요?

민   필기나 이런 시험보다는 창의성을 바탕으로 바로 현장에 투입할 수 있는 그런 방식으로요.

김   제가 인사 채용 담당자여서 당장 전형을 치른다면, 지원자들에게 카메라와 영상 편집이 가능한 노트북을 한 대씩 줍니다. 그리고 주제 하나를 던집니다. 멘붕, 경쟁, 상생, 금기, 공감 등 다소 추상적인 열쇳말로 어떤 형태든 24시간 이내에 영상물 하나를 만들어내라고 하는 거예요.

민   그렇죠. 저도 그 얘기를 하고 싶은데.

김   그 작업을 할 때 이력서에 적힌 내용 중 필요한 게 무엇입니까?

민   없습니다.

김   학력, 스펙, 어학 점수, 글쎄요. 지원자가 얼마나 성실하게 살았는가 정도를 가늠할 힌트는 되겠지만, 그게 현장에 투입할 실무자가 긴요한 언론사에서는 허울에 불과하다는 겁니다.

민   이 사람이 어떤 인생을 살아왔는지 그냥 한번 보는 거죠.

김   이제 그것은 중요한 기준이 되지 않습니다. 왜냐면 요즈음 지원자들은 다 비슷하게 스펙 등이 좋거든요.

민   맞습니다.

김   방송 장비가 단출해지면, 다시 이야기해 저널리스트 능력을 검증할 용도의 인프라가 저가 소형화되면, 그걸 던져주고 "네가 당장 한번 만들어봐라"고 할 수 있습니다. 아니면 소지하고 있는 스마트폰으로 동영상 촬영을 해서 편집 앱으로 만들어보라고도 할 수 있죠.

민   그런 실무나 현장 적응력 등이 앞으로 상당히 중요하게 대두될 것이기 때문에, 주류 언론만 바라봐서는 그런 능력이 쌓일 수가 없다는 겁니다. 누차 이야기하지만 주류 언론을 그만 쳐다보십시오. 대안 미디어, 미들미디어, 그리고 요즈음에는 마을 미디어도 많습니다. 자기가 살고 있는 주변의 문제들부터 차근차근 고민하고 거기에서 문제의식을 조금씩 키워나가면 자신의 능력을 발휘할 기회와 가능성이 많아집니다. 예전에는 대학 학보사나 방송국에 시험 보고 들어갔는데, 요즘은 그럴 필요 없이 자기가 조금만 관심이 있고 의지가 있으면 팟캐스트 등을 직접 만들어 방송할 수 있습니다. 그런 식으로 자신의 일상과 현장을 접목시키는 노력을 통해서 정말 생생한 고민과 문제의식이 싹트는 거죠. 얼마 전 점심 때 지인을 만났는데 그런 얘기를 하더라고요. 요즈음 신촌에 있는 대학생들, 주로 신촌로터리 부근의 맥도날드 이런 데서 아침에 조중동 종이 신문 펴놓고 특정 주제 잡아서 커피랑 빵 먹으면서 토론을 한대요. 저는 그 학생들에게 이런 이야기를 해주고 싶어요. 정말 안타깝지만 이미 그런 시대는 지나갔습니다. 여러분이 지금 공부하고 있는 것은 굉장히 고리타분한 데다, 전체 언론계 취업준비생들 가운데 정말 몇 %만이 들어갈 수 있는 바늘구멍이죠. 그리고 무엇보다 그런 방식은 변화하는 미디어 시장에 맞지 않아요.

김　2006년 독일월드컵 당시 경기가 있던 날에 SBS 라디오에서 밤샘방송을 했었어요. 어느 날 아침, SBS 신입 여자 아나운서 공채가 있었던 모양이죠. 그 많은 지원자들이 오목교 역에서 목동 SBS 본사로 걸어오는데……

민　저도 얼핏 지나가면서 본 거 같아요.

김　너무 많아서 이틀로 나눠서 불렀다고 하더라고요. 저는 이틀 동안 연이어 봤는데요, 거의 천 명 넘는 여성들이 똑같은 의상에 똑같은 머리 모양에 똑같은 화장을 하고 걸어오더라고요.

민　왜냐하면 준비한 학원이나 이런 게 거의 비슷해서 그래요.

김　통상 아름다운 여성들이 오면 마음이 설레거나 그러잖아요. 그런데 그때 공포심이 느껴지는 거예요. 전쟁영화에서 인해전술을 쓰는 적군들을 볼 때 느끼는 그런 공포심이요. 그 여성들이 저와 나쁘기는커녕 아는 사이조차 아니었는데도요. KBS에서도 비슷한 경험을 했어요. 어느 해 공채 때는 모든 지원자에게 공히 흰 티에 청바지를 입도록 했어요. '옷빨'로 합격할 가능성이 높아지면 소득 수준이 낮은 지원자에게 불이익이라는 판단 때문이지요. 하여튼 그때 천 명 넘는 여성들이 실내 광장에서 제시된 낭독 지문을 붙들고 연습을 하는데, 아름답게 들리기는커녕 마치 전쟁 앞둔 군인들의 비장한 군가처럼 들리더라고요.

민 그렇죠.

김 얼추 검색해본 결과로도 신입 아나운서 경쟁률은 입 다물지 못할 정도예요. 2008년 MBC 1926:1, 2011년 MBC 1146:1, 2012년 SBS 1900:1, 2012년 채널A 1000:1, 2014년 JTBC 2000:1 이러네요. 안 그런 아나운서가 대부분이지만, 아나운서 되면 팔자 고쳐야겠다는 마음이 들만도 하겠어요. 〈정영진의 불금쇼〉 진행자 방송인 정영진 씨도 아나운서 지망생이었는데 공채 문턱을 못 넘어 안 됐어요. 하지만 지금은 여러 방송에서 언론인으로서 지명도와 신뢰도를 높여가고 있죠. 이 이야기는 유력 방송사 공채를 넘어야 진정한 언론인이 된다는 도식을 버리라는 말이에요. 미래는 전혀 다른 콘셉트를 준비하는 사람들의 것이지 기성 성장 공식을 답습해서는 안 된다는 겁니다.

민 마인드가 바뀌어야 됩니다, 취업준비생들의 마인드가.

김 언론사 경영, 콘텐츠 제작 프로세스, 대중 접근 방식이 총체적으로 변화하고 있어요. 지금 방식을 기준으로 대비해봐야 불과 2~3년 뒤에는 무의미해질 수 있어요. 미래를 내다보세요.

민   그렇죠.

김   아나운서 아카데미에 들어가면 나에게 도움이 될까 하겠지요. 이건 아세요? 적잖은 수의 아카데미는 개인에게 관심 없습니다. 대신 지원자 전체에 관심이 있어요. 이 말은 아카데미가 그 개인의 재능에 맞게 일자리를 찾았는지보다는 전체 합격률에만 관심을 갖는다는 거예요.

민   맞습니다.

김   자기 영리 추구가 본질이지요. 합격의 의미는 다음 영업을 위한 밑천일 뿐입니다. 개인의 미래와 희망을 책임져주지 않아요. 아카데미가 그래요. 거기 다녀야 무언가 될 것 같지요? 그런데 이런 생각 안 드나요? 교육 방식에다 스타일링 및 코디네이션 모두 판박이잖아요? 찍어내기 바쁘잖아요? 그런데 현실은 1000:1이에요. 차별점, 승부수에서 1등을 해야 하는데, 그걸 아카데미가 당신 한 사람을 위해 해주지는 않는단 말입니다. 이 냉엄한 현실을 인식하세요.

민   맞아요.

김   이번엔 시험 이야기 좀 해보죠. 필답고사도 굉장히 중요하니까. 〈조선일보〉에는 그런 경험칙이 있다면서요? 한자를 잘 알면 그 친구는 웬만하면 모든 분야에서 다 일등이다. 그러지 않아도 2014년부터 1년간 연중 기획 시리즈 '한자 문맹漢字文盲 벗어나자'를 연재한 바 있어요. 〈조선일보〉에 꿈을 둔 언론사 지망생이 과연 이 책을 접할까 싶지만, 있다면 한자 공부 열심히 하세요.

민   그게 필요 없다는 얘기는 아니에요. 일단 한자를 예전부터 중시해온 걸로 알고 있고, 저도 예전에는 몰랐는데 한국어를 보다 더 잘 이해하기 위해서는 한자에 대한 최소한의 이해가 필요한 것 같아요. 그런데 언론사 입사를 위한 준비로서 한자니 외국어니 하는 것들이 실제로는 굉장히 부수적이에요.

김 그게 전부라고 믿잖아요. 그 세대는 매뉴얼이 없으면 견딜 수 없나 봐요?

민 그런가 봅니다.

김 한국 대학생들이 반드시 물어보는 질문이 있습니다. "지금 대학생 시절로 돌아가면 무엇을 할 것 같으냐?" 약속이나 한 듯 말이에요. 외국 유학생에게서는 단 한 번도 듣지 못한 질문이에요.

민 그렇군요.

김 그게 정말 궁금한가 봐요. 그 세대로 돌아갈 수 없는데도요. 돌아가면 용가리 통뼈입니까? '니네들'과 똑같은 고민을 하겠지요.

민 그렇죠.

김 전혀 해답이 되지 않을 질문이에요. 그런데 묻고 또 묻는 걸 보면 개인의 힘으로 그 답을 구해야 한다는 강박에 시달리고 있다는 인상이 들어요. 답은 어른, 특히 정치인이 해줘야 해요. 왜 청춘이 현재 고민에 묶여 미래로 한 발짝도 진전 못하게 하느냐 이겁니다. 여력 있는 기업으로 하여금 고용 기회를 확대하도록 압박하고, 등록금 깎아서 지성을 쌓을 기회를 제공해줘야죠. 그런데 아무 일도 안 해요.

민 다시 한 번 말하지만, 메이저 미디어만 고집하는 것은 완전히 그릇된 생

 N E W S

메이저 미디어만 고집하는 것은
완전히 그릇된 생각이에요.
그런 시대는 이미 갔어요.
여러분이 동경해 마지않는 그 주류 언론이
10년 뒤에 제대로 있을지 그건 장담할 수 없습니다.
지금 여러분이 보고 있는 영향력이나 신뢰도 등이
10년 뒤에는 분명히 **바뀌어 있을 겁니다.**

각이에요. 그런 시대는 이미 갔어요. 여러분이 동경해 마지않는 그 주류 언론이 10년 뒤에 제대로 있을지 그건 장담할 수 없습니다. 물론 망하지는 않겠지만, 지금 여러분이 보고 있는 영향력이나 신뢰도 등이 10년 뒤에는 분명히 바뀌어 있을 겁니다. 10년 전에 종편, 그리고 JTBC, 그 JTBC의 손석희, 이거 예상한 사람 있습니까? 없습니다.

김　아무도 없었죠. 네이버, 다음이 있는데 정부가 또 다른 포털을 하나 만든다고 생각해보세요. "왜 쓸데없는 짓을 하느냐" 이런 얘기만 나올 겁니다. 네이버, 다음 같은 규모의 포털을 만들고 싶다면 1조 원이면 될까요? 턱도 없습니다. 마찬가지예요. KBS, MBC, SBS로 상징되는 메가 미디어 시대에 또 다른 메가 미디어를 만드는 게 맞습니까? 시장의 파이는 한정돼 있는데요.

민　메가 미디어, 매스 미디어 시대는 이미 끝났습니다.

김　스스로 저널리스트로서 어떤 브랜드를 가질지를 고민해야 합니다. 예를 들어 거대 방송사 간판 아래 자기가 있는 게 아니라 자기 자체가 브랜드가 돼야 하는 거죠.

민　언론사 취업준비생 여러분이 지금 입사를 했다고 가정해봅시다. 10년, 15년 뒤, 여러분이 중견 언론인으로 올라섰을 때 그때의 미디어 시장은 또 한 번 격변을 겪은 후일 겁니다. 지금까지 막강하던 언론의 영향력이 계속해서 떨어지는 그런 변화는 거부할 수가 없어요. 자, 단적으로 보십시오. 그 잘나가던 KBS를 버리고 뉴스타파로 간 기자들, 지금 관점에서 보면 말도 안 되는 거 아니겠습니까?

그런데도 갔단 말이죠. 지금 KBS를 대표할 만한 이름 있는 기자, 말할 수 있습니까? 저도 얼핏 지금 안 떠오르거든요. MBC? 잘 안 떠오릅니다. SBS? 누가 있습니까?

김 뭐, 저기 앵커 했던 김성준 씨 정도요.

민 그렇죠. 클로징 멘트로 유명한 김성준 앵커 정도죠. 자, 뉴스타파 하면 최승호, 김용진, 최경영, 막 떠오르잖아요. 해직 기자들도 지금 우르르 들어가 있고요.

김 그렇죠.

민 그리고 국민TV 하면 김용민 PD가 바로 떠오르고, 고발뉴스에는 이상호 기자, 이렇게 딱딱 있지 않습니까? 그런 시대가 되고 있습니다. 매체보다 기자 브랜드가 중시되는 시대가 오고 있어요.

김 김용민 같은 경우 유사 언론인이죠. 남들 모두가 인정할 만한 학력이 있는 것도 아니고 스펙도 종교방송 PD로 재직한 정도인데, 그걸로 제 가치를 다 얘기해주는 건 아니잖아요.

민 아닙니다.

김 한 우물에서 미진하지만 발언권을 확대해왔어요. 지나온 시간이 말해주고 활동량이 말해주는 것입니다. 그러나 이런 경험만을 맹신하고 강조하면 '꼰대' 소리 듣기 딱 좋아요. 다만 '오래가는 것이 이긴다'는 말을 마음에 새기라는 거예요. 일희일비하지 말고 긴 호흡으로 가라는 겁니다. 당장의 성과가 만족스럽지 못해도, 그것 역시 어떤 맥락에서는 진전입니다. 실패였어도 실패의 경험이 약이 된다면 진전 아닙니까? 단거리 경기가 아니에요. 마이너 미디어에서 일하는 자신에 조급하지 마세요. 소규모 미디어다 보니 1인 다역의 경험을 할 수 있고, 대상이든 논조든 특정한 지향점을 띤 미디어일 테니 전문성도 쌓을 수 있을 것입니다.

민　맞는 말입니다.

김　매체에서 나의 가치가 결정된다고 생각하지 마세요. 매체의 가치는 종사자의 평균 가치입니다. 그게 오르면 매체도 오르고, 그게 낮아지면 매체도 낮아지는 거예요. 한때 바른 말 하던 신문 〈동아일보〉에서 괜찮은 기자들이 제법 나가니까 형편없는 신문이 되잖아요. 매체에서 나의 가치가 결정된다고 믿는 사람들, 그 매체를 떠나면 뭐가 됩니까? 몰가치해지죠.

민　초중고를 거쳐 오면서 계속 그렇게 교육을 시키는 거예요. 다 기성세대의 책임입니다. 하지만 이제 이렇게 당부합니다. "그런 프레임과 시각이 여러분의 잠재적 능력을 좀먹게 할 수 있다." 본인을 좀 더 긍정적이고 창의적으로 생각할 필요가 있어요. 저나 김용민 PD도 그런 교육을 받으면서 컸지만, 어느 순간 이게 아니다 싶은 그런 계기가 있거든요. 책을 통해서든 방송을 통해서든 저희가 이렇게 얘기한 것이 여러분에게 일말의 계기가 될 수 있으면 좋겠다는 바람으로 드리는 충고입니다.

김　진중권 씨는 한마디만 하면 기사가 돼요. 그런데 그는 140자만 쓸 수 있는 트위터를 개설했고 운용합니다. 우리와 동일하게요. 다만 발언권의 차이가 있을 뿐이지요. 그렇다면 진중권과 같은, 아니 그를 능가할 발언권은 어떻게 갖느냐? 방법부터 알려드릴까요? 지금부터 시작하는 겁니다.

민　맞습니다.

김　글말이 먹히면 신문사나 방송사에서, 대학, 공공기관, 민간단체에서 러브 콜이 옵니다. 이러면서 발언권이 커지죠. 글쓰기 교육? 도움을 얻을 수는 있어도 수료 즉시 글쟁이, 말쟁이로 만들어줄 면허학원 같은 존재는 아니죠. 시의 적절, 즉 타이밍과 언급하는 분야에 대한 통찰, 이를 소비할 대중의 코드 등 (개설된 강의가 없는 분야의) 특기질을 갖춰야 대중성 있는 말하기와 글쓰기가 가능할 겁니다. 참고로 말씀드려볼까요? 글쓰기의 왕도는 많이 쓰는 겁니다. 이것만 한 게 없어요. 특히 주제를 갖고 비교적 긴 글쓰기를 시도해보세요. 몇 자 못 쓰는 트위터로는 별 도움 못 받습니다(긴 주제 메시지를 140자에 축약할 수 있는 고수에게나 적합한 게 트위터입니다). 그래서 블로그 운영을 추천합니다.

민　동의합니다.

김　진중권 이야기가 나와서 그런데 그를 분석해볼게요. 일단 아는 게 많아요. 게다가 논지가 선명합니다. 통상 '먹물'(잘난 체 하는 지식인)은 어려운 말 써가며 대중 앞에서 폼 잡거든요. 또 그는 대중에게 읽히는 '쉬운 말'을 즐깁니다. 그리고 싸움을 겁니다. 이른바 명망가를 공격하며 어깨를 나란히 하고자 하는 젊은 논객이 있지요. 진중권이 원조입니다. 이문열, 강준만 이런 분들이 진중권 때문에 평

정심을 잃은 케이스죠. '서울대학교 미학과 출신'이 오늘의 진중권이 이룬 성과의 모든 것을 말해주지 않아요. 같은 스펙의 변모 씨 보세요. 일베 말고 누가 관심 갖습니까?

민   맞습니다.

김   환상을 깨고 싶은 게 있어요. 21세기가 15년 지난 이 시점에서 대한민국 언론사 내 소통 문화는 여전히 봉건적입니다. 한마디로 권위적이에요. "까라면 까라." 이게 수칙이자 처세인 거죠. 시키는 대로 안 한다? 매장입니다.

민   앞서 말씀을 드렸지만 언론사에 들어가면 여러분은 기사나 발제권이 없습니다. 보고만 하죠. 그걸 오케이 하는 것은 데스크급입니다.

김   심지어 데스크가 기사를 다 뜯어 고치기도 합니다. 또 제목을 야리꾸리하게 뽑아요. 그래서 기자를 등신으로 만들어놓죠. 기막힌 것은 원문에 없던 것을 데스크가 첨가하는 경우도 있어요. 그래 놓고 바이라인에는 기자 이름이 실리죠.

민   그런 경우 많아요.

김   터무니없는 왜곡이라서 데스크에게 반기를 들면 끝내 사표, "씨발, 씨발" 하다가도 더 어쩔 도리가 없어 끝내 수긍하면 잔류. 두 갈래 길이 생깁니다. 역대를 보면 후자가 99% 이상 됩니다. 양심적인 언론사에 들어가면 이런 일은 거의 없겠죠? 조중동 같은 언론사에서는 급여 수준은 남부럽지 않아도 이런 문제로 인한 번민이 상당할 것이며, 그게 곧 병원비, 약제비 소모로 귀결될 것입니다. 차라리 적은 봉급이라도 감정 소비 없이 직장생활 하는 게 낫지 않을까요?

 NEWS

기성 매체 그늘 아래서
정체성 세우려 하지 말고
스스로 미디어가 돼라,
저는 이 말을 조언의 핵심으로 삼고 싶네요.

메인스트림 의식과 주류 언론에 대한 막연한 동경을 과감하게 버리고요.
본인이 언론인으로 길을 걷고 싶다면 내 목소리를 낼 수 있고
좀 더 공정할 수 있는 언론이 어디인지 찾아봐야 합니다.

민　그렇죠.

김　기성 매체 그늘 아래서 정체성 세우려 하지 말고 스스로 미디어가 돼라. 저는 이 말을 조언의 핵심으로 삼고 싶네요.

민　메인스트림 의식과 주류 언론에 대한 막연한 동경을 과감하게 버리고요. 본인이 언론인으로 길을 걷고 싶다면 내 목소리를 낼 수 있고 좀 더 공정할 수 있는 언론이 어디인지 찾아봐야 합니다. 지금 주류 언론에 들어가기 위해서 하는 그 스터디 이야기를 들어보면 너무 천편일률적이에요. 그러니까 그런 스터디에서 일단 벗어나는 게 훨씬 여러분 인생 나중에 도움이 된다. 저는 이렇게 단언합니다. 이미 변화는 시작됐고 앞으로 더 급격하게 이루어질 겁니다.

편파 언론이 문제라고?
편파 언론이 정답이다!

요즈음 나는 한국전쟁에 관심이 많다. 특히 당시 언론의 족적에 대해서는 정사, 비사를 가리지 않고 진실을 좇고 있다. 한국전쟁에서 이른바 언론이 벌인 행태는 용납하기 어렵다. 국군이 패주敗走하는 적을 추격하며 38선 이북을 넘었다느니, 수도 서울을 사수하고 있어 안심하라느니 했던 총체적 국민 기만은 공소시효를 둘 여지가 없는 국사범에 준하는 처벌감이라 생각한다. 물론 국방부 발표 외에는 실상을 파악할 정보 소스가 없으며, 전시라는 특수한 상황에서 국방부 발표에 대해 저널리즘의 잣대를 들이대는 것 자체가 무리라는 변명도 대두될 것이다. 그렇다면 침묵을 지키는 게 최소한의 도리다. 종이, 인쇄, 배달 등 비용 들여가면서까지 국민을 속일 필요가 있느냐 이 말이다. 게다가 이런 고의적 오보를 낸 신문 누구도 납득할 책임과 사과를 하지 않았다. 이래놓고 오늘도 내일도 "믿어달라"며 신문을 낼 수 있을까.

그런데 최근 공개된 1950년 6월 28일자 〈조선일보〉 호외는 충격과 실소를 동시에 안겨준다. 〈미디어오늘〉 보도에 따르면 〈조선일보〉 호외는 "오래 갈망하여 맞이하던 조선인민군대를 서울시민들은 열렬한 환호로서 환영하였다"고 밝혔으며 "서울에 있던 만고역적 리승만 도당들과 미국대사관 및 유·엔위원단들은 이미 27일 오전 중에 서울에서 도망하였다", "서울은 완전히 우리 조선민주주의 인민공화국의 수도로 되었으며 서울 전체 시민들의 거리로 되었다. 이제 시민들은 행복하게 살게 되었다"고 강조했다. 또 마지막 부분에 "조선민주주의 인민공화국 만세!", "우리 민족의 경애하는 수령인 김일성 장군 만세!"를 적었다.

이쯤 되면 제2차 세계대전 당시 파리를 점령한 나치에게 복속한 부역 언론인에 대한 처단 요건을 충족한다. 〈시사IN〉이 정리한 내용에 따르면, 승전국 프랑스는 나치가 지배한 4년 동안 15일 이상 발행한 자국 신문을 모조리 부역자라고 규정했다. 신문사를 없애는 조치는 물론, 신문 제작 참여자들을 영구히 펜대 못 잡게 했다. 그런데 그 수가 어마어마하다. 538개 언론사가 기소돼 이 중 115개가 유죄 처분으로 재산 몰수됐고, 언론인 32명 중 12명이 사형선고를 받아 7명이 처형됐다. 이 가운데 일간지 〈로토〉의 사장 알베르 르죈은 적과 내통한 죄로 사형당했다. 일간지 〈오주르디〉 편집인 쉬아레즈도 연합군의 노르망디 상륙에 대해 "우리의 땅을 수호하고 있는 것은 독일인이다"라고 쓴 죄로 사형당했다. 독일 점령 기간 선전 방송에 나섰던 아나운서들, "우리는 준 원고를 읽었을 뿐이에요"라고 둘러댈 법도 할 텐데 가차 없이 10년 이상의 징역형을 받았다. 만약 방응모, 김성수가 그 처지였다면 뭐라고 할까? "생계형 친독"이라고 합리화할까? 그거야 자유지만, 상대는 턱도 없는 소리라고 일축하며 형장의 이슬로 사라지게 했으리라.

이런 신문 중 상징격인 〈조선일보〉를 살려두니 한국전쟁 때는 침략 인민군을 환대하고, 서울 수복 이후에는 리승만의 무능과 독재에 대해서 외면하는 식으로 동조하며, 박정희, 전두환 등 내란범에 대해서는 앞장서 환영해도 무방한 '기회주의의 천국'이 조장되지 않았나. 〈미디어오늘〉에 따르면, 〈조선일보〉는 고급 장교들이 국고금과 군수물자를 부정처분하여 착복함으로써 얼어 죽고 굶어 죽는 사람들이 속출한 국민방위군사건을 보도하지 않았고, 국회에 제출한 직선제 개헌안이 압도적 반대로 부결돼 비상계엄 선포에 국회의원 구속을 파생한 일명 '부산정치파동'에는 '리승만의 정치공작'이라는 본질을 간과했으며, 또 리승만이 3선 제한을 철폐하기 위해 개헌안을 내고 '사사오입' 논리를 내세워 통과시켰건만 침묵을 지켰다. 이런 식으로 '양아치 정치'의 달인 리승만을 침묵으로써 동조했다. 하지만 〈조선일보〉는 리승만이 하야하자 "만세! 민권은 이겼다!" (1960년 4월 26일자 1면 헤드라인)며 표변한다. 그리고 5·16 이후 사주 방일영은 박정희와 요정에서 소통하며 '밤과 낮의 대권'을 나눠 가진 사이가 됐다. 그의 죽음을 두고 사설에서조차 "박정희 대통령 각하"를 운운한 게 전혀 어색하지 않다. 이후에 광주시민 학살로 서울의 봄을 무참히 깬 전두환을 "육사의 혼이 키워낸 신념과 의지의 행동", "私에 앞서 公… 나보다 국가 앞세워", "이해관계 얽매이지 않고 남에게 주기 좋아하는 성격"이라며 새 주인에 대한 찬양을 쏟아냈다.

그러나 내 주장을 오독하지 말라. 나는 〈조선일보〉의 '어느 한편을 들었다는 점'을 지적하는 게 아니다. '권력의 풍향에 따라 곡필하는 점', 아울러 '기득권자의 이익을 대변하고 있는 점' 때문이다. 이익단체 회보라면 모를까, 언론이 그것도 1등 신문을 자처하는 종합일간지가 할 일이 아니다. 한 언론학자와의 담소 과정에서 들은 이야기다. 어느 때, 어떤 지역의 이야기인지 특정하지는 않았지만, '세계 신문 초창기'에는 모든 신문의 기사가 제각각 달랐다고 한다. 그도 그럴 것이 정연한 뉴스 소스, 연합뉴스 같은 보도 소매상의 존재가 없었을 테니 말이다. 그래서 "어느 왕이 죽고는 하느님의 구원을 얻었다"가 단독 보도라며 실리고, 나아가 경쟁지 간에 비방전이 지면에 예사롭지 않게 표출됐다는 것이다. 백가쟁명百家爭鳴이라고도 말할 수 없는 무질서 혼란 그 자체였다. 그러다가 이 신문들이 어느 순간, 일거에 '균질均質화'된다. 신문에 상업광고 자본이 유입되는 시기와 놀랍게 일치한다. 이 광고가 할 말 못하게 하고, 하지 않아도 될 말을 하게 하는 힘을 발휘한 것이다.

대한민국 종합일간지의 경우, 권력 비판 여부에 따라 두 개 부류로 나눌 수 있다. 그러나 이 권력이 철권이어서 대대로 이어질 것 같으면 아마 삼성과 같은 대접을 받을 것이다. 삼성이 위기를 만나서는 안 된다는 점에서는 〈한겨레〉부터 〈조선일보〉까지 다르지 않으니 말이다. 이게 무섭다.

지금 대한민국 영토 안에 매체 이용자의 좌표를 따져보자. 한마디로 봉 아닌가. 그런 몇 가지 징후다. 언론사에 대한 재정 기여도 면에서 현재 광고가 압도하고 있다. 종합일간지 기준으로 70% 이상이다. 구독료 납입으로 충당되는 비율이 나머지라는 이야기. '독자 최우선'은 그냥 하는 이야기일 수밖에 없다. 방송사는 또 어떤가. 시청자에게 돈을 직접 수령하는 KBS도 수신료 수입 비중이 2013년 기준 37%다. 광고는 이를 약간 상회하는 40%. 이들이 최우선시하는 것은 광고주다. 그 광고주 중에 최상석崔上席은 대기업이고. 정치권력은 모르겠으나 언론권력 위에 대기업이 있다. 독자와 시청자를 다루는 방법은 아주 간단하다. 항의 전화나 의견은 들은 척만 하면 된다. 관심이 시들해질 것 같으면 자극적 텍스트나 이미지를 내걸며 유인하면 된다. '호갱'에 다름 아니다.

이제 공정한 편파를 말한다. 공정이란 무엇인가. 편파란 무엇인가. 편을 안 드는 것일까? 기계적 중립을 취하는 것일까? 아니다. 언론고시의 좁은 문을 뚫고 들어왔다면 적어도 사리분별이 가능한 식견을 가졌다는 증거 아닌가. 그 식견으로 의義의 여부를 기준으로 대의를 판별하고 용기 있게 말하라는 것이다. 언필칭 언론言論의 본래 의미도 그런 것 아닌가. 시대가 급격히 후퇴하면서 정의와 불의가 무엇인지 우리는 간별할 수 있다. 적어도 바늘구멍을 뚫고 들어온 이들 중 노동자, 서민, 농민이 고통받고 신음하는 현실이 정의라고 말할 철면피는 없을 것이며, 부자와 강자의 이익을 대변하고도 불의라고 생각지 못할 팔푼이 또한 없을 것이다.

우리는 길들여지지 않은 공정한 편파를 이야기해야 한다. 본문에서도 언급했듯 역사가 퇴보하는 상황에서는 언론인도 필드에 뛰는 선수여야 한다. 세월호 참사 국면 때 이상호 MBC 해직 기자의 행보를 복기해본다. 그는 '사상 최대 규모의 구조'라는 연합뉴스의 천인공노할 왜곡에 대해 "개새끼"라며 격정을 토로했다. 유족 이익을 대변하는 입장이었으니 실로 편파적이었다. 아울러 정부를 불신하는 위치였다. 그러자 세월호 국면을 조기에 덮어야 할 목적이 뚜렷한, 권력과 이익을 공유한 타락한 언론 종사자는 말할 것도 없고, 진보 언론인조차 그의 품격 없음을 지탄했다. 언론인의 금을 넘어갔다는 것이다. 본디 심판이 선수가 돼서는 안 된다는 것이다. 그러나 인간성이 사라진 지옥에서 품위는 무엇이며 금도는 또 무엇인가. 언론이 선수로서 역할을 해야 할 시점에는 선수가 돼야 한다.

결론이다. 언론은 이제 커밍아웃하라. 미국처럼 대선을 앞두고 이 나라의 장래를 위해 아무개 후보가 대통령이 되는 것이 온당하겠다, 총선을 앞두고 현재 역량과 진정성을 보면 아무개 당이 다수당이 되는 게 좋겠다고 밝혀라. 속내를 뻔히 드러내면서 음습하게 중립인 체하는 것은 독자를 기만하는 것이며, 언론의 책임성마저 회피하는 것이다. 또한 이 책의 독자들에게 공정의 의미가 디테일하게 다가갔으면 좋겠다. 공정은 편파와 또 다른 트랙으로 가지 않는다. 기실 민주주의는 편파에 의해 작동한다. 여러분도 선거 때 누군가에게나 편파하지 않는가. 그 편파에 논리적 정합성이 있느냐에 따라 매체를 선택하고 지속 가능하게 해야 한다.

나는 편파 언론이 한국 언론의 미래라고 본다. 즉 광고주 우위의 현 구조가 깨지고 독자와 시청자가 중심에 서는 '언론 권력 교체'가 이뤄져야 한다. 광고 영업만 잘하면 존치할 수 있는 현 구조로는 '수용자를 위한 뉴스'는 없다. 노선과 철학이 생존의 기반이 되지 않는 언론으로는 정의도, 지속 가능성도 담보할 수 없다. 그러나 승자 독식 구조에서 '패자 진영'에게는 이상적인 이야기일 수 있다. 그래서 주권적 시민이 필요하다. 바르고 옳은 언론이 무엇인지, 정의를 구조적 지속적으로 말할 수 있는지를 감별하고 뒷받침하는 것이다. 그렇게 해서 성공 모델이 생겨난다면 제1, 제2의 후속 주자가 나오게 될 것이고, 궁극적으로 기회주의자가 득세하는 한국 언론의 DNA는 달라질 것이다. 이 책이 독자 여러분에게 언론 바로 세우기의 나침반으로써 가능하기를 소망한다.

2015년 5월
김용민